法律何時該寬恕？

從赦免、修復式司法到轉型正義，
前哈佛法學院院長
寫給當代的法律思辨課

When Should Law Forgive?

Martha Minow

瑪莎・米諾——著　李宗義、許雅淑——譯

目 次

獻給我的學生

前言
Introduction

判決可能有助於修補破裂的世界。

——吉兒・史塔佛（Jill Stauffer）[1]

這是一個無法寬恕的年代，一個憤慨的年代。這個世界缺乏原諒的理由。每當社會媒體平台允許大眾匿名評論，仇恨的言語就會在網上爆發。或許是受到經濟失調的刺激，又或者是領袖之間不擇手段地互相推諉，狹隘的公共政策與苦澀的政治鬥爭促使國籍、種族與背景不同的人相互懷疑。美國在判定、起訴與懲罰犯罪的時候特別嚴厲，尤其是起訴少數族裔時更是如此。二〇一八年的美國是人類史上最多人入獄的國家。

反之，美國對於債務一般採取寬容的政策，尤其是商業上的債務，而且破產的程序允許公司可以重新開始。這個重新開始的概念事實上是任何場景之中寬恕的核心。[2]但是，在美國，個別債務人面臨更多的阻礙，一九九八年以來，美國的破產法清楚地把學生貸款排除在外，但即使是提供學生貸款的公司，以及只想著賺錢而未能用心辦學的營利型學校，也可以藉由申請破產喘一口氣。而在國際上，歐洲、南美與非洲國家上演一連串經濟艱困的劇碼，隨之而來的，是還不出錢還有倉皇失措地尋找務實的解決之道。寬恕，也就是讓合理的憤恨（justified grievances）隨風而去——是人類在不同社會之間培養起來的能力，甚至已經融入法律體系之中。

法律何時會以及何時該寬恕？

法律所執行的寬恕改變了司法的結果。法律是一套管理人類行為的規則與制度，傳達合理憤恨的依據與結果，但是法律也提供方法讓人寬恕錯誤的行為。撤銷刑事控訴、藉著破產程序卸下債務，還有對人的赦免，都是透過法律給予寬恕的實例。法律本身有可能會藉著放棄追究司法責任以及盡量不責備，落實對人的寬恕。法律可能是一個把折磨轉為機會的工具。

藉著**寬恕**，我是指有意識且深思熟慮之後，決定撤銷對有過失或犯下傷害罪行的人宣洩不滿的正當理由。[3]在此意義之下，寬恕會不斷擴大，它包含（但不限於）以下情況：犯錯的人認錯，並試著修補他們所造成的傷害，受害者與其他人為了自己的利益或大局著想，決定把合理的憤恨放在一旁。入伍服役的人可能決定要寬恕他那個逃避徵召的兄弟，而他的兄弟接著也可能轉而放下他們對此事的爭執，使得兩人朝未來更好的關係邁進。如果沒有承認錯誤，就不可能有寬恕；對於個人來說，寬恕以及期待帶來傷害的人必須承受法律後果，這兩者並非無法並存。謀殺案受害者的母親可能會決定要原諒殺人兇手，但還是希望罪犯可以受到起訴與懲罰。法律的規則就是會處罰道歉的人，如此一來，便使得道歉與寬恕的可能性雙雙降低。法律制度與政府官員會避免使用不當行為的調查結果來起訴，但他們也不會消除調查結果。[4]

本書要問的是，執法人員與制度何時會，以及何時應該鼓勵人與人之間的相互寬恕？法律本身何時有可能寬恕？比較法律如何處理刑事犯罪與債務——幾百年來，不同文明在法律上要選擇寬恕，都要處理違法行為中這兩個根本領域——可以讓我們學到什麼？除此之外，比較美國法律與國際法在此面向的作法，帶來了任何有助益的觀點嗎？

提出上述問題，是為了邀請人們討論並檢證不同法律體系的比較以及人們之間的非正式互動。如果約會遲到、話沒聽到請人再說一遍，或是有什麼驚人之舉，我們會說「請見諒」。寬恕、容忍、仁慈以及善意在哲學與宗教傳統都有顯著的表現，包括人道主義（humanism）、基督教、猶太教（Judaism）、佛教、巴哈伊信仰（Baha'I）、印度教（Hinduism）以及儒教，還有在夏威夷、加拿大、紐西蘭與獅子山共和國（Sierra Leone）和其他等地原住民的古老實踐上面皆可看到。[5]

因此許多傳統都有文字及儀式來培養人的寬恕能力。寬恕就是讓自己的內心不再把過錯算在犯錯的人身上，即使依然看得清所謂的過錯。[6]人可以寬恕其他人而無須寬恕錯誤的行為。「寬恕就是一種承認我們跟其他人一樣的舉動。」[7]反之，有些人呼籲寬恕，恰恰正是因為知道我們對於他人的行為動機理解有限。[8]寬恕鼓勵人們站在別人的角度想，瞭解影響他人行動背後更大的壓力與結構，優先創造共享的未來，而不是陷入對過去的怨憤。

所以，反過來說，寬恕的能力是一種資源，讓個人有辦法超越積怨與衝突。曼德拉（Nelson Mandela）領導南非的社會運動反抗種族隔離制度，再引領國家和平過渡到一個擁抱人權的民主政府，塑造出關注未來的寬大胸懷，而非以過去為中心的怨恨。他曾經觀察到：「恨就像是自己喝下毒藥，然後希望你的敵人快死。」[9]請求寬恕意味著在跟上帝、家人、鄰居、同事甚至是陌生人的互動中，往悔改及贖罪邁了一步；給予寬恕是人努力要追隨聖人的腳步。

雖然有些傳統把寬恕視為對道歉、悔改、賠償或接受處罰的回應，但有些傳統是無條件地支持寬恕。[10]寬恕可能讓冒犯他人的人得益——減輕他的孤立感，或是提供撫慰與接納。「寬恕提供的是懲罰給不了的東西：寬恕的時候我們讓犯錯的人有真正洗心革面的機會；一切重新開始。」哲學家露西．阿萊伊斯（Lucy Allais）如此解釋道。[11]倖存者可能希望寬恕犯錯者能夠以一種非個人懲罰所做不到的方式，讓犯錯之人有所轉變。有些人靠著重新邀請罪犯進入人性的道德社群，靠著展現關懷與連結，亟欲改變他們。[12]當身分曝光的受害者想要寬恕，想要找到一份歉意，焦點就落在已經改變或有可能改變的犯罪者身上。

雖然有人只是單方面寬恕，不期待犯罪者的改變，但寬恕之舉不但可以給寬恕者一個心理解脫的可能，也讓他們有了道德提升的機會。[13]由此看來，寬恕意味著打破冤冤相報並且拒絕眼睜睜看著犯錯之人受苦的欲望。夫妻可能會想：「我不會原諒，除非另一半道歉，」但是一方也可以在沒有道歉的情況下先行原諒。寬恕者可以用盡全力去應付他（她）無法理解或控制的事，而這樣做也可以提升個人、避免痛苦、防止冤冤相報，且能把他（她）從某種滿腦子都被扭曲自己生活與感性的錯誤感知所盤據的狀態中釋放出來。所以，寬恕為道德的自我改善創造了機會。

針對人類健康、憂鬱症和家庭諮商的研究指出，因他人言行受到傷害的人，寬恕增加了他們生理、情感與精神上的幸福感。[14]放掉內心的不滿能帶給寬恕者的東西超過受到寬恕的人。[15]寬恕做錯事的人讓犯罪或違反承諾的受害者可以放下怨憤，重建關係，或是單純靠著選擇寬恕這個行動，就覺得獲得了力量。有一個替金恩博士遺孀科雷塔・金恩（Coretta Scott King）夫人工作的人解釋：「她的先生過世之後，我感覺到有些人試圖利用她的寬容，並想利用她達成自己的政治目標。我很驚訝她面對這些情況時的沉著冷靜。她對我說，如果你不原諒別人，那種感覺會殺了你。」[16]猶太教的拉比哈羅德・庫什納（Rabbi Harold Kushner）認為受害者應該寬恕，不是因為對方值得原諒，而是因為受害者不想變成一個痛苦、怨恨的人。[17]作家茱迪・皮考特（Jodi Picoult）說得很生動：「寬恕不是一件你為其他人做的事，而是一件你為自己所做的事。這是在說：『你沒重要到可以讓我動彈不得。』也是在說：『你不能把我困在過去，我值得一個未來。』」[18]

選擇不寬恕也可以帶來力量。醫學與心理學領域的學者漸漸重視寬恕，政治學、衝突解決與哲學領域的學者也是一樣。[19]人們可以鼓勵受到影響的人寬恕，但不能強迫他們寬恕。一名幼時受到虐待的大人，完全有憤恨的正當理由，而拒絕寬恕可能會感受到權威（authority）與自我價值（self-worth）——甚至是成熟，它讓當事人克服了試著取悅他人的後天傾向。寬恕一直是，而且絕對依然是個人獨一無二的特權；強迫、甚至是要求受害者寬恕，會造成他們又經歷到新的傷害、失去自主權，以及源自於先前傷害所產生的低人一等之感。不論是私底下或公開要求受害人寬恕，都能造成新的受害（victimization），否定受害者自己的選擇。[20]它可能會痛苦地取消掉受害者自己是要寬恕（或不寬恕）的決定。事實上，強迫別人寬恕本身就有可能造成對方心理上的悲痛。[21]

寬恕是許多文學作品的主軸。在托爾斯泰（Tolstoy）一八八七年的中篇小說《克羅伊策奏鳴曲》（*The Kreutzer Sonata*）之中，主角謀殺通姦的妻子獲判無罪，然後乞求火車上一同乘車的旅客原諒他。胡賽尼（Khaled Hossein）二〇〇三年的小說《追風箏的孩子》（*The Kite Runner*）裡的主角試圖原諒自己未對遭人毆打的朋友伸出援手。在喬治・艾略特（George Eliot）《米德爾馬契》（*Middlemarch*, 一八七一—七二），多蘿西亞（Dorothea）努力不要太輕易寬恕，她悲天憫人的能力恰好也被充滿同情地描繪出來。童妮・摩里森（Toni Morrison）一九八七年的小說《寵兒》（*Beloved*）問的是一個蓄意殺害自己小孩的母親是否值得原諒，即使他們是在逃離奴隸制後被捕。[22]乞求寬恕也不斷出現在流行音樂的歌詞之中，詳細刻畫戀人之間、親子之間、個人與上帝之間以及公民與政府之間的過錯及道歉。[23]

寬恕可以是集體的事。陌生人與彼此認識的人都可以並且確實給予了寬恕，例如有一群校園槍擊事件受害者的母親與兇手的母親（彼此並不認識）於二〇〇八年在華盛頓首府齊聚，為了和解與撫慰一起參加了「寬恕的母親下午茶」（Forgiving Mother's Tea）。[24]

寬恕不見得是阻止犯罪者受到起訴或承擔其他法律後果。當一個受委屈的人放下憤怒或主張懲戒，並不是要強迫其他人也這麼做；這種個人寬恕的行為，也不是要剝奪大眾透過習俗與規則落實社會規範的責任與權力。的確，寬恕的人也可以主張懲罰犯罪者是一項公共行為，堅持公共規範。這證明了法律與寬恕可能屬於完全不同的領域。寬恕屬於人際（interpersonal）領域，法律體系則是取決於無關個人（impersonal）的過程。藉著寬恕，我可以放下對那個傷害我之人的憤怒與仇恨，但我並不打算、也不可以改變秉公處理的需求，又或者是改變試著嚇阻未來類似犯罪者的政策。[25]

因此，個人的寬恕行為可能與公開的刑事起訴並存；或者說有可能使寬恕者主張放棄起訴，或克制自己加入起訴。寬恕和法律的懲罰都認為：罪犯應被視為社群的正式成員，社群會要求所有成員為他們的行動負責。[26]雖然，堅持寬恕的觀點可能會呼籲法律程序與法律條文本身進行改變。

修復式正義

隨著內戰或大規模的暴力過後，國家如果想要處理違背人性或侵略的罪行，有可能會尋求審判之外的替代方法。一九九五年，受到阿根廷一九八三年全國失蹤人員調查委員會（National Commission on the Disappearance of Persons）的啟發，南非的真相與和解委員會（Truth and Reconciliation Commission, TRC）開始啟動，這是「轉型正義」（transitional justice）機制的重要實例。[27]真相與和解委員會運作的三年期間，邀請受害者訴說個人遭遇，也請罪犯申請大赦，條件是他們要證明自己的行動是出於政治而非個人目的，而且他們使用的手段也符合政治目的之比例。[28]接下來，真相與和解委員會針對潛在的賠償舉辦聽證會，雖然僅有少數的賠償是來自聽證的過程。

屠圖大主教（Archbishop Desmond Tutu）回想起自己擔任真相與和解委員會主席的工作時說道：「寬恕意味著放棄對罪犯以牙還牙的權利，但這種損失能解放受害者。」[29]屠圖在聽證會上希望受害者能寬恕罪犯。有人因為他期待受害者給出寬恕而批評他，但他承認，受害者的寬恕不應該被視為理所當然，事實上是反映出他們的寬宏大度。[30]波萊恩（Alex Boraine）這位曾主張設立真相與和解委員會的部長擔任了委員會的副主席，後來也描述聽證會上作證的人普遍沒有復仇的想法。[31]他想像和解是一種非暴力的共存，而屠圖想的是一種更為堅實的過程，過程中，犯罪者公開告解與懺悔，然後受害者寬恕。[32]儘管真相與和解委員會並未要求倖存者面對那些折磨及傷害他們的人，但有時候在委員會面前作證可能異常痛苦。南非暴力與酷刑受害者創傷中心（Trauma Centre for Victims of Violence and Torture）的專家估計，在自己服務的數百個對象中，有超過一半的人在作證之後產生嚴重的心理問題，或是後悔自己那樣做。[33]

真相與和解委員會受到反對者的批評。非洲民族議會（African National Congress, ANC）*和比科（Steven Bantu Biko）**的家人在法庭上提出異議，[34]委員會的報告也引發前政府官員、警察和政治領袖的抨擊。[35]一項研究表明，參加真相委員會聽證過程的四百二十九個人，只有七十二人討論到寬恕，只有百分之十的人願意原諒那些為自己行徑負責的人，只有七人說願意無條件寬恕。[36]一份研究發現，有百分之三十的參與者表示感到原諒的壓力。[37]真相與和解委員會不大考慮賠償的問題。而且南非持續不斷的暴力和不信任將影響對真相與和解委員會最終的評估。政治漫畫家夏皮羅（Zapiro）生動地捕捉到問題所在，漫畫中，屠圖大主教站在代表「真相」的土地上，裂縫的另一邊則是寫著「和解」。[38]

即使有缺陷，真相與和解委員會提供了一個挖掘與揭露政府與反對者歷史罪刑的論壇。儘管擔心大規模的暴力，但這符合和平的政治轉型。這也在盧安達（Rwanda）、獅子山共和國、柬埔寨（Cambodia）、賴比瑞亞（Liberia）等近四十個國家激發出類似的努力。[39] 為了追究責任和往前走，北愛爾蘭成立了一個委員會，優先找回動亂時期（Troubles）的暴力真相。[40] 委員會確立了五種可行方法：在歷史上畫出一條線；參與衝突的組織進行內部調查；以社群為基礎的計畫（community-based projects）；恢復真相委員會；歷史澄清委員會。[41]

對於真相與和解委員會的成功與失敗所做的分

TRC Cliff © 1997 Zapiro. Originally published in *Sowetan*. Republished with permission —For more Zapiro cartoons visit www.zapiro.com.

* 非洲民族議會，簡稱非國大（ANC），是南非目前最大的政黨。

** 史蒂芬．班圖．比科（一九四六年十二月十八日－一九七七年九月十二日），南非反種族隔離制度運動家，在被警察拘留期間逝世，死因未明。

析，正在從一些不為人知的軼事轉移到更嚴謹的研究。各個不同團體的公開看法都讚揚真相與和解委員會帶來了真相。[42]它的過程正好符合相對和平的民主轉型，民眾也表現出參議政治的高度意願，而且尊重法律制度。[43]聯合國的一項倡議明確表達出賠償的原則，等於說明了國際刑事法院（International Criminal Court）以及二〇〇六年十二月聯合國大會採行的「保護所有人免遭強迫失踪國際公約」（International Convention for the Protection of All Persons from Enforced Disappearances）所做的努力。[44]

真相委員會和賠償是修復式正義的創舉，把受害者、侵犯者和社群裡的其他成員包含進來，使其參與另類、前瞻性的討論及行動。修復式正義渴望在司法過程中結合寬恕，而不僅僅是簡單地糾正其暴行，它試著結合受害者、侵犯者與社群成員，一起努力讓事情在現在與未來走向正軌。修復式正義的程序建立在北美原住民、第一民族（First Nations）＊、紐西蘭毛利人（Maori）與其他文化的傳統上，專注未來往往更甚於關注過去，關注社群以及當下的受害者與加害者。[45]

屠圖大主教針對真相與和解委員會的演講及著作中，提出了修復式正義的想法。他二〇〇〇的作品《沒有寬恕就沒有未來：彩虹之國的和解與重建之路》（*No Future Without Forgiveness*）激發了芝加哥退休法官墨菲（Sheila Murphy）在校園中設立修復式正義的圈子，把受害者、加害者與其他人都納進，讓他們討論那些本來會走入職業懲戒程序（disciplinary proceeding）的事件。[46]圈子裡的學生、老師、行政人員與其他受到影響的人一起討論事情的真相、誰受到影響又如何影響、每個人承擔的責任、還有要採取什麼步驟來修復傷害。[47]有些學校主動使用這樣的圈子，藉由建立社群意識與信任來防止霸凌與衝突。[48]

地方社群正在實施的類似做法，既是回應衝突也是嘗試避免衝突。透過調解會、社群會議、鄰里修復委員會或調停的小圈圈，修復式正義的計畫要求受害者放下合理的憤恨，至少要能夠與加害者交流，幫助他們重新加入社群。[49]這對受害者來說是很高的要求，即使是在受害者與相關社群的身分都已清楚定義的時候。[50]根據英國的實證研究，受害者對於修復性過程的滿意度大於敵對性過程（adversarial processes），而且很急於幫助加害者扭轉人生，但他們幾乎不會使用寬恕這個字眼或概念。[51]也許是因為如此，修復式正義一直以來主要都是針對一些小罪，像是蓄意破壞，[52]儘管有些人也亟欲用修復式正義處理仇恨犯罪和其他重罪。[53]

在此前提下，美國許多少年法庭會採用修復式正義的舉措。找到罪行以及認罪答辯

* 指的是現今加拿大境內除了因紐特人與梅蒂人以外的北美原住民族，此三大族群組成了加拿大原住民。

（guilty plea）之後，他們可能會把加害者、受害者和其他社群成員都放進量刑協議之中，這份協議會反映加害者對於受害者受傷程度的理解、受害者對於加害者處境與需求的理解，還有社群成員幫助的意願。[54]這一類的修復性努力經常可以拓寬人們對於社會與文化因素影響個人錯誤行為的認知。以屠圖大主教的話來說，修復式正義的努力「是要瞭解罪犯，所以會有同理心，並且試著設身處地，體會那些制約他們的壓力與影響力」。[55]

針對青少年修復性司法的舉措，常見的其中一項元素是賠償（restitution）：做錯事的人提供服務或工作來修補他或她所造成的傷害。重新粉刷房屋、美化環境，還有洗車和洗狗，都是青少年法庭判決賠償的例子。[56]青少年司法中的修復性努力，都是在嘗試追究年輕的加害者對主要受害者應負的責任，同時也培養他們的技能。[57]英國有個城市會在受到監督、控制以及安全的環境中舉辦修復性司法的會議，受害者可以在會上跟加害者說明罪行的影響，並且建議修補傷害的可行之道。[58]參加者提議社區計畫，這類計畫可讓年輕人參與慈善事業或多種機構的（multiagency）付出，探索個人感興趣或是對受害者有實際好處的工作。

曼德拉和屠圖大主教留下的語言與領導風範，把激勵人心的話語和形象帶給渴望未來的社群。二〇一四到二〇一六年間，哥倫比亞與革命武裝部隊FARC協商出一份和平協議，針對前FARC以及國家軍隊的成員提供了一套赦免政治罪的程序。這與個人寬恕的例子一樣，把對過去的關注轉移到關注未來，而且不會把過去抹消掉。受到哥倫比亞政府指控為「叛亂」的人權行動主義者奧班朵（Liliany Obando）受到特赦，重新獲得自由，也有了找工作的機會。哥倫比亞的努力有如南非真相與和解委員會，反映出希望：一個向前看與寬恕的過程，藉著公開承認歷史錯誤、調查過去政府所行使的違反人性尊嚴之事以及靠著那些反抗政府的人，將能避免未來的冤冤相報。法律規則和程序可以鼓勵或至少不懲罰人們表達歉意或寬恕，而他們可以支持特定的受害者和整體社會採取更寬容的態度。

然而，法律的寬恕帶來進一步的問題：法律如何能夠寬恕？法律上的寬恕與個人的寬恕有何不同？支持和反對法律寬恕的理由是什麼？法律範圍內寬恕的限度在哪裡？又應該到哪裡？

法律如何能夠寬恕

從個人寬恕的討論跳到政治寬恕的討論是有問題的。政府官員，像是警察、法官與總統，為什麼可以為重罪以及違反人權的個別受害者說話？團體、司法管轄權與國家的運作，完全不同於個人。有一個女性，先生在南非的種族隔離政策下受到監禁與刑求，她到真相與和解委員會做證時說：「委員會或政府不能去寬恕。或許只有我能夠這樣做。但是我還沒準備好要原諒對方。」[59]但是，如果寬恕是要放下特定的態度或情緒，例如憤怒，也許只有個人而不是法律機構才可以寬恕。[60]個人經常會覺得不滿與渴望復仇；法律沒有情感，法律上有政府職務的人在執法時應該要掩飾個人感受才對。

假如寬恕就表示放下合理的憤恨，法律與司法機構就會把放下合理憤恨包含到寬恕裡。執法人員可以行使法律上的裁量，並拒絕追究犯罪行為的法律後果，或許也可以行使合法權力，例如減刑或特赦來減輕後果。債務寬恕——原諒借款違法不還的人——是另一種常見的做法，可以經由債權人個人行動或透過法律程序申請破產或大赦來達成。

當政府採取行動準備寬恕，直接與犯錯的個人和解並沒有用。反之，這是把權力施行在義務與犯罪的法律後果上。[61]個人放下合理的憤恨是一回事，使用法律暗示或強迫個人寬恕則另當別論。

因此，政府官員不能表現得像個知道自己的內心是否想要寬恕的受害者。法律機構要選擇是否繼續追打不法行為的後果。有些情況下，政府可能是唯一有立場放棄追究違背人性之責的實體（entities），正因為這樣的罪刑超越任何個人，因此政府官員在此意義之下便代表了世界每一個人的尊嚴，但在談到個人寬恕一事，他們無法接管受害倖存者的特權。

請記住，對於是否要原諒對方，個別受害者必須保留自身做決定的特權，想想以下這些例子，是法律在頒布或推動寬恕所扮演的角色：

- 漢摩拉比法典（〔Hammurabi's Code〕美索不達米亞，大約西元前一七四五年）在農作物歉收或受損的時候，免去了農民償還債主債務之責。它還限制債務人強迫勞動的時間，他們會把自己或家人賣去當奴隸清償債務。[62]
- 從十一世紀的英格蘭開始，向國王請願允許了人民擺脫一般的普通法程序。到十四世紀，進一步使用國王的「平等」（equity）權的情況愈來愈普遍，以回應普通法慣例愈來愈僵化的情況。[63]
- 不論在美國還是現代國際環境，法律的使用是透過刑法以及文明行動表達不滿。法律機構可以決定何時放棄追打特定行為的法律後果；他們可以減輕債務的負擔、同意赦免與其他方法來減輕刑罰。破產程序允許深陷債務的人協調回應債主的方式，並重新開始。當一個社群或社會決定把犯罪或金融不法行為的處理，導向一個推動賠償與關係恢復的過程，它所主張的解決方式就是更加寬恕，而不是報復。

- 當警察、檢察官、法官、總統和州長放棄對罪刑依法採取行動，鼓勵人與人之間的寬恕，法律的寬恕也就發揮作用。當人因為反抗施暴者而自衛或是在施暴者的施壓下參與犯罪而被起訴，司法裁量權也可以用來做出替代性的判決。[64]
- 行政權力特赦遭指控或判刑的個人，司法程序是要封存或是清除犯罪紀錄，透過法令或談判給予特赦可以避免或減少刑事起訴或判刑帶來的負面影響。[65]政府也可以限制在聘人或發放證照時把判刑列入考量，也可以禁止聘用過程中去調查過去的前科。[66]
- 立法機關可以執行特赦，藉著禁止起訴或民事訴訟消去任何犯罪紀錄。儘管有時他們這樣做要看罪犯證詞、自首、提供賠償或展現的悔意。[67]有些特赦會舉辦聽證會，讓受害者有機會問一些問題，並「治療自己的記憶」。[68]
- 特赦也可能在一般時候頒布。以美國為例，美國總統雷根（Ronald Reagan）於一九八六年簽署移民法，又稱為「雷根特赦」，允許約三百萬非法移民取得合法地位。[69]

以上例子說明了，法律之內的寬恕有三條截然不同的路線。首先，法官和立法機關可以針對違法行為分類處理，藉此改變或是降低後果。他們可以為團體提供特赦，也可能採取債務減免的舉措，例如美國國稅局（U.S. Internal Revenue Service）的「和解提議」（offer in compromise），允許瀕臨破產的人將自己手上的資源完全攤開，證明他的確無力還款。[70]他們也可能因為犯罪者的身分（例如年紀或心理能力）或事件的時間，放棄適用的法律制裁。有些人可能會把不同類別的辯護、藉口以及正當說詞都視為法律寬恕的類型。

其次，法律體系可以允許或支持偏向寬容而非處罰的司法人員執行裁量權。有些明文與未明文的規範則朝另一個方向，例如強制停車收費的人員至少開出幾張停車罰單，或督促檢察官至少起訴多少重罪犯。[71]反之，裁量權也會授予警察、檢察官、法官、總統、州長以及法律體系內的其他官員，他們都可以使用裁量權去寬恕不法行為的法律後果。[72]然而在美國，當代刑事司法的實踐壓制了官員裁量下的仁慈選項（merciful options）。[73]由於缺乏守則或訓練，裁量權的行使可能無法獲得民眾支持或尊重。[74]

第三，法律——法條、法律機構和執法人員——會影響到個人是否有可能展現寬恕。法院和其他法律機構可以替自願表示歉意與寬恕創造空間，保護那些私底下表達歉意者的法律責任，甚至是獎勵他們。這些機會有可能在正式法律體系的邊緣，在法律發揮效果之前或之後，在走廊上或會議室裡發生。或者說，法律體系自身也可以促成調解會的發生，讓個人在調解會時得以表達遺憾或歉意，而那些還在療傷的人可以表達自己的感觸，包括決定給予寬恕。這些努力帶有一定的風險，國家的施壓有可能讓人言不由衷或虛情假意；這種危險後面會再進一步討論。法律機制甚至有可能全力支持和解與寬恕的目標，也就是修復式正義的計畫面對刑法所走的路。

法律可以影響個人的寬恕

僅僅在法庭外提供一個空間讓各造碰面——並且訂定規則把他們的對話排除在判決過程外——也許就會促成道歉與原諒，那反而是透過法律程序把人與情緒隔開來所辦不到的。人與人之間的寬恕往往至少要讓他們夠接近到能看見對方；要花時間思考寬恕的可能性，並看到活生生的而非記憶與想像中的那一個人，也許才更有可能做出寬恕。[75]我曾經詢問南非真相與和解委員會的委員，他們當時是否會看道歉來決定要不要特赦。他們回答說他們決定不這麼做，因為那時沒有任何一個道歉可以視為真心真意的道歉。但是，真相與和解委員會的一名工作人員把種族隔離時期被南非警察殺害的古古列圖七號（Guguleti Seven）的七位年輕人的母親找過來，同時還有那位替警察通風報信的政府線人（是個南非黑人）。這個線人正在申請大赦，幾位母親分別來到受害人委員會作證。根據二〇〇〇年的電影《長夜將盡》（*Long Night's Journey into Day*）的描述，在真相與和解委員會工作的心理師普姆拉·果多波馬帝吉茲拉（Pumla Gobodo-Madikizela）私下把大家找來。大多數母親一開始都說自己無法原諒告密者，要懲罰他。他羞愧地低下頭，然後向各位母親道歉。接下來，每位母親，一個接一個，都說要原諒他。寬恕之舉發生在非正式場合，沒有法律強迫，甚至沒有法律的正式安排。相反地，一切都因為真相與和解委員會的存在還有拉近距離而促成。

法律機構就和宗教和心理資源一樣具有潛在的力量，會影響那些還抱著合理憤恨的人。這一切難免會影響到人與人之間的關係。它們缺乏受害者與加害者那層根本關係，但是它們可以影響人與人之間是否寬恕的可能性多寡。法庭的本意是用來聆聽與解決爭端的；法律則是讓人有機會在一個空間裡頭碰面，有可能在裡頭表達歉意與寬恕。它可能也會要求處於離婚邊緣的夫妻試著調解彼此的歧見。好的調解人員會要求每位夫妻表達對另一半的不滿和渴望，他們甚至有可能在憎恨強制調解的過程中找到共識。法律規則和程序則能夠為道歉找到誘因、給予特赦與原諒，並且在離婚、刑事法、團體間的暴力等各種不同的脈絡之中創造和解的機會。這些道歉的形式強調往前看，邀請人民利用或發展個人連帶與社會規範。美國三十六個州都有「道歉法」（apology laws）＊，禁止在審判時讓一些涉及同情或道歉的言語進到法庭。[76]法律可以將道歉排除在任何訴訟程序的考量之外。它可能也可以強制推行一些道歉與寬恕的聲明，雖然無法強推這些言詞裡本來想要表達的情感。那會鼓勵道歉，也可能會慫恿人寬恕。

即使是有明確理由認定某人觸犯了法律或可強制實施的承諾，法律官員執法時往往還是有裁量權。當官員死板板地執法時，也就否定了他們時常所擁有的靈活性。雨果（Victor Hugo）一八六二年的經典《悲慘世界》（*Les Misérables*）以及一九八〇改編的音樂劇就說明了，一套不懂寬恕的法令如何同時造成刑事被告與執法者的人性損失。故事高潮是逃跑的罪犯尚萬強（Jean Valjean）很仁慈地饒了追捕他多年的探長賈維（Javert）一命，以寬恕的力量震撼了執法者。賈維這個完美的「執法者」卻沒辦法把自己追捕多年的罪犯和人類的寬大為懷連在一起，他把自己排除於人類的寬恕儀式之外，最終只好投水自盡。[77]

警察、檢察官和法官都有執法的義務。想想下面這個故事：一位在大城市的牧師有天比較匆忙，找不到停車位，所以就把車停在不能停的地方。他夾了一張紙條在擋風玻璃的雨刷上，上頭寫著：「我在附近繞了十圈了。如果我不停在這，就要錯過我的約了。

原諒我們的罪過。」當他回來時，交通警察也引用上帝的話，留了一張紙條：「我已經在附近巡邏了十年，如我不開你罰單會丟掉工作。**別讓我們受到誘惑。**」幽默很管用（如果可行的話），因為基督徒的主禱文（Christian Lord's Prayer）不但勸人寬恕，也提醒人避免誘惑。[78]

我來到寬恕這個主題，全是因為在面對大規模殺人、強暴、誘拐兒童與大屠殺時，法律所存在的限制衍生出極為嚴重的問題。這些行為藐視法律概念，更不用說蘊含在寬恕裡頭那種寬大為懷的精神。在這種情況下，不論是私底下或是公開向受害者施壓要他寬恕，看起來都像是二度傷害，否定受害者自己的選擇。[79]寬恕的壓力也反映出種族與性別的上下關係，就像強大的政治和社會傳統有可能壓抑或是規訓有色人種與女性的憤怒。

然而，看到在二〇一五年南卡羅來納州查爾斯頓以馬內利非裔衛理公會教堂（Mother Emanuel AME Church in Charleston, South Carolina）禱告會上被殺的九名受害者，他們的幾位家屬公開展現出不凡、令人難忘的寬恕，實在很難不感到敬畏：他們寬恕了開槍的盧福

＊目前已增至三十八州。

（Dylann Roof）。其他人則表示譴責，有個人還說希望他下地獄。[80]當盧福對於自己開了七十七槍依然毫無悔意，還說自己就是打算掀起一場種族戰爭，有些受害者家屬說他們依然努力想要原諒他，有些人則是說寬恕不表示他可以不用接受懲罰。[81]其中一名死者埃塞爾・蘭斯（Ethel Lance）的女兒說：「我再也沒辦法和她說話，一輩子都沒辦法再抱她。你傷害了我，傷害了許多人。但上帝原諒你。我原諒你。」[82]另一位生還的親人對充滿戒律的宗教活動反思之後解釋：「我們沒有恨的餘地，所以必須放下。」[83]

幾位心繫此事的觀察者認為，這個故事說明白人如何替黑人所能接受的悲傷定調、讓他們的合理怒氣轉向，並且把系統性的侵犯（systemic violation）視為偶然。[84]哲學家切里（Myisha Cherry）特別批評了新聞記者公開呼籲受白人或國家暴力所傷的黑人寬恕一事，因為這項訴求不尊重受害者、把壓迫視為正常，還強調不同人種的角色。人們不會公開要求白人受害者也要如此寬恕。[85]新聞學教授史黛西・帕頓（Stacey Patton）觀察到，「人們期待黑人家庭應該在眾目睽睽下表達悲傷，好提供安慰，救贖，以及一條路，以通往新的一天，」沒人期待其他人也要如此。[86]

其他人則警告，寬恕的性別面向使人在運用法律鼓勵或引誘他人寬恕時更加小心。不論是顯示出女性比男性更善於寬恕的研究，還是關於懇求和道歉的歷史與文學分析，西方文化經常將女性與寬恕連在一塊。[87]期待女性會執行情緒勞動、確定男女之間先天就有生理上的差異，以及社會把權威授予男性，這些全都進一步敦促婦女既要原諒他人，同時也要請求原諒。[88]由此看來，凡是提高法律的使用以便促進寬恕的舉措，也就有強化性別期待，或把不公平的壓力施加於他人情感上的風險。

另一方面，有些人由於宗教信仰傳統或個人信仰，遂發現寬恕是一種想望。藉由寬恕，個人可以表達自己的信仰，並超越悲傷與受害者的重擔，恢復他們的尊嚴與力量。公開施壓要求寬恕或許會破壞這些可能性的過程，但是法律制度有可能創造空間給受委屈的人，讓他們思考是否寬恕，以及何時寬恕。

支持與反對透過法律寬恕的論點有哪些？

法律未必能促進寬恕，而且在某些情況下，試圖這樣做似乎帶有侮辱與冒犯意味。然而，呼籲寬恕可能是一種軟化復仇情緒的方式。減少法律懲罰的觀點源遠流長。著名的報復性懲罰，也就是拿罪犯的一隻眼睛彌補受害者損失的一隻眼睛，實際上是想要限制懲罰，否則可能會升級為血海深仇。[89]懲罰永遠無法彌補受害者，因此對更多懲罰的渴望會無限增長。因此，「以眼還眼」中蘊含的比例性（proportionality）原則，它的重點在於以寬恕對抗不斷升溫的回應方式。在一些法律體系中，比例性原則的思考已經足以防範極端處罰，但在美國，他們無法限制對犯罪的過度反應，至少在一些觀察者眼中是如此。[90]

法律本身或多或少會寬容，當法律不願意寬容，有可能與法律所欲保護的受害者意見相左。殺人案件的受害者家屬在美國組織起來反對死刑。[91]為什麼即使一名家暴受害者並沒有處於立即性的人身攻擊之危險，她仍可能會殺掉施虐者？支持受虐婦女的倡議者一直主張要分辨背後的理由。這樣的論點可能有助於說服法官或陪審團受虐者的理由是合理的，或者她主觀上相信自己正處於立即的危險之中——辯護的面向是否定故意殺人罪。[92]司法體系想出辯護和理由來反映以下觀點：什麼時候一個合該被譴責的犯行應該要罰得比法律規定的結果更輕。有一個更為普遍的論點，是要求以寬恕取代究責來引導自由社會中的刑事正義。[93]

寬恕的衝動會因為對看似不公平的懲罰性法律感到失望而得到強化。執法者手中掌握的峻法，會被形塑法律規定與制裁的政經動力所影響，變得更加嚴峻。以美國為例，尋求勝選的檢察官會有呼籲擴大刑法與提高懲罰的動機，好讓檢察官進行認罪答辯時有更大的裁量空間。[94]當法律以看似不公正或過度殘酷的方式實行，也就可能引發新的怨恨。許多受大規模監禁所影響的個人和家庭，對於司法體系的偏見以及影響都充滿抱怨。警察、法官和陪審團對於是否從輕發落會行使自己的裁量權，但他們有可能是根據種族、階級、親疏遠近，還有其他等等不該在法律前發揮作用的因素，以一種看似或實際上不公平、帶有歧視、刻意或無意的方式這麼做。問題在於，裁量權會導致不公平、以不同的方式處理類似的違法行為，但是未能視個別情況而落實的規定，則有可能會產生過於嚴厲的回應。[95]

官方的寬恕行為，例如特赦或是給予大赦，有可能帶來實際與象徵性的善（practical and symbolic good）。比方說，債務寬恕改變了原本的壓迫關係，減少了毀滅性的、甚至難以承受的負擔。鄰居之間的糾紛，像是房屋界線、樹葉修剪或戶外燈光的亮度，調解可以讓雙方變得更加寬容和合作，讓他們有機會從對方的角度看問題，並且讓他們記得彼此在其他時候還需要和睦相處。

在和解、同情與和平等崇高的道德企圖心指引下，法律或許達不到崇高的目標。當政府朝著寬恕跨出一步，並不是放過實際犯錯的那個人。當官員提出赦免，此舉並不會修復受害者與犯行者之間的關係。嚴格執法對比慈悲為懷，兩者之間的反差並不僅僅是一種情感或個案判斷。以南非為例，有些人好奇的是寬恕所做出的種種努力是否只是掩蓋了真相與和解委員會打算治癒的傷口。[96]

法律上的寬恕可能點燃受害者的怨恨。法律制度在特殊情況下放棄強制依法執行，可能會促發受害者對他們感覺到的不公產生新的不滿。對於不平等待遇的感受，即使並非事實，仍特別會引發不滿。[97]可以理解，有些受害者會把跟罪犯與那群人共處視為他們無意承受的新負擔，修復式正義對他們的要求太多了。針對真相與和解委員會的研究指出，人們對於它的工作感到矛盾與失望，還帶著負面以及五味雜陳的看法。[98]放寬破產法會帶來不公平的感受，尤其是如果這樣做，得利的是那些比其他人還要有錢的人，或是造成承擔的風險增加導致新的社會威脅。[99]個人可能會對法律制度產生新的不滿，但是憎恨一套毫無寬恕的法律制度（還有質疑其正當性），帶來的風險一樣嚴重。[100]

法律推動人與人之間的寬恕所帶來的特定風險

如果法院直接指示人民考慮寬恕或強迫他們這樣做，可能會大大減少人民對權利與責任的服從。我們無法保證那些因法律鼓勵而寬恕的人事實上真的會變得更有同情心或更寬容。受害者表面上表現出寬恕，但事實上，有可能是反映出他們的恐懼或沒尊嚴。家暴的受害者拒絕提告可能不是出於寬恕，而是怕遭到報復。配偶虐待或老人虐待尤其如此。法律行動者應把攻擊視為違反公共規範，而不是把它看成違反受害者的意願。

有些人可能反對法律制度為人與人之間的寬恕創造機會，因為法律應避免影響人的情緒。我們應該小心翼翼地確保受害者不會被迫寬恕。強迫一個人原諒可能會適得其反，也可能是不對的事。受害人選擇不寬恕可以是一種賦權（empowering），表達出他們對究責（accountability）與責任的公平期待。因某人的不當行為而產生的怨恨是正義感的關鍵源泉。[101]錯誤應該導正；刻意傷害應該要承擔後果。[102]這個觀念是法律的重點：追求正確和糾正錯誤是法律的核心。

寬恕的前提是站在另一個人的觀點，但並不包含放棄自己的觀點和經驗。[103]同樣地，我們應注意原告不得強迫罪犯道歉或賠償，罪犯過去的受害經驗也不能因為關注受害者的需求而被擺到後面。[104]因為法律有監禁、處罰和污名化的權力，甚至是法律官員的對話也會對關係人的情緒產生很大的影響，因此權力有可能遭到濫用。

同時，一旦涉及到人的情緒，也就不會有法律中立。法律框架難免會影響情緒。推動寬恕並不會比推動復仇、對抗或怨恨糟到哪。個人可能會覺得有壓力要放下自己合理的憤恨。法律確實會影響當事人、他們的感受以及他們的關係。

法律可能會打造一種對抗的過程，讓寬恕的可能性變小。打一場官司會影響到每位關係人。訴訟會使人耗盡情緒，使得兩造距離更遠，也會擴大因潛在衝突而存有的負面情緒。談到離婚與小孩監護權的時候，對抗的過程通常會增加苦楚與責備，因為雙方都全力想拿下這場贏者全拿的比賽。[105]要求當事人原諒前配偶可能會使其覺得受到侵犯。同樣地，刑事司法體系一旦採用被害影響陳述（victim impact statement），也就可以引導且放大情緒，迫使法官與陪審團做出更嚴厲的懲罰，特別是在受害者的社會地位很高，或倖存者是受過教育且口若懸河的時候。[106]被害影響陳述的程序可能使受害者沉溺於他們的負面情緒之中，並將其擴大。[107]訴訟有可能增大辯論各造之間的距離和衝突。因此，商業上的行動者如果處於一種互蒙其利的長期關係，經常會同意放棄訴訟、甚至是形式合法性（formal legalities）。[108]

對抗性的訴訟強調對立的論點，並且加劇了衝突。人們在宗教、文化與各種專家的援助下支持寬恕，但這有可能與法律程序相互抵觸。當法律無法阻止道歉被用作證據，對手可能就會把另一方的道歉作為證據，支持他或她提出的指控。訴訟的幽靈澆熄了讓人表達遺憾的意願。律師有如醫師，心理上承受法律約束之苦，這限制了他們表達歉意以及尋求寬恕的能力。[109]受害人提出寬恕可能會在事實上或表面上破壞了透過刑事或民事審判尋求法律結果的過程。對於透過法律影響(或操縱)個人情感要十分謹慎與謙卑,這樣才是聰明的作法。但同樣重要的是,要認清法律制度或多或少都會影響人的情緒。

讓個人能夠去寬恕他人,此事並未要求他們放棄採取法律行動。寬恕實際上不需要停止責備,因為只有責備存在之處才需要寬恕。[110]起不起訴一項犯罪依然是由政府決定,而不是由受害者決定。法律官員可以詢問受到攻擊的受害者是否要起訴,但是犯罪傷害到的是整個社群,而不單單直接是受害者。[111]判刑之後,法院可以詢問犯罪的受害者並說明他們是有可能可以寬恕犯人來降低犯人的刑罰的。同時,法院可以提供受害者發言的機會,讓他們面對那些施暴或恐嚇他們的人,並且可能可以藉此放下自己心上的重擔。法官羅斯瑪麗・阿奎麗娜(Rosemarie Aquilina)在拉里・納賽爾(Larry Nassar)的審判過程中(這名隊醫在工作期間性侵並性虐待年輕體操運動員),允許受害者說話,並且直接對他們說:「把痛苦留在法庭……走出去展開你璀璨的人生。」[112]其中一名受虐的倖存者蕾秋・登荷蘭德(Rachael Denhollander)靠著自己的宗教信仰說出:「寬恕是放棄個人怨恨和內心報復的渴望,但即使我放下怨恨,對錯的標準並未消失。」她在反思中說到:「寬恕是我個人以及內心對於施虐者的回應」,但是,「司法並不反對寬恕。反之,司法是寬恕的根基。」[113]

法律之中寬恕的界線

有些錯誤似乎無法原諒。有些人會覺得，如果犯錯的人並未道歉且做出賠償，根本就不可能寬恕。關鍵之處在於，有些行為——大規模殺人、綁架兒童與種族滅絕——似乎是無法寬恕的，如果寬恕意味著停止原本適用的法律後果的話。一九四三年，德國集中營裡的奴隸西蒙・維森塔爾（Simon Wiesenthal）＊被叫到醫院裡一名奄奄一息的年輕德國士兵病房，這名士兵請求這名身為猶太人的奴隸寬恕他。維森塔爾後來的反思，還有受邀到其他場合上的評論，為寬恕一事帶來豐富且複雜的討論，同時也點出了這個問題：誰有資格寬恕？[114]特赦與大赦並不適用於以下這幾種人：被控違反人性罪、戰爭罪、性侵或招募未成年人入伍。[115]遭到配偶施虐的倖存者不應該寬恕施虐者，除非可以真的保證倖存者現在安全無虞，而這需要很周全的照顧，有時候甚至要把施虐者隔開。[116]

即使在債務比較少的地區，有些違法行為似乎超出寬恕的範圍。終身憤恨（permanent grievance）看起來是要反制那些借款時就打算賴帳的人，也反制把借款偷偷塞進個人口袋而不是幫助社群的領袖。但是學生貸款應該屬於不可原諒的類別嗎？[117]探索法律寬恕這個主題並不是說它一定要做或是經常要這麼做，而是要攤開來辯論，在個人與社會更大的仁慈之間，使用公權力支持寬恕的時機與方式。

實務上，原告和機構會基於許多理由保留正當的懲罰，像是包括貪污或歧視。寬容有可能帶有種族偏見、不尊重惡行的潛在受害者，又或者是前後不一與不公平。這是司法人員在使用裁量權時所存在的危險。

如果法院或檢察官捨棄得到授權的法律結果，支持原告帶有個人色彩的寬恕，而且假如他們使用法律去支持或強烈要求個人的寬恕，他們正好就有可能破壞或損害法律的可預測性、嚴守規則的特性、威懾力、公平性和客觀性。法治追求的是平等的待遇、抑制政府權力、承諾對類似案件一視同仁，並且將法律結果理性應用。有些人認為使用法律推動寬恕，也就抹去寬恕與眾不同的特質：它的例外、它毫無條件的特質，遠不同於兩造法律論點交換的常規或機制。[118]那麼究責呢？真相呢？維持它的特殊性而非一般性，有助於推動一視同仁的目標。[119]採取措施防範此類風險，肯定是判定任何推動寬恕的法

＊知名的猶太人大屠殺倖存者，也是著名的納粹獵人。二戰結束後，他將畢生奉獻給追查納粹黨員及相關蒐證，致力於將大屠殺的參與者送上法庭。

律政策是否理由正當、值得去做或是適得其反的一部分。

正如建築師和裁縫師所知，有些材料（例如木材和棉花）比其他無法從創傷完全恢復的材料（如玻璃和絲綢）更「寬容」（forgiving）。[120]有時，不寬容的材料更能滿足工匠的目的。本書的第一、二、三章分別探索了法律素材的類似議題，挑選的主題都是法律體系已經採取所謂的寬恕或者可視為寬恕的行動的領域，放棄討論合理的憤恨與制裁。

第一章的主題思考的是對某一群人的寬恕，這些人比其他人更能吸引到寬大的精神：未成年人。然而，第一章檢視的是犯下刑事罪（有時候甚至是重罪）的未成年人。本章關注國際衝突中的童兵，還有美國的少年犯，探索這兩個例子能夠看出法律體系會根據脈絡以及超過個人所能掌握的力量，決定何時採取修復式的作法與其他選項，如此一來，也就可以看到未來。

第二章的主題是一種違法行為，這種行為在整個歷史上經常會促發非正式的及政府的寬恕。債務以及債務赦免，看起來跟刑事上的過錯天差地遠，但是債務在禧年的免除（debt jubilee）還有對於刑事犯的大赦，早在古巴比倫與古雅典就已有記載。當代有關債務寬恕的辯論集中在主權債務（無論是國家還是城市）以及美國消費者的債務，其中涉及了學生貸款和醫療債務。

第三章的主題以世界各地的例子探討法律寬恕、大赦的方法，包括行政上的特赦。這種方法在許多司法體系裡都有，允許正式免除個人或整個團體犯罪時所要承擔的法律後果，從刑事法律到逃稅、從移民違規到銀行不當行為皆有。

藉著比較並對照法律對於青少年犯罪、個人、實體與團體欠債以及其他違法行為進行寬恕的可能性，本書想問的是，為什麼有些情況下可以洗心革面，而在有些情況下不行，寬恕要在什麼時候實行、如何實行，才能與法律對於可預測性以及一視同仁的要求相容。本書的最後會進行反思，擴及到其他法律領域，並且對於透過法律尋求與限制寬恕做進一步的思考。宗教領袖、心理學家、朋友和家人都承認寬恕是一股正向力量，但要使寬恕成為正式法律實務的一環卻很複雜。我們要怎麼做才對呢？

CHAPTER 1 寬恕年輕人 Forgiving Youth

人道主義工作者太常認定捲入部隊的小孩所需要的補救方法是保證他們無罪……他們忽略了離開軍隊的小孩有可能會對自己的行為深感罪過，根本不在乎自己免於法律之責，這樣的忽略是一種規則，而非例外……在這種情況下，得以進入訴說真相與修復式正義的合法體系之中，便有可能是舒緩與安慰的重要來源。

——大衛・哈里斯（David Alan Harris）[1]

在獅子山共和國叛亂十一年之後，戰敗的叛軍革命聯合陣線（Revolutionary United Front, RUF）在伊曼紐爾（Emmanuel）這名男孩才七歲的時候綁架了他。[2]他花了四年時間打雜，接著就是當間諜、打仗和殺人。戰爭結束後，他先是和養母一起過了兩年，然後再與母親、祖母和叔叔團聚。雖然他的母親和祖母原諒了他，但叔叔並沒有，族裡的其他人也會來打他。他曾經用小刀保護自己對抗敵意相向的族人。他輟學、捲入盜竊案，然後陷入被社會所排斥的循環。

另一個被革命聯合陣線綁架的小孩是名叫田娜（Tenneh）的女孩，她被綁走的時候才十歲。她在部隊裡受到虐待（雖然不是性侵），親眼目睹許許多多的暴力，曾被抓去當人肉盾牌，加入叛軍期間，她殺傷了或殺死了兩個人。後來跟母親重聚後，她晚上經常難以入眠，但勉強可以專心在課業上。她告訴研究員泰瑞莎．碧棠可（Theresa Betancourt）說：「我已經能夠寬恕，但那些犯下如此暴力的人應該要再受到懲罰，而且他們的過錯還沒有被導正。」[3]她是名受害者，也是那些犯罪者的助手。

武力衝突經常有小孩參戰，他們被當作士兵、助手，還有性奴隸。**童兵**（child soldier）一詞指的是被抓去支持叛軍或暴力團體的個體，他們還是小孩就面臨了社會與法律問題，有些人在小時候從事犯罪行為，但成年之後就不再做了，有些人在變成大人之後還是繼續參與戰鬥或支持戰鬥的人。[4]他們在壓力或命令之下有可能殺死自己的父母、強暴另一個小孩，或強迫其他兒童過上相同的暴力生活。

本章探討武力衝突中的童兵在何時、又要如何才能得到寬恕。他們不是整場政治暴力的製造者，正因如此，地方與全世界的同情心經常蜂擁而至，要求放棄對他們懲罰與究責。那些招募或脅迫他們的人才應該是要負責的人，但是用來做這件事的政治和法律力量以及經濟資源往往都很不足。對於兒童在法律、文化和道德上受的對待，長久以來，一直苦於欠缺一條劃分兒童與成年時期的清楚界線，童兵案件暴露了我們手邊的工具和概念有多麼粗糙。與目前的國際法和國際慣例相反，人們認為總有人要為童兵的行為負責，不管是綁架童兵的大人或是這些孩子自己。同時，青年的可塑性、那股促使年輕人在衝突時採取行動的更大力量，還有他們在未來改變的潛力，這些東西都可以作為他們在追溯性與對抗性的正義之外的替代方案，能協助他們自我成長，並重新融入社會。

困在戰爭之中經歷過強迫、壓力與無路可走的未成年人，顯然非常類似那些加入幫派、販毒和其他犯罪活動的美國青年。童兵經常可以避開責任，但美國少年則往往要面對懲罰。對於童兵以及涉入犯罪的少年人，寬恕他們需要的是承認錯誤——而社會的回應應該要包含為有建設性和有意義的生活創造機會，並且也為恢復社會關係創造機會。應該要寬恕年輕人的錯誤行為嗎？那麼，把他們帶進去的成年人呢？從目前法律體系的力量來看，法律不應該針對特定的受害人進行寬恕，而應該是為進入世界的年輕人重新打造限制了他們選擇與機會的規則及制度。

童兵法律地位之辯

國際刑事司法計畫可以追溯到一九七〇年代、第二次世界大戰後對種族屠殺的回應、十八世紀民主革命的興起、啟蒙運動的普世人道主義哲學、[5]神聖羅馬帝國（Holy Roman Empire）一四七四年的暴行審判，甚至是更早針對軍事暴力的叛國審判，[6]國際上基本禁止徵召和使用兒童作為軍人是二十一世紀的新現象。但是針對十八歲以下的個人在武力衝突中下犯下國際罪行的潛在責任卻是不夠明確的。[7]如何看待戰爭期間該受懲罰的行為，法律與道德上的觀點正在改變，正如兒童的定義也在改變一樣，逐漸納進了青少年。[8]

持續有兒童從他們社群的內部被綁架，經過有系統地加以操縱、強迫與社會化（有時是在毒品的影響下）之後成為童兵。輕巧、容易操作的武器問世，促使兒童搖身一變，成為冷血殺手。[9]兒童對武裝團體、極端組織及政府有吸引力，因為他們更容易進入一種無畏的殺戮與不加思索的服從狀態。[10]叛軍，特別是陷入長期衝突的叛軍，可能就只是因為成年人人數不足，因此就把目標轉向小孩。[11]此外，兒童受到招募是因為他們已經有此能力，也因為武力衝突的情況愈演愈烈，使得他們被允許扮演關鍵角色。[12]

國際法和人權執法現在已經實現的目標是懲罰那些把兒童帶入武力衝突的成年人。受到一百二十三個國家[13]簽署的《羅馬規約》（Rome Statute），建立了第一個常設的國際刑事法院（International Criminal Court, ICC），禁止徵召或是招募十五歲以下的兒童加入國家武力部隊或敵對行動。[14]國際刑事法院在第一個案子就寫下了歷史，打開了起訴此類犯罪並判刑的先河，判決徵召、招募還有使用兒童從軍的剛果（Congo）軍閥托馬斯・盧班加（Lubanga）十四年徒刑。[15]

童兵一詞通常包括女孩和男孩；專家估計，某些國家軍隊裡的童兵有高達百分之四十是女孩。[16]女孩「成為軍隊的目標，是因為她們的柔弱特質和性別。她們面臨著強暴、殘害，被逼賣淫，強迫懷孕，強迫戰鬥和死亡的處境。」[17]中非共和國（Central African Republic）的聖主抵抗軍（Lord's Resistance Army）會用女孩打賞指揮官，由她們負責家務並充當性玩物。女孩們提高自身地位還有改善待遇的方式是變成母親和「妻子」。[18]在叛軍與政府軍兩端，都有童兵擔任戰士、挑夫、廚師、傳令兵、間諜、醫務兵和性奴隸。[19]

但是，該如何處理參加武力衝突的童兵？這挑起了全新且令人困惑的正義、道德以及國際和國內規範問題。[20]根據國際法，十八歲（含）以上的人要為招募和監督十五歲以下的童兵負責；[21]但沒有人需要為招收十五至十七歲的年輕人加入衝突負責。[22]國際刑事法院沒有權利起訴任何一個十八歲以下的未成年人，[23]即使在目前世界各地參與衝突的人之中，未滿十八歲的人依然占了四分之三。[24]

二〇一二年，非政府組織「人權觀察」（Human Rights Watch, HRW）指出，目前有十四個國家在政府軍隊或武裝團體裡頭使用童兵，[25]其中包括獅子山共和國、哥倫比亞（Colombia）、安哥拉（Angola）、查德（Chad）、象牙海岸（Côte d'Ivoire）、剛果民主共和國（Democratic Republic of Congo）、賴比瑞亞（Liberia）、蘇丹（Sudan）、烏干達（Uganda）和尼泊爾（Nepal）。[26]烏干達、南蘇丹（South Sudan）、中非共和國以及剛果民主共和國的聖主抵抗軍也綁架並強迫年輕人當兵。[27]在許多武力衝突之中，兒童的身影並不少見。二〇〇二年之後，賴比瑞亞的士兵中有一半是兒童或是從童兵當起。[28]叛軍徵召兒童在緬甸、尼泊爾和斯里蘭卡都很常見，[29]在某些衝突裡，綁架兒童本身就是一個恐嚇與懲罰的方法，[30]又或者根深柢固地相信兒童有特殊的保護力量，因而綁架兒童。[31]招募年輕的小孩（十二到十四歲）比招募年紀更大的孩子效益更佳，年紀大的孩子更容易逃跑，也不容易洗腦。[32]把他們囚禁起來，然後不斷威脅他們的生命和安全，就可以使大多數的孩子服從。[33]

這件事的挑戰在於替那些在兒童時期就被招募為軍人的人決定他們所要承擔的法律責任。不僅僅是因為難以設定刑事責任的年紀或是其他觸發因素，也是因為一般來說，法律並不會有一類人既是受害者、卻也參與了犯罪並虐待他人。當成年人綁架、強迫或誘使兒童擔任士兵(或性奴隸)——他們讓兒童成為受害者、剝奪他們的童年,並使他們成為暴力和犯法的工具。[34]紅色高棉(Khmer Rouge)強迫兒童殺掉自己的家人,逼他們打仗並為政權賣命。[35]聖主抵抗軍在中非強行招募大量兒童,因為他們很清楚,比起那些對戰爭感到厭倦的大人,他們可以更有效地控制小孩。[36]

是否只因為其他人也該受到責備,個別年輕人就該得到寬恕?他們可以因為年輕與脆弱就得到原諒嗎?那些被貼上童兵標籤的人,就只是單純的受害者嗎?至於那些不是因為綁架或強迫,而是因為意識形態、行動與責任帶來的機會,甚至是因為暴力的快感(thrill),或者是把加入叛軍視為能帶來良機的政治努力而加入的人,又該怎麼處理他們呢?[37]我們可能可以設計一個新概念,來理解個人既是受害者又是加害者、先是被綁架的小孩之後再綁架其他小孩的複雜性。[38]因為目前並沒有這樣的概念,對於國際法裡的歧義和爭議,我們也就不該感到訝異。[39]社會要如何看待一個解甲歸來的士兵——「他們被迫放棄童年、變成一名戰士,而他們的足智多謀(很可能還有好運)使得自己可以存活下來,但是這樣的堅毅特質現在卻遭到整個社群所忽視(甚至是否認)」?[40]

一般來說,國際法把此類問題留給個別國家,[41]但每個國家(除了美國)都簽署的

《羅馬規約》或《聯合國兒童權利公約》（UN Convention on the Rights of the Child），指示締約國「應採取一切可行措施確保十五歲以下的兒童不會直接參與戰鬥行為。」[42]而在現在唯一未簽署《兒童權利公約》的美國，[43]是由各州來制定大多數管理未成年人的規定，許多州也對於起訴還有處罰犯下極重罪的未成年人採取強硬立場。[44]

強硬立場也出現在對恐怖主義的回應上面。美國關塔那摩（Guantanamo）軍事委員會指控奧馬爾・哈德爾（Omar Khadr）十五歲時在阿富汗為塔利班政權對抗美軍。哈德爾生於加拿大一個原教旨主義（fundamentalist）的穆斯林家庭，扶養的過程中就以殉教為最高志向。哈德爾青少年初期的時光大部分耗在蓋達組織（Al Qaeda compound），和賓拉登（Osama bin Laden）共同生活了一段時間，並和父親一起在阿富汗對抗美國人和北方聯盟（Northern Alliance）的軍隊。[45]哈德爾丟手榴彈殺死了一名美國特種部隊的軍官之後，以違反戰爭法的謀殺和企圖謀殺、反叛、兩度提供原料支持恐怖主義還有間諜活動認罪。十六歲的哈德爾是關塔那摩灣拘留營裡頭關押年紀最小的恐怖分子，他受傷並接受治療後，面臨了密集的訊問。許多人批評美國對他的處置，聯合國祕書長兒童武力衝突特別代表拉迪卡・庫瑪拉斯瓦米（Radhika Coomaraswamy）一再要求美國為他提供復健服務。[46]一位評論員認為，哈德爾不應該為那雙從事恐怖行動的父母所施給的教育、還有身為一個心智未完全的年輕人而負起責任，而另一些評論者則認為，孩童不是不受起訴的絕對理由，還有，加拿大自己就可以起訴他。[47]儘管美國政府藉由關塔那摩迴避讓美國憲法適用於關押在該處的拘留犯，但最高法院裁定，至少有一些憲法條款確實適用於此。[48]

由於是認罪協議的一部分，[49]哈德爾又在關塔那摩關了一年，之後再轉到他的家鄉加拿大服完剩餘的刑期。[50]加拿大不僅簽署《兒童權利公約》，而且還特別在支持和鼓吹人權方面加入對國族認同的考量。有一位評論員指出，哈德爾在加拿大將考驗該國在人權上的承諾。[51]哈德爾被關在加拿大的監獄，直到二〇一五年，加拿大法院無視加拿大政府的反對以假釋之名將哈德爾釋放，美國仍待上訴。[52]哈德爾向受害者的家人道歉；而就在加拿大最高法院裁定加拿大法律所賦予他的「生命、自由與人身安全」受到侵犯之後，他和加拿大政府達成和解，和解書中承認政府過去一直使用哈德爾「在受到脅迫的情況下」所取得的資訊。[53]針對加拿大人的調查表明，加拿大人並不贊成和解，但也強烈認為哈德爾受到不公平的待遇。[54]而在美國，哈德爾的案子呼應的是美國各州如何把對於成年人的懲罰強加在青少年身上。[55]

姑且不論用來對付哈德爾的訊息是否在不公平的狀態下取得，也許全世界的社會在回應像哈德爾這類人的時候，都應該允許在判決時使用被告是受到脅迫的辯詞或是爭取減刑的論點。[56]這種辯詞是作為減少社會譴責的藉口與立足點，某種意義上是表達寬恕——合理的憤恨要由法律體系放下，而不是由受害者放下。[57]放棄刑事起訴不代表放棄究責；我們可以設計其他的究責方法，把方法的焦點放在改變行為，而不是歸咎責任。[58]

同樣地，不應該責怪那些被拉去打仗、成為戰士性奴隸或「妻子」的女「童兵」，法律的寬恕或免除控訴應該成為一種規範。然而，這些人往往因為協助叛軍以及（或是）她們的性行為而承擔族人的排斥或污名的風險，不論她們是出於自願或被迫。[59]研究顯示，之前做過童兵的女性一開始的問題要比男性嚴重，儘管隨著時間的流逝，男孩對於負面的情境可能愈來愈承受不住。[60]族人應如何處理從士兵、僕人和叛軍「妻子」的身分返鄉的女孩與年輕女性？人們應該因為這些人經歷的苦難而寬恕他們加入叛軍嗎？小孩子受苦是原諒他們一切作為的理由嗎？

國內的法律與社會習俗在處理女童兵甚至所有童兵的時候都不相同。各國之間還有國內作法的差異，反映的是對於「誰是小孩」以及「何時要加上刑事責任」一直存有的歧見。[61]一味排除起訴十八歲以下的戰犯，可能會造成想避免被起訴的成年人大量地綁架與招募小孩進入軍隊。[62]對於那些無須負責的返鄉者來說，由於他們還要承擔污名以及被排斥的風險，因此在重新融入的努力方面也會有一些現實考量。[63]新興的國際法律規範讓那些未滿十八歲的人無罪。由於刑事審判的開銷與面臨的挑戰，也就可以理解為什麼會優先審判那些最應該對違反人權負責的人，而不是那些在衝突中遭到挾持的未成年人。但是放棄究責有可能會危害到前童兵，還有他們的族人。不起訴不等於寬恕，而寬恕從定義上來說，首先需要承認有不當行為。童兵的心理狀態與道德責任是否足以視為一個犯罪者——還有他們最終是否可以得到寬恕——仍然是懸而未決的問題。

評估能動性（Agency）與責任

針對心理發展與文化實踐是否重要的問題，單靠法律並無法判定參與武力衝突的年輕人是完完全全的受害者，還是百分之百有自主性的主體（self- determining agents）。心理學和公共衛生領域的研究則使我們進一步了解創傷後壓力症候群、重新融入社會的努力，還有青少年道德發展，尤其是跟童兵有關的部分。[64]區分文化上關於可非難性（blameworthiness）、自我（selfhood）和選擇的不同觀點也很重要。儘管如此，從衝突的環境和其他脈絡中得出的證據表明，邁向大人的成熟需要花點時間；青少年在最好的情況下既可以像成人思考，也會受到衝動和恐懼所束縛；即使是非常年輕的人也可以進行刻意的選擇，這表明了他們對是非、私利和他人利益的了解。不論把前童兵或兒童性奴隸視為完全沒有自主性的行動者，或是有著獨立意志與責任感的行動者，其實都存在一些問題。[65]

請思考瓦倫蒂諾．阿查克．鄧恩（Valentino Achak Deng）的故事，他是蘇丹其中一個「失蹤男孩」（Lost Boys），一九八〇年代中在民兵、政府軍、野生動物和疾病的逼迫下逃離自己的村莊。作者戴夫．艾格斯（Dave Eggers）將鄧恩的聲音寫進二〇〇六年的小說《什麼是什麼》（*What Is the What*），內容有如蘇丹內戰之下這位男孩難民的自傳。[66]雖然透過小說家的書寫，童兵的觀點顯然遭到改變了，但這本書仍然提供了細節和洞見。[67]鄧恩反思武力衝突造成人們在世界上「被使用」的普遍現象，特別值得一記：

與我同行的那些男孩之中，大約有一半最終變成士兵。他們願意嗎？只有一些人願意。他們被徵召入伍時才十二、三歲或大一點。我們以不同的方式被使用。我們被用於戰爭、用於獲取食物以及人道援助組織的同情。即使我們去上學，我們依然被使用。這件事過去與現在都在烏干達、獅子山共和國發生過。叛軍使用難民吸引援助，使用難民創造表象，眼前正在發生的事簡單來說，就是兩萬個迷失的靈魂在家鄉發生戰亂時試著尋找食物與避難之處。

同情飽受摧殘的兒童成為剝削的另一個基礎：「援助的誘餌（Aid bait），有時候人們這樣稱呼我們。沙漠之中兩萬名孤苦無依的男孩：不難看出這對聯合國、救助兒童（Save the Children）和路德教會世界聯合會（Lutheran World Federation）的吸引力。」[68]

援助人員可能會在不知不覺中替孩子進入武裝部隊鋪好了路：

> 但是當人道主義的世界餵著我們，為丁卡人（Dinka）打仗的蘇丹人民解放軍（Sudan People's Liberation Army）正追蹤我們每個人，等到我們發育成熟。他們會帶走那些年紀夠大的，帶走那些強壯、結實且充滿怒氣的。這些男孩會翻山越嶺去到邦加（Bonga）的訓練營，那是我們最後一次看到他們。[69]

當孩子被綁架、強迫或誘惑去替非法的軍隊賣命，他們是受害者，但是把所有涉入的未成年人都視為無辜者，其實掩蓋了一個事實：兒童與年輕人會做出複雜甚至有策略的決定。有一些年輕人可能因為沒有好的選擇而加入民兵，飢餓或其他形式的剝奪可能會吸引其他人。[70]有些人尋求社會的晉升與機會，就像瓜地馬拉的女童兵發現自己有機會在傳統的性別角色之外發揮作用。[71]有些人會做選擇，即使只是短暫或偶然，並展示他理性決定的能力，而這並不符合小孩缺乏決斷力所以無法負責的說法。年輕人會為了自我保護或自我提升（self-advancement）而行動——避免受罰或獲得獎賞——且對於這些行動對他人或自己的衝擊一無所知。有些人會遭遇到難民營裡的權力變化，並成為犧牲者，甚至在援助人員的協助下擺脫戰鬥也只是顯示出有限度的自由。[72]

儘管逃離民兵部隊有風險，但有些童兵找到這樣做的充分自由及機會。[73]有個人對研究人員說，自己打算回到賴比瑞亞，如此一來，他才可以主張童兵解散所能得到的利益，但如果他無法獲得足夠的支持，他就會重返戰場。[74]象牙海岸的許多童兵解釋，他們自願離開民兵是因為他們覺得留下來很有可能小命不保。[75]有些人則是故意瞄不準來避免殺人，要不然就故意讓潛在的受害者躲過一劫。[76]而有些人發現可以這樣做，這件事如何影響我們裁定沒這樣做的人有多重的罪？

諷刺的是，若把童兵視為無辜的受害者，也就無法寬恕他們，因為就只能寬恕那些有犯錯的人。寬恕不適用於那些不適合負責的人，因為他們沒有資格被視為一個自由且能承擔責任的主體。也有可能，童兵可以聲稱自己的能力下滑，或還在發展之中（因此也就無法完全負責），然後就有了開脫的理由或免於起訴，嘗到法律上的甜頭。但是喪失能力或能力下降，似乎不適合用來說明那些可以結婚且自認為有選擇能力的年輕人所流露出的經驗及能力。

正因為他們在長大成人之前就加入武裝衝突，童兵是活在一個受宰制與互惠的社會組織之中，指揮官提供年輕士兵身分地位和保護，確保他們對於軍隊的依賴。[77]當然，成人也是在複雜且上下嚴明的組織中工作，但是我們傾向於認定他們比未成年人更不容易發展出對指揮官的心理依賴。對未成年人而言，他們對軍隊的心理依附取代了因戰爭而破裂的親密連結。[78]確實，年輕士兵對於一個或多個成年人的依戀，取代了他們跟父母的連帶關係。有些童兵會融入軍隊的價值觀和優先次序，而當他們在結合了自願與被迫的情況下發展出忠誠與承諾，他們經歷了友情、指導（mentoring）、甚至是對老兵的愛。[79]有名聖主抵抗軍的戰俘在遭到痛毆活下來之後，從那位替他治療傷口與扮演父親角色的老兵身上，看到「人性與友誼的時刻」。[80]軍事訓練中的誓師與並肩作戰，也同樣給童兵一種歸屬感和認同感。[81]

我們應該如何評估個人在這種情況下選擇行動的責任？以哥倫比亞為例，在研究時，絕大多數童兵都說他們是「志願」參軍，但也提到自己是出於經濟與社會壓力而入伍。[82]成年人和未成年人一樣會受到脅迫並且感到絕望，他們會以此為理由來減少處罰，甚至是免除參與犯罪活動責任的藉口。某種程度的寬容、甚至寬恕確實保證可以給予身陷複雜組織而產生心理依賴的任何人。[83]童兵可以在不同脈絡中採取不同的身分，展現他們自我防備的創意，並且挑戰「因為年紀、面臨的暴力還有經歷的創傷，所以他們就是很無助」的觀點。因此，年輕人和朋友與過去的戰友在一起時，他們可能會表現得有如一名堅強的鬥士，但是和非政府組織的工作人員在一塊時，就表現得像是個心理有創傷的無辜者。[84]不只一名女性在通過戰區的時候會在壓迫的情況下出賣自己的身體保命，展現出某種程度的能動性。[85]

童兵有為了維持或創造一種自身道德能動性而掙扎求生的意義與需要，包括承認過去的錯誤行為，他們應該被看作為了這樣的意義與需要而求生的個體。[86]許多童兵有強烈的自我意識，這和他們的求生和韌性有關。[87]其他人則可能陷在矛盾和羞恥之中。[88]如果社會責任來自個人選擇，社會該如何對待那些為了個人利益而應對眼前挑戰的童兵？國際刑法在實務上可能無法讓那些至少表現出能動性的個人負起責任，因為檢察官只能用有限的資源去追究那些最該負責任的人，但這種起訴決定只是反映出財務上的限制，而不是仔細評估前童兵做選擇以及承擔責任的能力。[89]所以，假設童兵沒有一絲承擔法律責任的能力，其實是既不正確也不明智的。這樣做甚至可能不利於恢復名譽，忽視個人所做的選擇、放過帶來傷害的前童兵，隨著時間過去，也可能會妨礙他們作為道德主體的身分發展。[90]不同的國家以及鄰國之間可能會對於這些事情出現不同的看法。[91]

圍繞文化差異的一個更深遠的問題是：個人的道德責任重要，還是社群的需求和利益優先？國際人權運動筆下天真無邪的童兵，跟一些地方社群的態度之間的衝突，有部分反映出地方眼中社群的核心。[92]國際非政府組織推行的重返社會方案可能忽略了特定的文化和國家脈絡。[93]有些過去曾當過童兵的人再次被吸收加入暴力團體，有可能是因為不適當的重返社會服務，以及持續的貧困，還有錯誤的社群位置。[94]有一些過去的女兵從戰場中重生、當起了孩子的母親，但由於在家裡經歷的社會排斥和污名，最終仍回去跟之前綁架她們的人一起生活。[95]過去曾是女童兵的女孩告訴國際組織的工作人員：「如果我們能上學，社群對我們來說就比較好，我們就可以考慮一些很有幫助的事。」[96]由於預見未來的放逐，許多女童兵寧可搬到新的環境，而不是想辦法讓返鄉之路變得可行。[97]

有些社群裡的成員不滿國際上對於童兵重返社會計畫的關注，因為兒童權利的現行觀點威脅到當地兒童的地位。[98]諷刺的是，西方國家個人至上的觀點有可能忽略個別參與者的需求和能力。西方國家的個人主義觀點支持的是關注創傷後的壓力失調與處理，但前童兵的實際壓力可能不是來自過去的創傷，而是來自於目前的生活情況，像是對於社群報復的恐懼、家庭和社群關係的不和諧，或擔心未來。[99]如果有什麼特殊的服務或支持獨厚前童兵，或是對他們參與暴力活動給予獎勵，也就特別會有人對這些前童兵產生怨恨。[100]在此同時，前童兵需要幫助，像是治療、淨化儀式（cleansing rituals），還有講述自身故事的機會，來處理他們自己的否認、憤怒，或是對其他人的指責。[101]

返家的童兵一旦沒有被要求負起責任，也有可能被視為危險的「內部陌生人（internal stranger）」。[102]當地對寬恕、精神淨化，與和解的重要性所抱持的態度，都可以幫助返鄉的童兵重新融入社會，但要幫助他們重返社會，通常要先把返鄉者當成做錯事的人，而不是無辜的受害者。[103]莫三比克（Mozambique）當過童兵的人返家十五年後，大多數（即使未接受心理治療）都已婚、擁有自己的房屋，而且毫不困難地得到家人和社群的接納。[104]研究人員的結論指出，對於返鄉童兵的精神照顧介入，可能會因為跟當地如何與靈魂和平共處的文化觀念發生衝突，導致造成的傷害大於好處。[105]

另一位學者認為，承認童兵的刑事責任對於衝突之後建立和平與和解至關重要，即使根據其他理由豁免童兵同樣合情合理。[106]然而在烏干達，國際上要求起訴未成年時期就已經參戰的成年人，似乎不符合傳統文化習俗傾向和解與精神撫慰的作法。[107]但是，老人家口中的文化傳統可能並不符合年輕人與女性的需求。[108]家庭與學校是否願意張開手臂歡迎前童兵回來，會影響他們的調整結果和未來前景，但這份接受的意願本身會因為文化傳統對於正義與可非難性的看法而更加複雜。[109]去辨別前童兵是否為自己的行動負責能推進和平與和解，這件事依然對他們的利益很重要。在願意接受更多責任與服從法律責任的審判之間，很可能有著實際的差異。[110]

向前邁進：究責以及理解情況

把小孩子變成士兵、性奴隸或是成年人發動戰爭的幫手，都是一種犯罪，因此用盡全力讓童兵解除武裝、復員還有重返社會已成為和平協定的一部分，背後根據的是聯合國兒童基金會（UNICEF）發展出來的巴黎原則（Paris Principles）。[111]不論是在成年或未成年時返鄉，前童兵都可能會與其家人或社群連結在一塊，或是遭到他們拒斥，並帶到其他陣營或社群。童兵重返社會計畫與法律程序全然不同，它很有用，如果由前童兵來引導，尤為有效。[112]因為治療上的支持、技能培訓和年輕人的韌性，許多前童兵後來都過著充實與心滿意足的生活。[113]

但是法律應該如何應對？是否應該有法律責任、法律寬容或其他回應呢？國際刑法和國內刑事慣例對於幾歲應該要負責經常互有衝突。一邊要童兵為自己的行為負責，一邊卻沒有提出任何國際上或集體上的共同回應，這便會產生自己的問題。以烏干達北部為例，社群大抵同意赦免打仗的人，不管他們幾歲，也承認童兵殺人是被迫的，但有一些族人仍然不高興，依舊認為回國的士兵應該道歉。[114]當烏干達高等法院審判十八歲的湯瑪斯．科維洛（Thomas Kwoyelo）五十六次戰爭犯罪與違反人性之罪，這引來了族人各式各樣的反應；有些人原諒他，因為他在十五歲的時候被綁架並被逼當兵；其他人敦促他接受特赦，因為懲罰不會讓他改變；還有其他人呼籲要他受懲罰，因為他是指揮官、也應該知道殺人不對。[115]不同國家的情況、不同的暴力經歷還有不同的經驗，使得走向成年人的道路都有所不同。[116]無論他們被視為受害者、犯罪者抑或兩者都是，小孩不管是參與冷血殺戮、幫助其他人打仗，又或者是身體、心理虐待、性侵與各種情況下的受害者，他們都是成人所組織的暴力工具。

對於許多前童兵而言，寬恕這個議題的重點在於他們是否可以原諒自己的所作所為以及經歷的事件。[117] 伊曼紐爾．賈爾（Emmanuel Jal）這名童兵後來成為一名樂手／饒舌歌手，透過以下的歌詞表達他為了療傷所付出的努力：「我又到了另一個戰場？這一次我為自己的靈魂而戰。」[118] 這不是讓童兵完全跳脫究責的過程，而是由各個國家與國際社群提供他們一些公開程序，讓他們承認自己參與了暴力與無法無天的事，同時也了解到他們身為受害者與犯罪人的經驗，如此一來，就可以幫助個人寬恕自己，並且為他們的生活打造出嶄新而有生產力的篇章。有一種哲學觀點強調自我寬恕是得到其他人寬恕的前提。[119] 倖存的童兵說他們渴望社交並找到支持網絡。[120] 前女童兵更是特別要求要獲得謀生的工具並得到醫療幫助、有機會安全地譴責罪犯和記錄他們離開軍隊的過程，並且跟那些不了解過去發生什麼事的族人和家人進行調解。[121]

如何以公開程序處理童兵犯下的過錯，不同於起訴、法律罪責（culpability）、懲罰（retribution）與處罰（punishment）的標準作法。許多國家都建立特殊的少年司法體系，在究責之外，也追求重返社會以及個人的復原，我們可以從此處學到許多經驗。另一個途徑是成立真相委員會來處理童兵的特定問題和經驗。這些修復性司法的理念側重在修復傷害、強化未來並發展治療的洞見。雖然修復性司法並未要求寬恕，但它鼓勵大家了解傷害如何影響了所有的當事人；它讓受害者有機會表達傷害對他們自己的影響，並要求道歉或賠償；它讓受害者、違法者和其他人得以擺脫負面情緒和創傷。[122]這些選項把前童兵跟那些受他們影響的人連結在一塊，並且給予直接的經濟、社會與心理服務，推動他們重返社會。[123]

為前童兵量身定做究責的程序，可以幫助他們面對自己的過去和現在，同時也為接納他們的社群創造情感與注意力宣洩的管道。修復性的司法機制同時承認了施加在年輕人身上的過錯，還有年輕人自己犯下的錯，同時幫他們免於面對施行在成年人的對抗性刑事司法程序（adversarial criminal justice proceedings）。研究顯示，修復式司法的方案在美國能夠更有效地降低涉案人的再入獄率。[124]現有法律和共同（communal）選項要不是過於簡化地宣稱所有人都是無辜的，就是過於嚴厲地把罪過直接推給他們。優秀的修復式司法借鑒少年司法與真相委員會的經驗而做出的努力，也可以在追究責任這個議題上提供寬恕，而不是保持沉默。

少年司法：模型和警告教訓

十九世紀初期，美國的改革者意識到兒童與成年人在涉及刑事責任的時候各方面都有所不同，因而為兒童設立了觀護所。到二十世紀之交，整個國家的審判都建立了獨立的少年法庭。[125]

在十九世紀初，紐約的托馬斯・埃迪（Thomas Eddy）和約翰・格里斯科姆（John Griscom）創立防範貧窮協會（Society for the Prevention of Pauperism），並且反對在成年人的拘留所和監獄拘留兒童與青少年。一八二五年，他們的努力帶來了紐約避難所（New York House of Refuge）的創立，接納有誤入歧途之虞的窮困和無家可歸的年輕人。[126]稍後，芝加哥安置之家（settlement house）負責人珍・亞當斯（Jane Addams）*根據兒童環境中的挑戰，還有他們的社會、教育與道德需求，成功遊說政府為少年建立獨立的法律體系。一八九九年，伊利諾伊州建立了第一個少年法庭。[127]

有關兒童和青少年發展的新興觀念支持這些改革，像是提供引導、治療性介入以及整體治療的機會。[128]針對那些犯罪時還是小孩的人發展特殊的少年司法程序，目的是承認小孩與大人要承擔的刑事責任不同。兒童的自主能力較弱，更容易受到他人的脅迫和

* 美國第一位贏得諾貝爾和平獎的女性，知名社會工作者、改革行動者，也是社會學家。一生奉獻於爭取婦女與黑人權利。

壓力，容易產生依賴，而且也更有韌性、更懂得順從。有超過一個世紀的時間，許多國家都設立特別法庭或程序，承認未成年人與成年人在犯罪行動中有所不同。[129]正如同心理學家清楚地表示未成年人有獨特的認知與情感能力，少年司法的理想狀態是把法律上的資源與心理、社會工作、社區和宗教參與整合起來，專注在全人（whole person）的狀態上。[130]國際人權的努力也闡明類似的目標，強調的是治療和社區服務，拒絕無期徒刑，並找出監禁的替代作法。[131]

很不幸，少年司法機構在實務方面往往差理想狀態一大截，並且嚴格限制了兒童的自由，也無法落實心理、教育與其他形式幫助的承諾。[132]此外，受到「嚴懲犯罪」（tough on crime）的壓力和反映選民恐懼的衝擊，美國少年司法愈來愈把嚴懲的重點放在犯罪，而不是放在少年罪犯的年齡與情境。[133]改革的循環在寬容和嚴格之間搖擺，支持的論點是更根本的改進社會上所有青年人邁向成年之路。[134]

其他的實驗則是探討社區裡青年與成年人在錯誤行為上的責任分配，以及設計具體的行動作為賠償。[135]有機會可以敘述個人經歷、改過自新、學習技能，並且發展與其他人的關係來支持與家人、同事還有鄰居的積極生活，這些能夠同時結合追究責任的訴求，不僅支持年輕人，也支持受其影響的人追求更好的未來。正如少年法庭是展望未來，但也讓更多社群成員參與到一個較不針鋒相對的過程裡，為前童兵量身定做的修復式司法途徑，可以讓個人承擔責任，同時採取一種發現事實（fact-finding）的方法並且視他們的情況而定，而目標都是要改善他們成功生活的機會。對於那些過去跟著軍隊一起長大成人的前童兵來說，使用這樣的程序特別值得考慮。

聯合國前祕書長科菲・安南（Kofi Annan）建議獅子山共和國的特別法庭（Special Court for Sierra Leone）設立一條特別渠道，處理十五到十八歲的人。[136]他坦承，儘管國際法律規範反對起訴未成年人，但政府和民間社會代表都想要「將犯罪（違反人性與戰爭罪）的小孩繩之以法」。[137]然而，即使特別法院有起訴少年的法定權力，[138]但這樣的少年司法渠道並不會在獅子山共和國出現，有部分原因是那群想嚇阻年輕人參加武裝部隊的人，以及想推進新興國際規範反對十八歲以下者承擔任何刑事責任的人，兩群人之間的辯論使得事情陷入僵局。[139]小組第一位檢察官宣布，他會行使自己的裁量權不起訴兒童罪犯，而是將重心用來起訴那些在一九九一年至二〇〇二年的獅子山共和國內戰期間，「強迫成千上萬的孩童犯下恐怖罪行的人」。[140]

國際法庭迄今還是拒絕走上少年司法之路，因此國內的法律體系就有發揮實質作用的潛力、也有彈性可以設計特別的程序去擁抱未來重返社會的可能，同時提供究責。這需要投入資源，並壓抑報復的欲望。由於國內司法體系往往要求前童兵負起責任，把他們當成犯罪者而不是受害者，因此有一些具修復性與寬恕特質的究責形式也就值得去追求。[141]當過童兵的人難免要面對嚴厲的制裁，包括死刑。[142]他們的族人往往會考量其他迫切需求，把極少資源（如果有的話）給當過童兵的人。[143]

規劃少年司法和修復式司法的方式必須符合聯合國兒童權利公約的條文。[144]公約並未禁止起訴未成年人，只是呼籲一個公平的過程來處理小孩子的需求和脆弱之處。[145]規劃特殊的過程並不是要在法律上赦免或是忽略前童兵，而是要他們負起責任，同時協助他們重返社會，推進國際規範所強調的「兒童最大利益」，同時尋找對倖存者與他們的族人都有意義的真心認錯之詞。[146]不過，去強調「孩子的最大利益」所面臨的風險，如同在美國所見，就是造成對正當程序（due process）的疏忽，以及對政府權力的限制。[147]

為了童兵所設計的少年司法制度，可能會強調賠償，而不是懲罰的結果。[148]或許需要並保證可以提供社會服務、教育機會和其他援助給當過童兵的人。[149]然而，做這些事的時候要謹慎，確保不會因為給童兵的援助超過接納童兵的社群，進而產生新的怨恨。[150]有鑑於此，同時也因為理解在經歷戰亂的社區裡頭許多人也都有創傷經驗，重返社會的努力具有包容性（inclusive），同時也應該是整個社會重建的一環。看到芝加哥南區（South

Side）與烏干達農村地區在這些想法上竟然相互呼應，這實在令人震驚，兩地法庭的需要本該有天壤之別才是。[151]

訴說真相與寬恕過程

第二種方式是把童兵案件導向社群的轉型正義程序（communal transitional justice process），使得訴說真相和寬恕得以進行。這就表示不只是政府發布公告或向當地居民施壓要他們寬恕返鄉的戰士。獅子山共和國的百姓說政府與公民社會倡議者敦促大家把寬恕過去的士兵當成為了和平而吞下的「苦藥」。[152]要受害者原諒前童兵而不管他們過去的所作所為，這通常被視為一種一廂情願的過程，更完整的寬恕過程是讓前童兵參與對話，然後向其他人道歉。[153]其中一名社群成員說，這個經驗並不是寬恕，而是共存（coexistence）：「其中一兩個人確實會寬恕，但大多數（只是）允許這些人自己（和他們）一起生活。」[154]

社群修復式司法的舉措強調的是受害者參與，以及受到影響的這些關係人相互合作，還有補償策略的發展。[155]不過有些人抱怨，如果沒有更具體的努力來重建社會關係，並獲得工作與社群參與等真正的好處，訴說真相根本是白費功夫，[156]其他人則發現訴說真相的想法是在療癒當過童兵的人。[157]關注具體的社群需求和態度，對於各種轉型正義的設計與運作至關重要。[158]

社群的修復式司法可以利用傳統的文化機制，雖然盧安達努力擴大傳統的加卡卡法庭（*gacaca*）的程序成效不彰；他們試圖將其應用到戰爭罪，但頂多也只達到正反效果都有的結果，而且欠缺兒童權利公約所提出的少年保護。[159]打造一個全新的過程，例如真相與和解委員會或成立紀念館，可能可以讓前童兵參與到行動中，為社群帶來好處。社群程序所關注的重點比較不是判定個人有罪還是無罪，而是匯集童兵的經驗與感受，努力寫出那個讓年輕人變成士兵、性奴隸的政治及社會背景的共同敘事，並追求能讓他們重回更大社群的儀式與實踐。[160]

到底是要集中在退役者的需求還是社會和平與穩定的需求，這影響了社群重建所選擇的方式。[161]找到一種兩全其美的方法，對這個似乎是二擇一的選擇題構成了挑戰：幫助那些重返社群的人或是幫助那些留下來的人？面對過去還是關注未來？有一些修復式司法的努力拒絕採取違法者和受害者的標籤，因為這樣一來，成長與社會重建的空間很小；相反，他們會採取像是受傷害的人（person harmed）以及製造傷害的人（person who caused harm）這樣的用語。[162]

真相委員會的設計是讓前童兵有機會處理他們在這兩方面的經驗。[163]訴說真相而非予以懲罰，提供年輕人與他們所屬社群一個療癒的機會。[164]南非的真相與和解委員會的確允許小孩子出面作證，但不允許公開聽證。[165]另外，在獅子山共和國，法令允許特別法庭起訴未成年人，引導使用「其他的真相與和解機制」。[166]小孩成為證人，發表聲明，並且幫忙寫出以兒童為目標的真相委員會報告。[167]委員會雇用女性採證人員，加速女孩的參與，並確保所有參與出於自願，且得到知情同意、保密和匿名的幫助。[168]賴比瑞亞的真相與和解委員會和兒童保護機構合作，推動兒童的需求，並且把參與各種活動的小孩都納進來。[169]

訴說真相的過程可能是寬恕儀式的一部分，但這會迫使前童兵懺悔、道歉、認錯，而不是接受大赦或只是繼續過日子。[170]扭曲的自白，即使是因為社會認可的甜頭而非出於懲罰的棍棒，也可能會製造出道歉，卻破壞了對寬恕而言極為重要的真誠交流。[171]對於為了避免懲罰所發言論的真心程度提出任何疑問，都會引起人們的關注，特別是當涉及其中的人員已經面臨了創傷，並學會為了自我保護而撒謊的時候。[172]以獅子山共和國北部為例，一種「社會遺忘」（social forgetting）是兒童和成年退役戰士重返社會與復原的基礎；真相委員會可能會破壞這些努力。[173]在許多衝突中，有些人小心不要讓青年參與真相委員會，因為作證可能會迫使他們面臨二度創傷，或受到刑事起訴。[174]

但在某些社群裡，真相委員會既受歡迎又有助益。針對烏干達阿喬利族（Acholi）的調查顯示，有百分之五十八的受訪者表示不支持起訴聖主抵抗軍的低階士兵，但絕大多數人認為承認或道歉是大赦的前提。[175]訴說真相和自白也有助於回答族人對於童兵做了什麼、對象又是何人的痛苦問題。[176]有一名在烏干達北部非政府組織工作的人解釋：「衝突最大的問題是沒有人知道誰幹了什麼……在人民的內心深處，他們之所以不斷想著、也一直記得這些事，是因為沒有一個人說他們犯了罪、沒有人道歉，也沒有任何補償。」[177]

或者，社群也可採取以寬恕精神及恢復整個社群的傳統儀式，洗淨並治癒個人的犯罪。[178]烏干達阿喬利族的傳統習俗採取賠償和公共儀式，雖然從歷史上來看，這些傳統是在童兵遭到誘拐與強迫入伍之後才使用。[179]阿喬利族的族人想要延伸馬圖奧僕特（*mato oput*）的傳統（字面意思是「喝下樹上的苦藥」，然後在儀式以及補償受害者之後，就把過去留在過去））*。[180]這些儀式可能對於那些被強迫採取暴力、遭到強暴，或是變成性奴隸或「妻子」的人特別重要。[181]個人可以在儀式中甩掉過去、洗心革面，幫助改善他們長期的心理健康，與社會融合。[182]訴說真相的社會可能有助於那些遭到綁架或小時候就加入、甚至是成年之後才加入軍隊的人，讓他們在處於長期的敵對狀態之後重返社會。[183]藝術也有助於發展出同理心，挖掘及表達不安與自我接納，並向族人傳達希望獲得理解與接受的渴望。[184]

少年幫派與童兵的類比

童兵的特殊問題類似於幫派和犯罪集團中的小孩和年輕人。正如童兵，當小孩子和青少年在美國與其他地方沒有別的選擇、受到威脅，以及大人用金錢與意識形態引誘他們的時候，他們就會加入暴力活動。[185]美國各地的未成年人所面對的法律，基本上是放棄重新做人的想法，甚至是主張罪有應得的觀點。哈佛大學的丹妮爾·艾倫（Danielle Allen）追溯她表弟邁克（Michael）的經歷：他在十五歲因試圖搶車遭到起訴，審判時被視為

＊這是阿喬利族傳統的寬恕與和解機制之一。喝下這種苦藥，代表兩個衝突方都接受了過去的苦痛，並保證再也不會嘗到這種苦。加害者支付的賠償金通常會以牛隻或現金的形式提供。阿喬利人相信馬圖奧僕特的目的不是確定個人是否有罪，而是用正式的司法系統所無法提供的方式帶來真正的和解。

成年罪犯，之後判決有罪入獄十一年，然後就陷入「販毒、幫派，以及毫無寬恕知情的全新刑事司法體系等等改變生命的事」。[186]邁克有才華，他的夢想是成為一名作家和消防員，遭到逮捕之後，他實際上曾經想過，如果自己回到街頭會再惹上麻煩，於是選擇了坐牢而不是保釋，希望得到刑事司法體系而非幫派的保護。他念哲學的表姊沒辦法了解他出獄之後一年為何被殺，但這仍然與他的青春歲月都在監獄裡度過、在一個不給他機會重新做人的司法體系有關。邁克是美國幾萬名坐牢的未成年人之一。[187]

根據研究，美國學校採取的「零容忍」紀律政策以及讓學生暫停上學的作法並未奏效。[188]許多學校現在都追求修復式司法來解決衝突，希望建立堅實的關係和社群感，防止衝突、遏制偏差行為，並切斷「上學—入獄」這條管道。[189]這些大費周章的舉措關注於修復他們年少參與衝突時所留下的傷害。[190]世界上許多地方都正努力為青少年制訂修復式司法方案，包括紐西蘭和加拿大。[191]

當前蘇丹童兵與作家賈爾拜訪首府華盛頓的青少年矯正院之時，他讓我們看到童兵經驗與美國青年罪犯之間的關聯。[192]囚犯閱讀了賈爾在二〇〇九年出版的《戰爭兒童》（*War Child*），他對囚犯說自己在戰爭時奉命去打仗，但他並不明白為什麼要打仗，也試圖逃走。當他描述自己的經歷，並解釋說那裡沒有任何人教他讀書和不要仇恨，「大家頻頻點頭。沒錯，這聽起來很熟悉。」囚犯對他說，他們從他的故事中學到很多。賈爾看到囚犯的故事和他自己的故事之間有相似之處：「你讓我穿上橘色連身褲，我就跟你們一樣。」他接著說：「我需要拜訪更多的監獄……他們需要聽我親口說。他們需要意識到自己要做出改變，在這裡（指著頭）……也許他們能對我感同身受。對我經歷的……但是現在，我對他們感同身受。」一位觀察者指出，賈爾「見過（犯人）之後哭了」，「這與我的期望相反。」[193]

與其一味主張無罪，不如採取一個寬恕的互動過程——承認個別童兵和童「妻」的脈絡——就可以讓前童兵與他們的族人好好重新開始。每一個最終加入戰場或暴力犯罪組織的小孩都是被教唆犯錯，但當他們繼續對他人施暴或支持那些加害者這麼做，他們就進一步犯下更大的錯。說得極端些，不論是無罪還是有罪，都不能完全提供個人和社會需要以及應該擁有的司法與美好未來。

青年人普遍缺乏資源是造成他們參與叛軍和國內犯罪活動的因素之一。青少年的失業和遊手好閒可能是點燃暴力的火藥桶。[194]讓前童兵和未成年人面對恐怖的拘留環境和嚴厲制裁，有可能激起怨恨和報復，埋下未來一連串暴力的因子。[195]

以美國為例，無情的刑事司法體系帶來全世界歷史上最高的入獄率。[196]這個體系反映了國家的種族和經濟不平等，使貧窮的有色人種不成比例地遭到逮捕、警察暴力、審判延宕、不合適的委任、面臨檢方過度指控的認罪協商、漫長的強制性最低刑期、拘留所和監獄暴力，還有大量使用單獨監禁。許多有色人種困在這個不見寬容的司法體系之中。[197]儘管最近在美國最高法院的勝利，允許那些在少年時期犯罪而被判刑的人請求逐案複審那些終身監禁且不得假釋的個案，[198]法院依然對於寬恕此類罪行要怎麼做意見不一。[199]即使是那些獲得減刑、縮短刑期的人，他們依然沒有權利接受教育或心理輔導。女孩的逮捕和監禁逐漸攀升，主要都是因為一些小罪，例如逃跑、曠課以及品行不端，但是大部分的女孩本身都是性暴力的受害者。[200]當需要的是更了解創傷徵狀還有支援服務，刑事懲罰就有可能造成更大的傷害與二度創傷。但是，如果我們對於他們的小錯沒有一種寬恕的態度，這根本就不大可能做到。

・・・

法律和政治體制要採取什麼措施才能在一定程度上寬恕童兵、參與暴力犯罪者還有犯下輕罪的年輕人？修復式司法工具提供了一條實務之路來打破暴力和創傷的循環。他們強調與受害者和解，並且要犯錯的人賠償，他們呼籲要讓青少年在某種程度上為自己的行為負責，也呼籲要認清成年人創造了一個剝削年輕人的世界之責。

也許要寬恕年輕人，需要的是承認大人的失敗。以哥倫比亞為例，在拉丁美洲最長的一場戰爭中，叛軍、非正規軍的領袖和幫派老大強行招募了數千名少年，但在二〇一五年，最大叛軍哥倫比亞革命武裝力量FARC的指揮官宣布不再使用年齡未滿十七歲的戰士，雖然他們並未承諾放走已在軍隊裡的人。[201]

在政府為了促進和解並打造和平基礎所召開的會議中，奧蘭多・維拉（Orlando Villa）這位因強行招募七十三名年輕人到部隊而遭判刑的指揮官公開道歉。[202]維拉道歉時，政府官員就站一旁：「這些被找來的未成年人從來沒想過要打仗。他們完全被騙了。為此，我請求你們的寬恕。」他接著說道，身邊同時有三名全副武裝的獄警圍住他，「我傷害了這些年輕人，他們的家人與整個社群。他們失去走上不同道路的機會。我可以看見他們沒受到傷害的樣子但我沒有。」前童兵都來到了現場，其中一個名叫卡洛斯（Carlos）的人後來說：「這彷彿回到我被拉進營區的那一天。我決定他道歉就原諒他。我想的是他已承認了自己所犯的錯。後來我和他握手，並擁抱他。」許多和解行動都隨著平民受害者與革命武裝力量的領袖和平對話之後而出現。一名資深的官員解釋：「公開道歉儀式是邁向和解很重要的一步，因為犯罪者承認了他們造成傷害所要負擔的責任，公開道歉讓受害者有了尊嚴，也促進他們的復原。」[203]

即使這樣做也會挑起人們對於道歉的動機與真實性的質疑，但它都指向通往正義的路，或許還有個人放下的路。請想像，如果幫派領袖、藥頭和其他犯罪的老大公開對他們把年輕人扯進來而道歉，那麼對於因為當兵、當性奴隸，以及因為在戰爭與犯罪中替成年人工作而失去青春與純真的人來說，他們在意的是什麼，就會是延續下來的問題。尋求答案的首要關鍵，是聆聽那些熬過童兵歲月並找到方法長大的人怎麼說。[204]有個計畫是把難民營裡的南蘇丹前童兵連結到他們移居海外的親戚與和可能的導師；這項工作展現出關係（connections）的韌性與力量。

二〇〇七年暢銷書《長路漫漫：非洲童兵回憶錄》（*A Long Way Gone: Memoir of a Boy Soldier*）的作者伊實美．畢亞（Ishmael Beah）在書中談的是獅子山共和國，特別反思了寬恕讓和他處境相同的人有機會去面對過去及改變：

> 事情發生時我還是個孩子。我的心理還沒有成熟到可以決定自己是否要加入，在那種情況下也無從選擇。但我還是對於自己變成那樣，以及被迫參與、執行或落實感

到有罪。

他接著說到寬恕的承諾和局限：

我所想的是，你寬恕然後遺忘，也就可以徹底轉化自己的經驗，未必是把事情遺忘，但絕對是徹底轉化，如此一來它們就不會再困擾你、綁架你或讓你痛不欲生。反之，你把經驗做了轉化，讓它們隨時隨地提醒你，所以悲劇就不會重演。它們可以阻止同樣的事情發生在其他人身上。你必須用自己的經驗做點正面積極的事，而不是陷入消極面。

寬恕與遺忘的觀點，這對於加害者或受害者並不是好事，不論你要從誰的角度來看。比方說，假如你的鄰居殺了你的家人，假如你一直把他們看成一個永遠的殺人犯，你永遠沒辦法給他們一個改變的機會；他們在你身邊不會感到心安，你也永遠不會感到心安。但是一旦你改變了，當你心想，**好吧，他們曾經那樣做，或許他們可以改變**。當你發自內心這樣做，你就真的給了他們一個改變的機會。因此你好起來了，你不再害怕。這就是我所想的寬恕。205

從這個意義上說，寬恕帶來的是承認個人可以改變，即使是那些參與暴力衝突而失去童年的人，即使是那些犯下恐怖罪行的人。從畢亞這樣的個人生命中找到希望，有可能鼓勵整個社會創造機會給其他人來打造豐富的未來。

CHAPTER 2
寬恕債務
Forgiving Debt

美國和歐洲個人與集體的債臺高築，原本就應該向那些熟悉安息年和禧年*的教會機構（這是因為怕有人陷入債務危機而特別創設）發出警訊的。

——強納森．薩克斯（Jonathan Sacks）[1]

儘管寬恕一詞長期以來都伴隨著債務處理的方式，但其道德面向似乎是從更早的年代所遺留下來的古怪東西。然而，當放棄從法律上懲罰犯錯或造成傷害的個人與團體被

*在猶太律法中，安息年（Sabbatical year）是指七年耕作周期的第七年，在這一年裡，農夫休耕、人民債務也得以免除。禧年（Jubilee year）則是四十九年後的隔年，也就是七個安息年後的隔年，在這一年裡，同樣要大地休耕，免除每個人的債務。

認為是一種有意識、深思熟慮的決定時，債務寬恕的概念便與挪威取消幾個借款國的主權債務（sovereign debt）以及美國提議免除大學生貸款的舉措若合符節。[2]實際上，債務寬恕是法律體系中長期存在的工具，以排除個人、社群、企業與國家打造未來時的法律及實務障礙。債務寬恕在歷史上和法律上的實踐都表明了實現調解、釐清犯行的更大脈絡以及合法重置事務的可能性，允許一切重新開始。債務寬恕——那會鼓勵盲目的財務行為，沒追究責任就把成本重新分配到關係人身上，或是提高財務風險——有時會因為反對不正當的借貸行為，或是陷害了粗心的消費者、學生、低收入者和小店而遭到反抗。自古雅典以來，當梭倫（Solon）允許寬恕債務和罪行時，法律上的寬恕就把金融和刑事司法連結到一場值得進行且有時是不可避免的法律、政治與道德辯論裡。

債務可能純粹是因為貧窮，或是因為草率的消費開支、生意失敗、自然或經濟災難，以及政府對不當行為而施加的金融制裁。美國債務不斷增加，源於地方法院與警察的罰款和收費、房貸、信用卡以及醫療。[3]從全球角度來看，各國政府可能會為了在基礎設施、國家安全和發展做有生產力的投資而舉債，但政府債務也可能源於財政壓力、腐敗、違約風險、搖搖欲墜的政治和金融不穩定。[4]債務會把人捆綁在一起，在承諾、破壞承諾、風險及需求方面把過去、現在和未來都串起來。債務寬恕可能來自於貸款方私下的作為，或者是通過法律程序，例如破產、赦免或提供財務紓困的法律改革。[5]

從道德、宗教和法律途徑來免除債務從古至今在不同的社會中都有實例。有些版本的天主經（Christian Lord's Prayer）要求的並不是赦免過錯，而是赦免債務，「正如同我們寬恕別人的債。」[6]債務可能來自債務人無法控制的情況，甚至反映出債主不公正的行為，證明他們也應該要分擔債務之責才對。法律允許貸方和借款人私下談判以延長付款期限，或更改欠款金額。他們也可以設計各種機制（包括破產）以協調借款的免除。經濟還有法律及道德議題隨著寬恕債務的可能性而浮出檯面。

寬恕債務何時會帶來進一步舉債與違約的誘因？這個問題可能會導向反對寬恕債務。但是懲罰一個人不還債通常是徒勞無功、甚至是適得其反的，想想看，若把付不出小孩生活費的父母送去坐牢，或者是吊銷他們的駕照，破壞大人賺錢為小孩付費的能力，事情會變得如何。[7]有些債務允許從頭開始，但有些債務則不行，比較當代對於這兩者的承諾，便足以說明借款寬恕的實際情況，同時採取步驟防止惹來新的、不明智的債務。破產、國際主權債務重新談判、私人慈善購買和消費者債務寬恕，在許多危機情況下都是至關重要的寬恕法律工具；它們也是在犯罪、偷渡以及其他法律過錯方面辯論是否寬恕的重要類比與對比。

歷史、道德和經濟學裡的債務、寬恕及破產法

打從人能夠算數以來，就已經出現債務了。人們從過去到現在都無法償還借來的資源；他們當下就花掉，而不是等積累到足夠的資源再使用，因此也就冒險欠下了超出自己能力的債務。在各個文化與各個時代，強迫勞動或入獄一直是個人還不出借款的懲罰，這也強化了社會的期待，認為個人會很正直、也會有責任去償還債務。[8]反對強迫勞動與奴役償債（peonage）作為不還債的懲罰，促使寬恕債務的觀念成為另一種可能的反應方式。[9]公元前八世紀到七世紀以希伯來文寫下的傳統摩西律法（Mosaic Law）訂下每七年有一年安息年，寬恕族人的借款，以及每四十九年會有一個禧年，免除一切債務。[10]

公元前六世紀，政治家梭倫為了因應隨處可見的債務人農奴和奴役，頒布一系列名為解負令（*seisachtheia*）的律法，批准在雅典實行債務減輕，取消所有尚未付款的農業債務，並且解放淪為奴隸和受到奴役的債務人。[11]梭倫解釋，必須大幅甩掉負擔，才能戰勝城市的弊病，以及欠債、戰事與流放所帶來的奴隸之弊，而這些弊端有一部分出自於對財富的貪婪。[12]

債務免除，像是《聖經》的禧年與古雅典的債務減免，在現代法律之中並沒有一模

一樣的概念。[13]古代的政府可以免除債務，因為多數債務都是直接欠政府。但在複雜的工業和後工業社會，大部分債務是欠中介的金融機構。財產法保護民間的債權人，避免債務被政府取消。然而，政府可以採用減免債務的政策，向屋主提供經濟援助，換取他們資產裡的利息。同樣地，政府可以減輕學生的政府貸款或私人借款，換取他們的公共服務或個人未來一部分的收入。政府也可以赦免或取消它們製造的債務，例如未繳納政府罰款而產生的罰金。[14]此外，政府還可以建立機制（通常是破產機制），讓債務人（debtors）重組跟債權人（creditors）之間的關係，延長還款時間、減少金額，或是放棄債務，接受信用評等調降的後果，然後重新開始。破產是一種法律手段，這可以讓債務人放棄他們的正當債權，使用法律力量讓各方關係人一起坐下來，設計一套解決方法，要不是終止全部債務，要不就是減少還款金額，並且視需要拍賣債務人的資產。

古羅馬政府經過多年都對債務人施以懲罰性的個人制裁後，創造出一種破產的形式。[15]研究破產的學者承認債務寬恕源於宗教的經文。猶太教、基督教和伊斯蘭教的經文都曾呼籲釋放那些因債務而遭到奴役的人。[16]《古蘭經》提出要調整無力償債者還債所需的時間。允許個人宣告無力還債並重新開始的程序源於十四世紀的蒙古帝國。英國在一五四二年訂定了破產法。破產是對於呆帳很務實的法律回應方式，同時也承認無法償還的債務有許多原因，且甚至會帶來一些好處；嚴格執行債務可能製造社會成本。

在莎士比亞（William Shakespeare）一五九〇年代寫下的《威尼斯商人》（*The Merchant of Venice*）裡，故事中的一名女性做了一場最有說服力的演說：她懇求借款的夏洛克（Shylock）＊寬恕債務，語氣中帶著憐憫，彷彿是在祝福得到免債的人，也祝福寬恕債務的人。[17]關於莎士比亞在法律與債務寬恕的評論，其中之一便是認為這些威尼斯人對於夏洛克毫不留情，檢視的並非法律與慈悲的對立，而是檢視法律、寬恕、美德和罪惡之間的複雜關係。[18]

在十八和十九世紀時，約束的規則（binding rules）與民眾情緒加了進來，專注於債務和債務人的困境，在英格蘭、歐洲和新大陸激發出許多文學上與政治上的迴響。[19]十九世紀的詹姆斯．庫珀（James Fenimore Cooper）、狄更斯（Charles Dick）、艾略特以及眾多美國和英國文學作家，全都抓著債務和債務寬恕，以及個人何時與如何寬恕債務的議題來寫作。[20]在艾略特所寫的《米德爾馬契》中，弗雷德．文西（Fred Vincy）接受了來路不明的借款後必須還債，否則他所愛之人的父親就必須要還；同時，利德蓋特（Lydgate）則是舉債以滿足未婚妻晉升上流的渴望。可能後來小說的主角多蘿西亞會講這樣的話也就不足為奇了，她說：「原諒過頭當然比咒罵過頭要來得好。」小說家瑪格麗特．愛特伍（Margaret

Atwood）在二〇〇八年回顧了文學中的債務，然後說：「似乎有一個靈魂的當鋪，靈魂可以在那裡被俘虜，但隨後有可能得到救贖。」[21]債務的意象與隱喻貫穿了整個西方文學。

全世界的政治討論和決定長期處理團體與國家債務的寬恕，還有個人債務的寬恕。團體或國家曾獲得集體債務的寬恕嗎？美國獨立戰爭後的幾年之中，龐大的國債困擾著新的美國聯邦，他們必須努力償還從法國、西班牙還有荷蘭私人投資者那裡欠下的債務。為了提供更強大的聯邦政府一部憲法來取代邦聯條例（Articles of Confederation），他們也要尋找更多權力來增稅和管理債務（過去是交給各州），這是個不小的壓力。即使如此，一七九〇年代那幾年，國家總支出超過總收入。沉重的債務導致政府違反協議，奪取印地安人的土地以籌募資金。也許是因為傑弗遜（Thomas Jefferson）自己常常負債，導致他認為這一代的債務不應該變成下一代的負擔，而是該盡釋前嫌，重新開始。[22]他是《獨立宣言》的主要起草人、美國的開國元勳之一，後來還成為第三任總統，卻因為負債累累使得他的後代不得不賣掉他大部分財產。[23]制定一套破產的法律框架來處理債務，也因此成為美國建國時一個決定性的要素。

＊猶太人夏洛克是《威尼斯商人》劇中主角，也是文學作品中有名的吝嗇鬼，要求未能如期還款的安東尼奧必須割下一磅肉給他。

憲法支持破產的概念，授權國會制定美國破產法。[24]國會賦予個人、企業與地方政府破產的權力，使得寬恕債務成為一種常態，而不是特例。[25]關注債務也預告了南北戰爭之後的修憲。[26]自一九三〇年代以來，政治人物、商業的行動者和消費者團體，因為對債務人與債權人在權利與利益平衡方面的公正及平等有南轅北轍之見，一直在辯論破產法的具體條款。[27]

藉由破產法卸下債務可以讓債務人不用面臨債務的訴訟，只不過這有些條件、也有些限制。美國的破產法同意個人和企業可以尋求債務的舒緩，只要向法院報告一切財產、債務、收入和債權人以及任何用來取得貸款的抵押品。聯邦政府考量過州法律所提供的財產豁免之後，確保抵押品歸還（例如透過汽車貸款入手的汽車），還有確認個人已完成信用諮商與債務人教育的課程，就會把債務解除。[28]另外，聯邦破產法也會緊盯整個過程，一個個領薪水的債務人會在法院指派的受託人監督下，分期償還給債權人。[29]公司可以拋售自己的財產與其他資產來協助還債，或是在法院的監督下設計出寬限期內的還款計畫，或是宣布破產重組，或是關閉公司、同時終止一切債務。[30]個人也可以遵循類似的程序。那些成功靠著破產免除債務的人，首先必須支付申請費（filing fee）與判決費（legal fee），並且面對財產的損失（拍賣來清償債務）；即使是負債累累的人也必須先付費才能申請破產。[31]但是破產之後，個人和公司也就不用再面對其餘的法律責任，儘管他們未來借款時將會被視為信用不良的人，直到他們建立起長達十年或更長時間都能準時還款的紀錄為止。個人則是可以透過聯邦破產法裡頭的債務清算與還款規定，減低這些風險。[32]

僅有幾種的財產，例如家人住的房子，才可以免除債權人的請求權，但是假如房屋拿去抵押貸款，有些債權人甚至可以避開這樣的限制。除此之外，宣布破產會使得人的名譽大大受損，往往要花上十年或更長的時間，個人與公司才得以費盡千辛萬苦重建自己的信譽。從歷史上看，破產帶有社會污名，從入獄到禁止擔任公職、褫奪公權到把孩子推去當奴隸或僕人等，都凸顯出社會的制裁。[33]莎士比亞在《威尼斯商人》裡頭把破產的人說成是「不敢在里亞托橋（Rialto）露面的浪蕩子」。[34]雖然美國在二十世紀之後與破產有關的污名已有所減輕，[35]但破產仍然是重新談判與其他努力都不管用之後的最後一招。社會對於寬恕借款仍存抗拒，即使是在金融災難席捲而來時，也是一樣。

破產也代表債權人的成本，他們最多只收到一部分的法律請求權。破產依法強制債務的寬恕——放棄合法的請求權——特殊之處在於把每一個能主張權利的人（包括債務人與債權人）都集中於同一個法律框架底下。「一律公平」是口號，儘管過程會優先處理公共政策明確點出的債務（例如小孩扶養費與贍養費），以及債權人手上有債務人法律擔保的債務。破產對債務人來說勝過入監與為奴，而且這也給債權人帶來好處，因為債權人可能有辦法因此取得自己原本查不到的債務人資產。[36]

比起其他國家，美國的破產程序在免除個人與企業債務方面有它寬大而獨特的機制，比許多國家提供更多重新開始的機會。[37]破產可以降低經濟風險負面結果的破壞力，也因此鼓勵了創新及創業精神。同時，破產法還因為借款人與貸款人的利益衝突，以及雙方對於嚴格的法律責任與寬恕的看法分歧，而引來激烈的辯論與政治爭議。[38]當代有些評論員不願意將債務脈絡裡的寬恕一詞解釋成有宗教或道德意涵，因為有了允許破產的法律框架，這就使得債務人與債權人的情緒與態度無關緊要。

但是，即使寬恕一詞僅僅是用於比喻（metaphor），使用這個字強調的是面對債務者的人性，同時也涉及評斷債務人與債權人行為對與錯的相關性。在美國，以免除債務的權力「獎勵『誠實』但『不幸』的債務人」有憲法意義。[39]對於誘因、獎賞、責任的思考則不斷挑起對破產的辯論。

美國的破產是否過於容易簡單，導致個人或企業逃避還債之責？破產的條款對於債務人來說是否太難、造成緩不濟急，或者對於債權人過於繁瑣而傷害了信貸市場？當破產對個人與企業來說更為容易，對整個社會來說是福是禍？每一種可能性都有些真實之處。可靠的評估有賴於了解債務的起因，還有懲罰與寬恕等因應方式的成效。

有了破產紓困一途，可能會誘使一些人欠的債超出還款能力所及。個人可能會鋌而走險，因為他們相信自己最終不用承擔費用。這就是經濟學家口中的「道德風險」（moral hazard）問題，這也有可能讓那些有保險的人疏於避險，例如那些服用降低膽固醇藥物、沒有控制體重的人。[40]許多消費者都受到信用卡的誘惑，即使在長期的財務困境中也大膽借款。出借方運用心理調查，誘使消費者欠下信用卡債或其他消費者債務，即使消費者缺乏足夠的資源。[41]人們一宣布破產，信用卡公司馬上就向他們發了新卡，引誘他們因為信用風險而用更高的利率欠下新債。[42]雖然二〇〇八年後大量房屋被法拍的災難，是由於隨便促銷貸款給那些財務背景不良及不切實際的借款人所導致，[43]許多人還是相當擔憂寬恕房貸呆帳所涉及的道德風險，儘管不可否認的是，放款人與借款人同樣都應該為這場危機負責。[44]道德風險的問題同樣脫離不了寬恕童兵與寬恕罪犯的討論；不論是哪種情況，預期自己無須承擔法律後果，都可能會導致更大的違法行徑。

自二〇〇五年以來，美國破產法的改革體現的是政治判斷，關於誰應該從彈性中得利，還有誰應該因債務未還而承受更嚴格的後果，這也使得個人與小企業比過去還要難以尋求破產之路。[45]學生貸款被排除於破產的救濟之外，各個州也是如此，但市政府可以宣布破產。修法是為了保護債權人，但這提高了債務人尋求破產的代價，同時也把主要住所做為抵押貸款時的金額減免工具拿走。[46]改革的時間點加劇了二〇〇八年房地產市場的崩盤，許多房主走投無路，只好離開自己的家、把房子留給債權人，而這些人並不打算管理和轉售房子。有些人認為對破產實行更嚴格的限制，對於債務人來說實在過分、也太不通人情，尤其當債務人並非不負責任，而只是因為不幸運。天價醫藥費、失業、離婚以及個人無法控制的其他挑戰乃個人破產的主因。[47]法律改革對於借款人風險行為的關注，並不如對債務人行動的關注來得高，就算有一些借款人會做出掠奪或壓迫債務人的行為也是一樣。[48]債權人設法避開對債務人的保護，不僅會給他們身邊的客戶帶來風險，也會給整個社會帶來風險。[49]

從個別借款人與整個社會的有利之處來看，要在鼓勵與抑制債務之間設定最佳平衡是充滿挑戰的。《聖經》的教誨與中世紀的規則反對高利貸（以高昂的利率放貸），偏袒債務人，反映出從古至今人們關心有錢人趁人之危占窮人便宜的行徑。[50]此外，偏袒債務人也顯示出從經濟與歷史上的評估來看，債務本身並不是一件壞事；它可以帶動投資、生產力和人類福祉。當人們借錢創業或整修房屋，他們為社會也為自己創造了價值。

對發明家及企業家來說，債務伴隨著創意，因此債務的寬恕可以激發更多的創造力。[51]

但是債務氾濫與債臺高築加上還款希望渺茫，有可能會壓抑成長、淘空信貸市場，並讓一大批人陷入悲慘的情況。除此之外，形成債務的條款——借貸被行銷的方式與利息的累計方式——有可能是不公平、誤導人的，或受到操縱的。當一個經濟是以消費者購買為根基，而它要靠不斷舉債來購買，或者是以預期消費者信貸會有很高違約率的哄抬價格來購買，事情就有可能會脫軌。同樣的危險也可能在舉債的國家出現，甚至更明顯的危險與濫用是出於貪污的領導人，他們以國家之名借來資源再中飽私囊。

市場透過價格協助債務與信貸分配，但這並不一定足以為借款人、債務人以及整個世界找出平衡點。專業放款人知道自己總有承受呆帳的風險，也就把風險寫入借款的條文以及放款組合（portfolio of loans）裡面。所以，債務寬恕所涉及的權力關係完全不同於刑事犯罪的寬恕。以暴力為例，幹壞事的人往往比受害者更能取得權力。而在債務之中，違背付款承諾的人手上的資源與機會經常比放款者還少。即使是不在商業情境裡的放款者，理論上也握有借貸者所沒有的資源。

基本上，破產法承認債務有個社會面向超越放款人與借款人關係，因為它提供了一套社會法則，讓債務人還不出錢之後可以重新開始。它還承認債權人通常比放款人擁有更多的自由——更多的權力，它甚至為整個競技場設定了法律後果。破產法是在警告債權人需要小心放貸，因為他們有可能沒辦法全部拿回來，或根本就是一毛都拿不到。破產法因而也可以防止經濟在繁榮（信貸寬鬆就多消費）與蕭條（消費不足造成經濟緊縮）之間循環。因此，寬恕債務的好處不僅僅是在於減輕特定借款人的困境而已。這就像刑事犯罪中的修復性司法，破產看的是整個社群的未來展望，而不僅僅是特定的歷史問題。當莎士比亞筆下的波隆尼爾（Polonius）告誡兒子：「不要借錢給別人，也不要去借錢，」他要分享的人生經驗是，無論放款人還是借款人都會製造出怨恨與罪責（culpabilities）。[52]

當社會中的消費者和企業積累了大量私人債務，各國會考慮印新鈔來減少債務的比例（冒著通貨膨脹的風險），甚至是把新鑄錢幣的用途直接連結到個人支付貸款與信用卡債所需。[53]公民債臺高築會危及一個國家的金融健全，減緩或停止人民的消費與投資。[54]因此，債務寬恕對個人還有整個社會來說，可能都是不可或缺的，但這樣做也帶來債務人的道德風險，背負著多到自己也無法處理的債務。當國家自身也是債務人，同樣的情況也會變得更為複雜，而且會危害全球金融市場、政治關係與和平。因此，債務寬恕的法律機制對個人、社區、公司、國家與全世界來說可能都很重要。當債務的寬恕因為法律規則、政治情勢、社會反對或者是單純因為受影響的人貧窮而不可行，負面的後果便有可能加劇。債務寬恕往往無法施行於政府債務、消費者借款與學生貸款，以及刑事判決所帶來的債務，而且這裡頭的每一個領域可能都需要對法律的寬恕有更根本的考量。

政府債務構成的特殊問題

二〇一四年，英國政府承認英國人還在為一七二〇年引發的債務支付利息，當時南海泡沫（South Sea Bubble）之後的金融崩潰使得英國政府接受紓困，帳上留下了龐大的債務。[55]有鑒於利率會變動，為政府債務修改條款籌錢可能會讓一些古老的債務延續幾十年或幾百年，但假如這個國家在其他方面有經濟生產力，就不會顯示出它在財務上的危機或不謹慎。整個國家引來的債務有可能遠遠大於國內經濟；領土、各州以及市政府也可能在沒有任何償還能力時就背負了嚴重的債務。要寬恕國家的債務特別困難：可能沒有運作規則，也可能沒有強制執行的依據；此外，需要根據合理的條件再借款的情況也有可能決定這個國家的存亡。

各國政府手上擁有個人所沒有的債務處理工具，包括印鈔票，還有以課稅來提高政府收入。這些選擇進一步帶來了金融上與政治上的挑戰。一國政府是有可能會破產然後否認過往債務的，但經濟學家認為這樣做會讓他們信用破產而且難以得到其他國家的尊重。以美國國內為例，一八三〇年的經濟危機之後，佛羅里達州、阿肯色州和密西西比州否認了過去的債務；南北戰爭之後，聯邦政府也否認了美利堅邦聯的債，並修改憲法以廢除因暴動與叛亂而產生的債務。

國家沒有破產之途，因為現在並沒有國際法庭可以同意和監督破產的進行。各國不太可能讓出足夠的主權來實現此一過程。[56]因此，減少國家債務的唯一法律之途是還債或重新談判。[57]外部的債權人，像是其他國家、國際組織和私人借貸者，可以施展自己的優先權來購買國債。

國家經常宣布無力還債，而且一再宣布破產此事在歷史上也相當普遍。[58]經濟學家威廉・伊斯特利（William Easterly）指出：「從希臘有兩個城邦在公元前四世紀就拖欠提洛神廟（Delos Temple）的借款，再到墨西哥一八二七年不履行自獨立以來的第一筆外債，然後到一九九七年海地債務出口比率是百分之四八四來看，償債困難這件事在歷史上一直是世界經濟的特色。」[59]雖然違約的舉債國難以取得信用貸款，但發展中國家最近發現許多潛在的貸款來源，包括全球企業、其他國家以及國際金融組織，如世界銀行（World

Bank）與國際貨幣基金（International Monetary Fund）。然而新的借款可能會擴大尚未償還的主權債務。有些國家不僅有可能宣布破產，也會試著以不道德或是根本不值得承認為由，來否定他們的債務。

否定棘手的政府債務？

當南非從一個種族隔離的政權轉型到一個完整的政府，新的領導人就考慮不履行舊政權約兩百億美元的主權債務。一九九七年，呼籲不履行債務的聲音在非政府組織和宗教界高漲；他們的理由是，種族隔離的政權借款是為了強化其經濟、安全與防禦能力，而沒有獲得國內大多數人的政治及道德認可，因此不應為此煩惱。而國際社會的法律界（橫跨法律與金融）會怎麼處理這種否定？

出爾反爾不付款，這並不對。但債務國經常主張貸款本身不正當，借款的形式、條款甚至是目的都是錯的，因此證明了調整貸款或不付款乃情有可原。也許借款的條文內容不甚公平，或者債務出於狂妄和不民主的領袖，對人民毫無好處。有鑑於此，有些人提議創立一種國際法的原則，當公民不是該被指責的對象，不被視為「可惡之人」（odious），就寬恕部分或全部的國家債務。「惡債」（odious debt）應成為國際法原則的論點尚未成功挑起全球輿論，所以持續討論這個觀點可能也只是嘴上說說，主要是用來請求債主表現同情心，調整或寬恕債務。

當債務人不願意還債或追求比較有利的還債條件，承認「惡債」的論點就會淡化那樣做的負面影響。光是直接把債務稱為「惡債」，就跨出了爭取民眾支持的一步。提倡惡債說法的人可能也料到，背信與不履行債務有可能破壞欠款國家未來取得信貸的機會。要求償還惡債是拿領導人的惡行懲罰他的公民，卻沒有做任何事去制止或嚇阻借款給可怕的政權；惡債原則可以把國際資本重新導向更有生產力也更透明的使用方式。[60]

亞里斯多德（Aristotle）很久以前就闡明暴君招致的債務不用還的理由，那是因為這樣的領導人只滿足自己的私利。[61]同樣的道德論點也適用於現在不履行遭到罷黜的領袖所帶來的國家債務，並否定跨國銀行與其他國家強加的繁重條款。有些人認為惡債不應償還，因為當初舉債的目的違反了人民的利益，但卻期待人民來償還。儘管國際法與民法通常採取有約必守原則（*pacta sunt servanda*），也就是說，即使政府轉型之後還是必須遵守協議，但寬恕惡債可以讓國家有理由不償還過去違背社會利益的政權所借來的債務。

現代對於惡債的說詞，要歸功於亞歷山大．沙克（Alexander Nahun Sack）這名常被誤認為前沙皇大臣的教授。他於一九二七年建議，在固定的領土內：

當一個專制的政權借了一筆債，不是為了國家的需求或國家的利益，而是要讓自己變強，鎮壓群眾的反抗等事，這筆債對於整個國家的人民來說便屬有害。這筆債不屬於國家，而是那個政權留下的債，統治者個人所欠下的債，因此它應該隨政權的滅亡而消失。[62]

惡債的概念依然就只是一個——概念，而不是國際法學說，儘管二〇〇六年挪威無條件取消了厄瓜多（Ecuador）、埃及（Egypt）、牙買加（Jamaica）、祕魯（Peru）和獅子山共和國所欠的八千萬美金，因為挪威自己評估這些債務不合法，不是出於借款者的需求。[63]有許多不履行、不償還、修訂過或有爭議的債務都是隨著政權轉移之後而來，像是古巴、英國、南非、一次世界大戰之後的德國，以及兩次世界大戰之間的拉丁美洲。另外在這許多的例子中，有些債務是有償還的。同樣地，美國成為聯邦之後就不履行德州的債務，墨西哥不履行奧國的債務，蘇聯則是否定沙皇留下的債。

至於法律上的先例，惡債學說的擁護者指向哥斯大黎加（Costa Rica）拒絕尊重德里科・蒂諾科（Federico Tinoco，一九一七－一九）獨裁政權向加拿大銀行借的債，因為美國與英國都不承認他的權力合法。當哥斯大黎加面臨國際商業抵制的威脅時，繼任的政權同意了前美國總統與當時的大法官威廉・塔夫脫（William Howard Taft）做出的國際仲裁。大法官塔夫脫發現蒂諾科有效控制國家，因此他三十個月的軍事政權應被視為一個主權國家，而他的繼任者要面對這份留下的契約責任。但與此同時，他的結論是債務償還不應強行落實，因為借來的錢並不是用於政府，而是用於對蒂諾科與其兄弟的個人支持——貸款的銀行都一清二楚，或者應該就是要對情況瞭若指掌。

以這個先例來看，當代的惡債倡議者認為，假如債務根本就是為了給統治者帶來好處，債權人實在不應該要求該國償還。希臘、西班牙與義大利的示威者和一些政治領袖，都把他們主權債務的崩盤歸咎於歐元的債務危機，同時譴責這些都是惡劣與不合法的債務。[64]或許有可能清楚闡明惡債的定義，[65]但在實務上，使用這個概念可能會引起很多問題。繼任的政權以惡債為由不履行債務的情況，需要針對國家債務不管是誰在位都延續下來這個常見規則另開一個例外；[66]假如繼位者也曾在前一個政權任職，這個例外依然適用嗎？建立在政權轉移之上的債務寬恕，能夠為政權的改變創造新的誘因嗎？即使這是為了達到這個目標而作假。假如先前的政權並非民主政體，缺乏民主結構會不會使得政權的每一個行動都缺少債務合法所需要的群眾同意？[67]同樣難以評估的是，借來的資金是否用於違背國家整體利益的目標。[68]即使有一筆借款進入獨裁者的銀行帳戶，資金也可以互換（fungible），因此，假如獨裁者政府提供了國家安全或其他的服務，出借方就可以反對採用這個（惡債）原則。[69]

基本上，支持惡債原則的論點認為這可以敦促國際貸方盡量不支持腐敗或專制的政權。但是誰才是適合指出高壓政權的人呢？或許，一個公開的國際機構，例如聯合國，可以肩負起決定一個政權是否「可惡」的責任，不論所謂的可惡代表了什麼；因此該政權實際上以後都不能借款了嗎？[70]這樣的任務，可能超出聯合國或另一個國際組織的能耐和政治能力了。[71]另外，惡債也可能被國際金融機構「清洗」。[72]

反對以急迫的道德立場寬恕惡債乃基於以下的事實：這個原則的存在與執行久而久之會阻止更多的債務發生，但也就讓那些最脆弱的人雪上加霜，例如生活在高壓政權之下吃不飽的人民。[73]雖然本意是幫助陷入困境的國家，但法律規定允許不支付惡債，就會使得債權人減少，只剩一小群、沒有道德的債權人。[74]更麻煩的是，目前沒有好的方法可以防止政權在放貸前隱瞞那些與其惡行有關的調查資訊。[75]

許多對惡債一事感興趣的人會試著把過錯轉移到債權人身上，因為他們占了貧窮國家的便宜，又或者因為他們資助貪污的領袖與政權。[76]有些人甚至建議債權人應該對自身的共謀與責任尋求原諒。[77]因此，探索惡債可以進一步擴大調查不同的行動者對於問題、傷害以及可能解決方式的貢獻。確切地說，惡債作為一種原則並非要執行寬恕，而是要形成一種立場，也就是債權人與更大的信貸市場作惡多端，因此不值得償還。

由此看來，許多發展中國家的龐大債務，讓我們思考其他政府與國際金融機構的責任，還有國際借貸政策的修訂。[78]當南非領袖認真思考不履行種族隔離時期的債務，上述這些更大的議題也就提到眼前。一九九七年，開普敦主教戎岡庫盧・恩珍（Njongonkulu Ndungane）督促南非採行「惡債原則」，因為「這個國家的外債與內債基本上都來自於種族隔離的政權，應該要……宣布為惡債且一筆勾消」。[79]到頭來，果不其然，總統曼德拉反而把債給還了。因為當時這個國家處於政治轉型期，特別容易受到政治排斥所傷，尤其是它正在試著終止反種族隔離的懲罰。另外，曼德拉與他的顧問也當然關心保有及強化南非進入信貸與資本市場的問題。

全世界如果承認鑲嵌在種族隔離年代那些債務裡的不公平，事情本來會完全不同。轉型之後，國家債務的總額從國民生產總值（GNP）的百分之五十下降到二〇一七年的不到百分之四十五，只不過仍然很高，到了二〇一八年初，國家債務再次增加到接近國民生產總值的百分之五十。[80]

即使惡債原則並未得到進一步的正式認可，支持這個原則的修辭學論證（rhetorical arguments）可以改善重新談判與重整債務的自願渠道。[81]電子的資金監控可以讓一切的努力比過去還要有效。[82]藉由電子資料的分享、社會網路的連結與公民的監督，強化了債權人的登記與監督計畫，而這可以把債務連結到國家貪污、成功的發展計畫、民眾不同意使用借款，以及其他已經存在或可以發展起來的措施。[83]另一個選擇是創造法律推定（legal presumption）來反對執行某幾種限定階層的借款，像是放到前領袖個人口袋的借款，或是用來買武器鎮壓民眾抗爭的借款，又或者是用來維持高壓政權的借款。[84]非政府組織可以發展出一套強而有力的自願性標準（voluntary standards）以激發積極監控，並用這些與類似的標準評比債權人[85]，同時以減少目的不恰當的借款為目標來評估國家的借款人。[86]政府和民間的行動者可以提供技術協助給債務國，好讓它們可以延長付款期限，並且像借款國一樣利用利率與相關貨幣價格的變動。[87]

隨著時間過去，國際金融機構或合作的各國政府可以授權一個架構來監督所謂的國際破產程序，認清要那些赤貧國家還債根本就是白費心力。這個過程的運作有如個人與企業破產，讓努力走出政治與金融災難的國家能夠重新開始，讓它們存有希望。[88]這個類似破產的程序，理想上要把債權國和債務國的政府一起請來，以公平的態度協商延長還款時間、減少還款金額、分享目前和未來的資產。各國目前可以和銀行重新協商債務條款；伴隨著訴訟與交易成本的相關風險，比起依靠市場去處理經濟陷入困難的國家債務，一套常規式的破產程序可能可以提供一個較不具殺傷力的選擇。[89]銀行甚至可能視情況的具體細節而定，慢慢接受不還款或放棄利息的理由。阿根廷最近的經驗則是不肯退讓的債權人試著破壞債務協商重組，使得已經因一連串國家債務背信而沉淪的阿根廷在官司之中愈陷愈深。[90]全球各地債權人的一些作法，使得倡議者主張把惡債的概念延伸到承受掠奪性債務的民主國家和地區。[91]

少了國際破產或受認可的惡債原則，深陷於債務的貧窮和新興國家也就失去了宣布破產一途，也沒辦法在破產架構的協助下重新協商債務的安排。發展中國家通常不願背信，不僅是因為這會損害它們的信譽，也是因為這樣的行為會拉抬成本，或破壞借款給處境相同國家的國際借貸市場。到頭來，對於許多掙扎中的國家，債權國與民間借款人的自主寬恕依然是最有指望的選項。

非政府組織，例如連結美國七十五家機構與超過全球六五〇家宗教團體的禧年網路（Jubilee Network），就是在追求這樣的自主行動。禧年網路來自於《聖經》裡每逢禧年就把所有債務一筆勾消的概念，他們宣稱的成就是實現「關鍵的全球金融改革，並且在全世界最貧窮的國家完成超過一千三百億美金的債務紓困」。[92]廢除非法債務委員會（Committee for the Abolition of Illegitimate Debt）是在比利時發起的全球方案，現在致力於發展中國家的債務免除，一九九八年至二〇〇〇年期間，該計畫在全球一百六十六個國家蒐集了兩千四百萬個簽名連署訴求此目的。教宗聖若望保祿二世（Pope John Paul II）和歌手波諾（Bono）透過道德觀點與自己的高能見度要求「第一世界」國家放棄索討發展中國家的債務。這些努力透過政治壓力、宗教與道德訴求試著減緩全球的貧窮問題，幫助說服國際金融機構開展多邊債務減免倡議（Multilateral Debt Relief Initiative）。有些債權人還提出把國家債務執行換成在國內投資環境保護或經濟發展的承諾。國內法和國際法可以為這種自發性的努力提供誘因和獎勵。

地區、州政府和市政府的特別問題

根據美國法律，各州不能宣布破產。養老金債務和未付帳單導致一些州（目前是伊利諾州）想探討國會或法院有沒有可能將破產法納入各州。[93]隨著發行的債務被降到最低評等，伊利諾州可能必須探索不履行債務的可能性，就像是亞利桑納州那樣，或者尋求國會的特別授權來重整債務。

波多黎各這個甚至沒有州自治權的非建制區*，沒有辦法控制自己的財政與經濟；它得到的聯邦支持（在醫療與其他計畫方面）遠不如州；它的企業經常外移，公民也往往離開到其他地方尋找良機；在大約十年前，國會還撤掉對波多黎各有利的稅率。[94]波多黎各大部分的經濟都是非法運作、避免徵稅。經濟管理不善可能給這個島帶來難題。波多黎各開始不履行債務，然後開始實行破產法，但聯邦法院裁定以聯邦法律為準，而聯邦法律並不允許波多黎各宣布破產。[95]

隨著經濟不斷下滑，波多黎各與其債券持有人向聯邦政府施壓，尋求解決方式，因此國會成立了委員會，授權它控制預算，並重組波多黎各的債務。[96]但一場天災瑪麗亞颶風（Hurrican Maria）卻使得問題惡化。[97]總統川普最初建議聯邦政府免去波多黎各的債務，但後來又改變心意。[98]儘管聯邦政府能夠提供災難救急、增加聯邦福利並恢復企業的優惠稅率，藉此改善波多黎各的財政，但我們並不清楚聯邦政府是否有權去寬恕這些由各種投資者、債券基金、避險基金和波多黎各中產階級所持有的債務。唯有在類似破產的過程中協商債務的處理方式，才可以從債券的持有人、退休基金的持有人及企業獲得調整，以足夠的命令及合法性提出計畫，讓所有人放棄他們一部分的合法請求權。[99]

美國城市確實有辦法在法律上使用破產自我救濟，但它們卻也有複雜的政治和財政考量。有一位正打算宣告自己的城市破產的市長向我解釋，他擔心這樣做是出賣市民。考慮破產的城市必須把自己的從屬地位轉移到州政府之下，由州憲法與案例法（case law）的特定條款來界定破產條件。底特律成為美國執行破產最大的城市，在經過九天的審判後決定它符合破產條件、無力償還債務，而且無法透過協商達成結論。[100]這裡頭有十萬多個債權人，包括工會、勞退基金，有些人主張拍賣底特律美術館收藏的畫作，但是底特律的破產要在聯邦法律限定的範圍內進行，而聯邦法律並不允許清算一座城市或拍賣它的任何一部分。[101]底特律的汽車產業瓦解之後，密西根州州長指派了一名應急管理人（emergency manager）來處理當地的經濟災難，結果引發民眾譁然，反對這種繞過民選政府的作法，[102]但是這種策略（以及所有受市府財政崩潰影響的市民所協商出來的貢獻）有助於激勵底特律經濟復甦的跡象。[103]當法院接受底特律的破產請求之後，林恩・布里墨（Lynn Brimer）代表底特律退休的警察宣布：「或許我們可以說戰鬥才剛剛開始。」[104]底特

＊波多黎各是美國在加勒比海地區的一個自治邦（境外領土），雖是美國的一部分，但沒有州自治權，美國稅法修改後，波多黎各債務大增，但因它的地位不是州、不受美國憲法保障，無法比照其他州宣布破產。

律市長戴夫．賓（Dave Bing）隨後評論：「對於許多不同的人來說將經歷許許多多的痛楚，但長期來看，未來是一片光明。」[105]

康乃狄克州最近直接免去哈特福市（Hartford）欠的七億五千五百萬美金，即使州政府自己也是負債累累。[106]市政府好不容易勉強避開宣布破產的命運，避開了違背他們還款給退休人員、政府債持有人以及其他持有債務者的承諾。有些分析家因為道德風險而批評這種債務免除，轉而建議修訂政策去改變造成市政負債的行為。[107]為了避免類似的債務危機，羅德島（Rhode Island）和賓州設立了應急管理人或處理人員（receivers）；密西根州則要求欠下退休金的市政府解決情況。[108]在這些例子之中，州政府的政治判斷蓋過市政府的選民選擇。不幸的是，這些政治變動常常有種族和階級的一面，因為比例過多的窮人也是這個轄區裡的種族與族群少數（包括波多黎各、底特律和哈特福），在政府的債務下賣命。貧困社區的命運掌握在社區外頭的選民與決策者手上。

市政債務危機作為解決債權人、債務人、居民與政治領袖之間緊張關係的機制，它給民主政府帶來了挑戰。即使由州政府或市政府執行的債務寬恕在法律上可行，但是主事官員貪污或無能的風險，造成處理市府債務的判斷特別困難。一座城市或一塊領地處理超支的債務，可能要靠所有人伸出援手，包括州政府與民間部門的幫助。應急措施大概也只能做到這裡為止。底特律靠著應急管理人可能有助於扭轉自身的財務狀況，但也是應急管理人的決定造成密西根弗林特市（Flint）的水受到鉛污染。[109]治理改革（而不僅是財政紓困）是處理與預防破產以及城市、州政府與領地類似情況的關鍵一環。[110]政府內部的財政災難點出一些常需要改革的問題，而改革本身就需要外部的力量來克服內部的僵局。[111]

貧窮與陷入困境的國家、領地及市政府在解決政府債務時，債務寬恕仍然是一個強大的修辭主題（rhetorical theme），即使這並不一定是可行或是想做就能做的行動。主權國家和美國的幾個州在努力處理崩潰的經濟時，必須要想辦法克服的是，並沒有一個最高權力機構能夠寬恕它們的債務。並沒有所謂國際層級的破產權力，也沒有一套現行的機制能夠讓伊利諾州宣布破產，而且即使是美國總統，也沒辦法輕易免除波多黎各欠給政府與民間債權人的債務。但是破產或類似的架構是唯一提供了全面性的框架、把所有關係人找來尋求解決之道的方式。波多黎各走上類似破產程序的政治意願、底特律的破產與應急管理人，還有康乃迪克給哈特福市的緊急援助之所以有所成長，全都因為急迫的需求還有廣泛認識到每種情況下的債務背後皆有各種成因。這非常像修復式司法，政府財政全面重組把責任分散到人民與不同實體之上，而他們可以說是問題的一部分，也可以說是問題所影響的一部分。認知到更大的社群都和債務有關，對於有效回應壓垮個人的債務也相當重要，同時對於保證債務取消、重組或寬恕的探索也十分重要。

美國的消費者和學生債務

隨著金融風險從政府、老闆轉移到個人，美國的老年人面臨更高的債務。個人要承受社會安全網資源減少、醫療照護支出增加，還有收入減少的重擔。[112]因此，六十五歲（含）以上的人申請破產的比率從一九九一年到二〇一三年之間成長了三倍，雖然許多相同處境的人並未追求這個選項。[113]

至少這些較老的人可以選擇宣布破產，他們或許也比剛開始跨入成年的年輕人更有能力應對信用評等的受創。消費者如果背負卡債與其他債務，也可以選擇破產，雖然這會帶來立即性的金融損失、讓信譽受損七到十年、借款不易、造成不好的名聲、讓人失去身家，以及很難找到與維持工作。[114]背負大學學貸的學生無法透過聯邦破產法甩開債務，除非他重殘、過世，或者是做了一些公共服務。[115]這對於個人還有整個國家來說都是個嚴重的問題。學生債務在過去十年翻了一倍，高達將近十四兆美金。數百萬名美國人未能償還學貸，同一時期，學費本身也快速飆漲。[116]顯然，曾試著透過破產法之中的「不當困難」（undue hardship）條款解除學生債務的人不到五百個。[117]許多區（quarters）都呼籲改革。有些區試著限定只有學生就讀有前途的科系才能借款，還有一些區採取的方式是當學生面對超出自己所能控制的情況，就寬恕他們的債務。[118]主張保留和擴大寬恕方案的論點是以政府的方案為基礎，例如「賺就要還」（Pay As You Earn）。[119]這個方案在二〇一一年修訂，當借款人在特定年限內還錢的金額達到收入的一定比例之後，就免除其學貸。

川普政府的教育部不只要求公開評論在破產法之下如何計算「困難」（hardship），同時也建議終止一項免去公職人員個人學貸的長期計畫。[120]聯邦的政府部門拖延或終止了對學生的紓困，這些學生宣稱他們受到營利型大學的欺騙。[121]這裡頭有些大學可能是採取掠奪性的貸款方式。同時，那些營利型大學也有資格申請破產保護，但是受騙的校友卻沒辦法申請破產。[122]根據目前法庭上的文件（court filings），有些債權人已經找不到放款給學生的相關文件紀錄了，但是借款人還是欠債，而且如果還不出來，就有可能傷害他們進一步信貸的資格。[123]

據估計，大約有一半申請破產的美國人是因為醫療費用。[124]醫療債務是追討債務的人最常接觸消費者的理由。[125] 城市研究所（Urban Institute）的一項研究發現，在二〇一三年至二〇一五年之間，患者保護與平價醫療法案（Affordable Care Act）實施之後，美國家庭坦承自己付不出醫藥費的比例從百分之二十二下降到百分之十七，但壓力舒緩取決於是否有州政府與聯邦政府的健保。[126]

特別在學貸、消費者債務、醫藥費、抵押借款等債務很多的年代，改革者也呼籲把那些債臺高築者的帳一筆勾消。放貸者急著賣掉次級房貸（subprime mortgages），連那些手上沒有財務工具的人來辦貸款也批准，因為當時不動產的價值以及不動產抵押貸款證券的轉售市場都明顯上漲，所以製造出泡沫經濟（此泡沫在二〇〇八年破滅）。許多屋主沒了工作也沒了存款，而且面對財務困境的時候也失去了使用房屋淨值的希望。即使是那些有辦法付出房貸的人，房屋貶值也往往造成他們付的房貸看來不划算。所以二〇〇八年全球金融災難之後，許多屋主都不再按時付錢了。問題並不在於房主自己有錯，儘管他們選擇背負房貸。旺盛的房地產市場、不顧傳統信貸要求的積極房貸行銷、衍生性金融商品與信用違約交換（credit default swaps）的處處風險、不恰當的監管疏失與金融機構（因為複雜、傲慢與目光短淺）承擔過多風險，全都推了一把。許多有錢的聰明人避免吸收類似的損失，但是其他人則是把他們的積蓄和信譽投入主要住所，結果大難臨頭。

許多民間債權人進行部分房貸的重組和寬恕，卻變成應納稅額（tax liability），因為得到寬恕的債務在美國基本上都被當成是應稅收入。為了回應民眾需要，國會把效期比較短、原先只實施到二〇一二年的「二〇〇七年房貸債務減免法」（Mortgage Forgiveness Debt Relief Act of 2007）延長至二〇一七年。這項法案允許房主再為房貸籌錢，不用因為他們獲得的債務調整或免除（每一年上限二百萬美金）而繳稅。[127] 國會一再延長法案效期以避免資不抵債的溺水屋屋主（underwater homeowners）的財務危機（還有不公平感），由於他們在不動產價格上漲的時候欠下房貸，而現在房屋的價值已經低於市場價。由於房屋貶值，如果沒有國會的紓困，這些屋主也就很難付得起金融危機後債務調整及減免而產生的所得稅。[128]

這些領域的法律變化有助於平衡債務人和債權人的利益，並處理不穩定的金融市場、不公平或掠奪性的貸款作法，以及引發債務的虛假陳述（misrepresentation）或欺詐。聯邦政府的擔保，像是學生貸款和房貸，可以讓聯邦法規更好地監督還款期程及條款的協商調整，或者針對虛假陳述、欺詐或不公平作法的抱怨做調查後決定債務還款。這樣可以確保那些債務得到調整的債款人獲得稅金減免，否則這些都會被當成課稅收入，而且稅金減免得到保證的話，也可以鼓勵放款人調整債務。各州檢察長（attorneys generals）

以及各州與聯邦議會的消費者保護部門應該監督破產申請與民眾抱怨的模式，以確保有針對造成次級房貸危機、大學學費與學生貸款高漲、學校謊報畢業率與就業率、針對面臨債務的老人詐騙以及借貸市場上類似缺陷等問題，進行調查與回應。

商業的追債公司買入呆帳，再靠著扣押薪水與騷擾債務人一本萬利。二〇一三年有個故事，占領華爾街運動（Occupy Wall Street）的支持者展開禧年滾動（Rolling Jubilee）計畫，買下消費者債務、再一筆勾消。[129]截至二〇一七年七月為止，該計畫籌到的金額超過七十萬美金，使他們得以買下並免去總值三千兩百萬美金的醫療帳單、學生貸款與消費者債務，同時對「不良債權」成為人類問題表示同情。[130]這項努力也使得貸款的學生有工具可以處理債務的連帶後果，並提出挑戰。[131]有一名原先在催債公司上班的員工，成立了一家名為「醫療債務安息吧！」(RIP Medical Debt）的非營利組織，透過慈善捐款買入和免去惱人的醫療債務。[132]討債公司只要用十塊錢美金就可以買入價值一千美金且年利率百分之十二的債務，再逼債務人全部付清。反之，非營利組織買下價值一千美元的醫療債務然後免去這筆債務。喜劇演員與電視節目主持人約翰．奧利佛（John Oliver）以六萬元美金買下一千四百九十萬惱人的醫療債務，然後在自己的電視節目《上週今夜秀》（*Last Week Tonight*）公開免去這些債務。[133]

這都是民間參與者的實例，他們使用次級債務市場（secondary market）的折扣來擴大善款的效益，藉此寬恕消費者與學生的債務。政府政策可以鼓勵此類活動；民間社會應該表揚他們。除了讓個人重新開始之外，這些努力還證明了金融機構、公共政策、營利型大學以及其他人都有潛力做出一些促進與彌補的事，減少個人的負債。即使破產還不可行、也並非吸引人的解決方案，它讓腦中想著債務的借款人有了一個重新開始的想法，並且建立了一套解決模式，把焦點從債務人擴展到各方關係人，因而改善整個情況。重點不是拿掉對放款人的保障及可靠的保護，而是讓比較不精明的借款人獲得權力平衡，避免放款的一方把諸多風險轉移到他們在放款時沒有採取適當防範措施的次級市場，並且在問題或解決方式涉及到更廣泛的人員或機構的時候，把其他的政府與民間行動者納入。相同的因素是否也能影響政府強加到困於刑事司法體系的窮人債務呢？

刑法與債務

當司法部（Department of Justice）調查二〇一四年警察在密蘇里州的弗格森（Ferguson, Missouri）殺害一名手無寸鐵的黑人年輕人邁克爾．布朗（Michael Brown）一案時，發現地方司法體系普遍使用罰款及收規費的方式資助政府日常活動，而且主要是罰那些貧窮的居民。全國各地的類似作法現在已經成為改革者的主要關切所在，他們意識到了當地警方與法院威脅把付不出罰款與規費的窮人送去坐牢這件事並不公平。[134]進一步研究也揭露了複雜的費用，食宿、開庭時間、公共辯護、審判監督還有各種五花八門的名目，隨著拘留所與監獄的受刑人在過去十年來增長，這一切全都強加在低收入的人身上。[135]儘管最高法院判決禁止讓欠債的人入獄，但是實際情況依然如故，因為不付政府罰款的人就是藐視法律，證明入監的威脅有正當性。[136]

德州在刑事系統中處理一個人的時候，系統往往會評估十五項訴訟費用，然後再加上另外十八項裁量費（discretionary fee），包括被監獄收押或從監獄釋放的費用。以華盛頓州為例，一名被告只要被起訴一項罪名就要面對二十四項罰款與規費。[137]刑事司法程序所帶來的債務，包括個人被起訴後法律必須採取的監督而產生的成本及費用、財產的罰款與沒收，被用來作為一種懲罰，或是對受害者的賠償。這些債務可以阻止被盯上的人爬出欠債的泥淖以及跟法律體系的糾葛。[138]

有一項研究發現，曾坐過牢的人之中有百分之二十曾以個人借款來支付政府索討的費用。[139]這些費用屬於累退性（regressive），且不成比例地影響到少數種族與族群。在許多情況下，因為行政費用、開庭時間與大費周章收錢的成本，政府靠罰款與收規費來籌錢根本就是入不敷出。[140]過去曾在法庭上成功挑戰政府作法的民權律師亞歷克・卡拉卡薩尼斯（Alec Karakatsanis）指出：「這些案例中的絕大多數都不存在正當的（理由），更不用說任何嚴肅的公共安全問題。他們之所以在這裡，是因為許多人依賴這種官僚的日常轉移（metatasizing）謀生與牟利。」[141]這不免讓人想借用國際法律辯論中的「惡債」觀念，來描述這種讓社會上最弱勢之人陷入困境的罰款與收費漩渦。

有前景的改革並不難分辨。地方政府可以公告規費和罰款引起大眾注意，並防止粗心的人掉入陷阱——這都很容易做到。[142]州政府在罰款與收費之前，可能需要辦聽證會聽聽個人還款的能力，或給予豁免期，又或是訂出一個不用罰款的付款寬限期。[143]社區可以允許以社區服務代替拘留或監禁、禁止因為未繳費而把人送進牢裡、介紹窮困的被告接受職業訓練與社會服務、設定政府靠著罰款與收費拿到的收入上限，並且除去強加在未成年人身上的債務。[144]其他比較長期的回應方式包括了終止不付款就吊銷駕照、提供法律代表（representation），以及給予貧窮家庭理財的教育及指導。[145]把重點擴展到個別債務人以外，為許多解決方案打開了一扇門，而這也開啟了一個基本觀念，那就是人即使犯了錯，也應該有個重新開始的機會。

‧‧‧

破產和類似破產的程序是免除債務長久以來的法律工具。他們給了個人、企業和政府第二次的機會，同時也提供一個按部就班解決債務的方式。破產因此也結合了實際關懷，以及從其他合情合理的主張解脫的渴望。銷售不良債務的市場機制是另一個工具，讓愈來愈多慈善人士以很大的折扣買下消費者債務，然後讓這些債一筆勾消。由於美國的稅法很有可能將這些舉動當成課稅收入，政府本身可以寬恕並免除債務寬恕的稅金；提供給民間努力的誘因也可以引導政府的政策。政府可以考慮到有些人因受到誤導而冒險在無力還款的情況下又欠下新債，同時也承認債權人所製造的債務有可能非常沉重，或者是帶著債權人所不得不承擔的背信風險。有時候，其他行動者（包括政府與慈善機構）需要介入並吸收一些損失。債務取消和破產的悠久歷史，反映的是要再三認清債務有各式各樣的起因，永久的債務會帶來社會傷害，而把關注的重點放在個人的重新開始，這對每個人都有好處。

法律條文可以也應該要維護政府、經濟與公共的環境，這個環境鼓勵人們冒險、承認貧困的現實，並且也承認在這個充滿風險、企業及機會的世界中，行動者會參與到交易的各種面向。有些債務很惡毒所以不需要償還的觀點尚未在國際法形成慣例，但是主權國家的違約，就如同個人的背信，依然存有選擇，各國可利用它來推動更多合作的解決方式。但是，當政府強加罰款與收費，造成個人負債（同時威脅不付款就要入獄），政府就應當受到譴責，且對任何人來說都不會輕易寬恕。

CHAPTER 3 大赦與特赦 Amnesties and Pardons

傑拉德・福特（Gerald R. Ford）總統向來都不是一個事後才大發議論批評的人，但是從一九七七年卸任後的許多年裡，他的皮夾一直放著一張一九一五年最高法院裁決的小紙片。上頭摘錄的話寫著「特赦傳達的是有罪的原因」，而接受特赦就是「一種認罪」。

——斯科特・沙恩（Scott Shane）[1]

他們是歷史上著名的「三十僭主」（Thirty Tyrants）。公元前四〇四年的夏天，斯巴達（Sparta）在伯羅奔尼撒戰爭（Peloponnesian War）擊敗雅典後，在接下來八個月的統治期間，建立了一個專制而殘暴的寡頭政權。在這段時間裡，他們殺死百分之五至十的公民，並驅逐了超過一半的人口。後來，雅典的領袖恢復民主，實行大赦。這種赦免免除了法律責任，保護過去政權的參與者不受放逐，也不受法律問責，除了職位最高的官員以外。[2]顯然，這些努力協助了古雅典避開其他地區常見的革命與反革命的一再循環。[3]大赦不僅是政治上的權宜之計，也是裁奪節制與人格令人欽佩的明證。[4]即使是在不相干的訴訟之中，滿腹委屈的人也會說出對手在暴君統治時行為表現的人格，以作為持續憤恨的宣洩出口。[5]

大赦代表著一種法律機制從寬處理的經典例子，抹去過去的不滿，並給所有人一個全新的開始。[6]在往後多年法庭上的辯詞裡，演講者精心刻畫大赦的故事，作為雅典人容忍、寬大、理性和智慧的證據。[7]陪審團和領袖立誓表明自己對那些沒有直接傷害到他們的人保有一種和解的態度。[8]轉型可能相當平和，也有可能強化法治，即使沒有訴說真相或直接制裁大型暴力的多數犯罪者。[9]大赦的提出可能加速戰爭的結束，又或者強化持久和平的機會。[10]大赦的提出，再加上社會服務或者是儀式與努力講述真相，或許可以提供一個公平的工具來幫助前童兵及他們的族人。

美國作為歷史上關押最多人的社會，[11]的確可以好好思考更有效地利用寬恕的機制，但截至目前為止，總統每年在感恩節儀式性地特赦一隻活生生的火雞，更多的是展現文化上的共鳴，而不是對於監獄受刑人的特赦或減刑。鑲嵌在破產之中的重生精神，展現的是長久以來法律與文化在經濟破裂的背景下擁抱寬恕的態度。為什麼不透過從寬處理的精神，把更多重生的渠道建造到法律對犯罪的處理方式上呢——不只是針對那些在未成年就受到犯罪指控的人，也同時針對成年人？

大赦是一種可以藉由立法，藉由國王、總統、州長的行政權力，以及藉由法院判決而獲得的工具（device）。大赦可以用來舒緩政治轉型，知會政策上的轉變，也可以用來承認服務或罪犯的改過遷善，又或者不論任何理由都可以實施大赦，因為它源於政治權力與國王神聖的權利。二〇一六年，塔吉克共和國（Tajikistan）為了紀念從蘇聯獨立二十五週年，實施了刑事司法大赦，從監獄釋放三千多名囚犯，特赦四千個人的緩刑，並縮短另外五千人的刑期。[12]柬埔寨國王諾羅敦．施亞努（Norodom Sihanouk）於一九九六年幾乎特赦所有的囚犯，包括紅色高棉暴政下的犯罪者，[13]一方面明說是為了公平，另一方面沒有明說的背景是為了內戰之後的和平與政治轉型。美國總統雷根（Ronal Reagan）和國會於一九八六年精心策劃非法移民的大赦，允許兩百七十萬人申請工作、開設銀行帳戶及購買房屋，只要他們從一九八二年之前就一直住在美國，並支付一百八十五美金申請綠卡。[14]

移民特赦給整個國家帶來很高的經濟效益，但是也引起強烈反彈和怨恨，因為它導致非法移民的激增、非法雇用黑工，造成人口變化也改變了政治格局。[15]二〇一八年，聖路易斯市市政法院打造保證特赦方案，凡是因違反該市法規而有罰款未清的人，只要付出原本的罰金即可，後續罰款不再計入。[16]加州的大赦行政方案試著寬恕違反勞動法的公司，協助其躲過破產。[17]

大赦就是寬厚、仁慈、同情的例子，或者是寬恕觸犯法律或違反道德的行為。寬厚源自君主的特權，放寬法規的嚴格程度。**大赦**意味著允許一群人避免法律後果，而假如只針對一個人，通常就稱為**特赦**。美國開國元勳亞歷山大．漢密爾頓（Alexander Hamilton）主張把皇室的特赦之權延伸到美國的新憲法，因為他預言「在適當時機……寬恕叛軍」可以「恢復共和國的寧靜」。[18]約翰．亞當斯（John Adams）總統特赦早期叛亂者；安德魯．詹森（Andrew Johnson）總統在內戰後特赦邦聯（Confederate）領袖；湯瑪斯．傑佛遜（Thomas Jefferson）、詹姆斯．麥迪遜（James Madison）和安德魯．傑克遜（Andrew Jackson）還進一步特赦了逃兵。[19]這有如在古代的雅典，大赦與特赦能夠平抑社會或政治上的對抗。美國最高法院提到，大赦通常是藉由「被認為比起訴和懲罰更有利於公共福祉的寬恕」來處理「傷害美國主權的罪行」和「政治罪行」。[20]不論是令人欽佩還是增添麻煩，大赦與特赦因此也是長久以來放棄究責的法律機制。大赦與特赦可能會減少或增加怨恨。何時站得住腳？何時是受到誤導？——導致破壞法律的公正性，或原諒不該原諒的人，或等同在鼓勵未來的違法？假如有，應該以什麼樣防護的柵欄來限制大赦或特赦？

針對政治轉型所設的大赦尤其有希望，可以讓輸的一方放下憤恨不平；特赦同樣也扮演如此的角色，或是承認政府政策的轉向，或是認可犯罪者內心的改變。法律內部的寬恕可以透過不同領域的比較或法律體系間的對比，得到進一步的強化。一旦當地改變法律對持有大麻的刑罰，而有些人仍因為原先的法律關在牢裡，法律體系應該找到方法去寬恕違反舊法律的人嗎？此外，當特定的法律使得國家分裂，對於違法者的特赦會有助於鋪展一條讓整個社會往前的道路嗎？

而較為令人不安的地方在於，大赦與特赦可以保護有權勢的人躲過究責、掩蓋不法行為，或是給予獎勵或支持。大赦與特赦就和法律寬恕的所有形式一樣，都存有風險，可能會破壞法律尊嚴，也可能破壞法律平等中立的承諾。無論支持與反對，都必須要視具體情況而定。有些人眼中覺得那是給腐敗與特權人士的偏袒，但有些人眼中則認為是揮別過去政權的寶貴途徑。這兩種說法，都可以用來描述二〇一七年突尼西亞領導人更迭之後給予企業領袖特赦的辯論。[21]美國司法部雖然沒有正式給予特赦，但是卻盡量不起訴次級房貸危機中相關的銀行家；令許多人失望的是，司法部反其道而行，僅僅從銀行提取了一些財務結算憑證，沒有要任何一個人負責。[22]

也許近來記憶中最有名的一次特赦，發生在美國歷史上最嚴重的一場政治危機之後。福特總統希望平息政治分歧，便代表他的前任總統尼克森（Richard Nixon）行使總統特赦之權。福特總統是首位不曾被選為總統或副總統而當上美國總統的人，他先是在皮羅·阿格紐（Spiro Agnew）被控逃稅和貪污而辭去副總統之後接任副總統，[23]八個月之後，尼克森總統又因水門案醜聞（Watergate scandal）而辭職下台——在這起事件裡，因有人闖進民主黨全國委員會在水門旅館的總部，使得民主黨全國委員會的各種非法活動曝光。這次以及其他的非法活動，包括竊聽、偷竊、炸毀智庫、襲擊還有掩蓋事實，促使參議院介入調查並任命特別檢察官。眾議院啟動了調查，以便決定是否要投票彈劾總統。當尼克森總統指示開除特別檢察官，而最高法院下令公開白宮的錄音帶之後，眾議院的司法委員會（Judiciary Committee）就投票決定彈劾總統，但尼克森在全院進行表決之前便先行辭職，福特宣誓就任總統。新總統宣布：「我們國家漫長的噩夢終於結束。」[24]

一個月後，福特總統宣布，針對尼克森在任期間違反整個國家利益而被起訴一事，決定給予特赦。毫無疑問，總統在憲法上有權這麼做。總統的特赦權清清楚楚不包括彈劾，假如參議院彈劾之後要定罪，離職就是唯一的解決方式。[25]特赦的時間點是尼克森辭職之後，也是在眾議院停止調查是否要投票彈劾他之後。[26]總統特赦權任何時候都可以用在所有的聯邦刑責之上，特赦甚至可能在任何法律程序開始之前就先給。但接受特赦也就表示認罪。[27]

福特總統說他選擇在安息日宣布特赦來強調這是一種仁慈之舉，而不是司法行動。[28]當整個國家逐漸擺脫水門案醜聞，他強調，自己的希望是避免進一步的政治分裂，同時也暗示尼克森放棄總統一職已經失去許多。[29]這是帶領整個國家向前看的行動，假如不是出於福特個人政治利益的話。兩黨的領袖強力批評特赦，總統的新聞祕書還辭職表示抗議。[30]共和黨在之後的選舉中受到重挫，而福特連任失利也很可能是因為他特赦了尼克森。如果是這樣，也就符合憲法的設計：選舉是回應總統行動的究責機制。[31]

儘管如此，福特總統仍然捍衛這項決定，認為這是為了撫平傷口的努力。數年之後，在揭發醜聞一事扮演要角的記者鮑勃．伍德沃德（Bob Woodward）表明，特赦有「一股交易的氣味：尼克森辭職保證自己會獲得特赦，而福特會接任總統」。[32]然而即使如此，伍德沃德最終的結論是，福特的特赦「乃勇敢之舉，而不是水門案的最後一場腐敗」。[33]其他最初反對特赦的人也說此舉充滿同情心，並尊重福特打從心底相信這對整個國家有好處，即使這樣做的代價是自己的連任失利。民意從一九七四年多數人反對（特赦），到了一九八六年，變成多數人贊同。[34]整個經驗凸顯總統特赦在國家動盪之際的潛在力量。

福特總統大約在同一個時期也實行另一次大赦，反映出他為了推動政治轉型的付出。他大赦了所有在越戰期間逃避徵召的人，雖然是以公共服務做為條件。後來的卡特（Jimmy Carter）總統兌現了競選承諾、刪除以公共服務作為大赦的條件，就為了在這次政治立場分裂的戰爭中「療癒整個國家」。[35]大約有十萬名美國人搬到國外避免徵召，有一些人躲在家裡足不出戶，也有一些已經入伍的人逃兵，此外，有超過五十萬人因違背徵兵的法令而承擔刑事起訴的風險。[36]

國會、學術會議、宗教組織與其他團體則一直在辯論大赦的可能性。福特基金會（Ford Foundation）（這與福特總統無關）有一份報告，研究了給予躲避徵召、逃兵以及不光榮退伍之人的大赦。報告承認大赦會激怒一些人，還有可能鼓勵未來逃避徵召的行為，但其中有大約六成的受訪者表示會支持有條件的大赦。因此，報告主張大赦，[37]說大赦是：「國家做出的仁慈之舉，讓有罪的人從法律設下的處罰中釋放出來。」

假如涉及長期且痛苦的民事爭議（civil dispute），大赦經常被當作一種實用的法律手段，藉著大赦，就可以從調解一個分裂社會更大利益之角度來落實寬大精神，而非懲罰。雖然給予大赦的舉動免掉法律程序的一般過程，但它也同時再度重申了正當性，以及整個過程的潛在力道。[38]

這份報告觀察了美國軍隊事務以及其他國家在過去使用大赦的三十七個例子（全部都是有條件的大赦），然後指出同情是給予逃避徵召者大赦的理由，這些人在服從法律與個人良心之間陷入兩難。[39]這份報告也承認了美國當時普遍流傳的反戰觀點。[40]報告點出反對大赦者很在意的兩件事：這使得人們未來有可能反抗軍隊徵召與服役，另外還可能暗示不用尊重那些犧牲自己去當兵、導致在重新適應社會時面對了重重困難的退伍軍人。[41]這兩個考量點可能已經很清楚地傳達給卡特總統，當他不再要求那些接受大赦的人要以社區服務做為交換的時候，他把逃兵的人排除在外。

儘管都是那個時代的爭議，但現在回頭看尼克森的特赦以及越戰時期的大赦，似乎都有助於整個國家，同時也減輕了對個人的懲罰。但是，針對寬恕機制的使用，它們也拋出了兩個持續許久的問題：腐敗的危險（給予特赦或大赦以換取個人的利益及自我交易（self- dealing），以及因為寬恕的機會存在而有鼓勵未來違法的風險。這兩個問題都值得關注，尤其是探索使用權力時可能存有什麼樣的制衡力量。即使特赦權與躲避徵兵的大赦皆屬於美國總統法律上的權力，政治與道德的辯論及壓力都可以影響權力的使用，或者至少分辨權力如何使用，以及反對權力的濫用。

腐敗

第一種風險是腐敗：掌權者不道德的行為，通常是為了個人利益。喬叟（Geoffrey Chaucer）十四世紀的《坎特伯里故事集》（*Canterbury Tales*）諷刺濫用宗教的作法，教士把原諒和寬恕明碼標價出售籌集資金，也就是大家所知的贖罪券（indulgences）。[42]販售贖罪券的人宣布：「目的就只是賺錢，並不打算矯正罪過。」[43]十六世紀的馬丁．路德（Martin Luther）批評羅馬天主教會裡生活奢華的神職人員販賣贖罪券以減少人的罪惡感；這樣做之後，他發動改革、關注好的行為，同時建立了許多新教的支派。[44]路德宣稱：「那些相信握有贖罪券而肯定自己可以得救的人，永遠會跟他們的老師一樣受到詛咒。」[45]自此之後，販售寬恕成了一件特別可恨之事，但這並不表示事情到此為止。根據一些說法，十七世紀時，國王詹姆斯二世（King James II）曾為了兩先令賣掉特赦。[46]一九二三年，奧克拉荷馬州議會彈劾並罷黜州長約翰・華頓（John Calloway Walton），指控他涉及濫用特赦權且有收賄之嫌，但由於他厭惡死刑與三K黨，這些指控也有可能出於杜撰。[47]一九七○年代期間，田納西州州長雷伊・布蘭頓（Ray Blanton）的幾名重要助手因涉及販賣特赦而遭刑事起訴，此事跟州長無關，但他後來也因另外一起貪污事件被彈劾。[48]

只要行政首長的特赦權毫無限制、無法審查，貪污便依然是一項挑戰。給予特赦換取金錢、政治支持或個人好處濫用了職權，也濫用了特赦用來撫平社會、糾正過度處罰，或承認犯罪者洗心革面的目的。拿條件交換特赦就是貪污，也搞錯了公共權力與個人得利。[49]彈劾還有對下屬提出刑事起訴的政治工具，可能有助於制止給予特赦時的貪污風險，並記錄民眾當下對於拿特赦換取個人利益的不滿。

請思考一個最近的例子，祕魯總統在前總統的支持者協助他躲過彈劾後，馬上特赦前總統。[50]二○○九年，祕魯總統藤森（Alberto Fujimori）因收賄與侵犯人權而被起訴，並遭判刑入獄。《經濟學人》寫道，藤森「入獄是拉丁美洲的里程碑，傳達的訊息是所有人在法律面前一律平等，即使此處的傳統往往是有錢有勢者無罪。」二○一七年十二月，總統佩德羅・庫欽斯基（Pedro Kuczynski）因為跟涉及貪污的營建公司有關係而面臨彈劾，但是和藤森有淵源的議員（包括藤森之子）拒絕彈劾他。三天之後，庫欽斯基就特赦了藤森。[51]當時的藤森健康每況愈下，且很有可能死在監獄裡頭，這場特赦似乎顯得特別突兀。他一點也不會良心不安，而透過獨立司法部來建立究責制度的工作在祕魯與整個南美都尚在進行中。所以，就如《經濟學人》的專欄作家所說，這次特赦「有如一場讓總統（指庫欽斯基）活下來的卑鄙交易」。[52]

我們應該如何看待充滿政治算計的特赦？我們是否應該把自己對於拿特赦換取個人利益的不贊同，擴及福特對於尼克森的特赦？尤其是如果尼克森同意辭職以便把福特推上總統大位，換來福特對他的特赦？事實依然掩蓋在歷史與政治化的考量之中，但即使出現了明確的利益交換，福特個人的得利似乎被一場國家醜聞順利落幕所帶來的更大好處所淹沒了。當特赦把一個犯罪者從合法的懲罰中釋放出來以造福整個社會，對於交換條件的關切也就逐漸減少——這些思考在藤森的特赦案之中基本上看不到。一九二七年最高法院的判決中，大法官奧利弗．霍姆斯（Oliver Wendell Holmes）清楚地說，特赦是「憲法方案的一部分。一旦提出特赦，那就是最高權威決定因特赦帶來的傷害小於判決，更能夠滿足公共的福祉。」[53]制憲者（framers）重視的是保證行政首長特赦權的自由，不受法院與議會的審查，而且他們甚至讓總統有權——只需要面對選民的政治制裁——為了追求社會的利益而放棄其他方式提出的刑事後果。

柯林頓（Bill Clinton）總統在任內最後一刻特赦馬克・里奇（Marc Rich）就沒給社會帶來利益，里奇的前妻捐了一百四十萬美金給民主黨，其中也包括給柯林頓夫婦的捐款：四十五萬美金給柯林頓總統圖書館，一萬美金給柯林頓的法律辯護基金，然後還有幾張市價七千三百七十五美金的咖啡桌椅。[54] 儘管柯林頓下台之後辯稱這一次特赦是要改正檢察過度（prosecutorial overreach），其他人則是強調特赦權不應該用來饒恕一個被控逃稅、還在伊朗挾持美國人質期間與伊朗非法交易的罪犯。[55] 這似乎是在犒賞一位為了總統個人與政治利益而捐款的人，特赦里奇這名不知悔改的騙子，侮辱了每一位因伊朗對美國的殘暴而受到影響的人。里奇的犯罪損害了美國的利益還有國家對於法律的承諾。這場特赦百害而無一利，也難怪特赦激怒了許多柯林頓自己的支持者；這凸顯出一名已經在此事上面臨許多問題的總統令人難以信任的道德。[56]

幾十年來，美國總統一直依賴司法部加入行政程序，並且派人審查總統可能提出的特赦。這樣做，可以確保許多隻眼睛都會盯著特赦的申請，並且也防止特赦權的腐敗濫用。這些努力可以減緩一些可能很倉促或思慮不周的特赦，揭露腐敗的風險，且甚至能把首長的辦公室隔離在壓力與誘惑之外。柯林頓在任期最後特赦里奇，此事並未受到特別小心的防範，而是發生在司法部既定的審查之外。[57]行政程序的好處在此並未體現，但是，如果它們允許這種腐敗，腐敗就有可能從司法部目前的作法中出現。[58]隨著行政審查轉移到負責和檢察官聯繫的下一級官員，特赦的建議愈來愈多是在反映檢察官的觀點，與其要他們重新思考被告是否有罪，他們更信守自身專業、捍衛有罪的判決。[59]這種行政結構，再加上檢察官的獨立性，可以說是完全破壞了用特赦權去制約刑法嚴厲性的功能。[60]想當然耳，檢察官可能認為特赦是在挑戰法律的執行，但如果真是如此，特赦的影響力反映的是執行特赦者還有以個別方式處理司法時的腐敗——這就脫離了司法設計的原意。

在美國憲法辯論的過程中，漢密爾頓堅決主張把基本不受制約的特赦權只給一個人，因為責任「未分立」（undivided）有助於握有特赦權的人專注在降低法律嚴厲性的論點。[61]漢密爾頓反對讓參議院握有審查總統特赦的權力，強調把特赦權完全交給總統，將有助於引導公職人員對抗那些有可能造成「被指控為……縱容」的行動。顯然，與另一個政府部門勾結的危險看起來大於其他腐敗的風險。[62]當漢密爾頓總結道：「一個人似乎比一群人更適合來傳遞政府的慈悲，」這段話捕捉到把行政權交給負責刑法落實之人所存在的風險。

特赦權最極端的腐敗是首長特赦他或她自己。特赦自己（self-pardon）並無法提供一個清白、往前看的重新開始，而是造成政府進一步捲進腐敗與醜聞的指控之中。從字面上來看，憲法條文對於美國總統、州長以及其他國家領袖的特赦權，一般來說並未提到禁止特赦本人，儘管有一句古老的格言說：「人不能是自己案件的判官。」[63]即使如此，川普總統還是提出了特赦自己、助手或家人的要求。學者與專家承認他在法律上可能可以這麼做，雖然從傳統與道德標準來說也有反對的論點。憲法只有明確規定要是「受到彈劾的總統」才會限制總統的特赦權。一旦憲法的用語清楚，它通常就如文字所示。[64]特赦排除彈劾可能是暗示了限制特赦自己，尤其是真的有或可能有彈劾時。另一條憲法條款「薪酬條款」（Emoluments Clause）則是禁止來自外國勢力的付款，並限制自我交易。[65]薪酬條款再加上總統的特赦權排除了「受到彈劾的總統」，也就特別表示限制總統特赦他（或她）自己的權力。有幾個州的州長似乎也特赦了自己。[66]不過自己特赦自己的政治效應可能相當嚴重，遭到彈劾還有連任失敗都可能隨之而來。[67]假如特赦妨礙了彈劾的程序，特赦本身就等於司法上一種新的彈劾障礙。另外，根據美國憲法所建立的聯邦制度，總統對於州內的刑事控訴並沒有特赦權，所以違背州法令而想要特赦自己的總統，還是有可能受到刑事起訴與判刑。[68]總統、州長、市長和其他官員特赦自己，可說是終極的自我交易（ultimate self-dealing），違背了公平與客觀的渴望，[69]在道德上與政治上都應該予以拒絕。

自從貴族的特權轉為憲政民主體制中的行政權，承諾沒有任何人高過法律，自己特赦自己的風險就點出了背後埋伏以待的緊張關係。[70]南非憲法就與美國有所不同，南非憲法法院指示行政權必須符合國家憲法，因此可以由法院進行審查。[71]南非的憲法也要求行政官員遵循法治，一般來說，禁止任何人在他（她）自己的案件中擔任法官。[72]南非也只有在被告已被起訴、定罪，當司法「都已經走完程序」後，才會進一步允許特赦。[73]即使是特赦權不受限的地方，關注的民眾也可以提出反對與抗議，而且還可以反對特定案件採取特赦，如此一來，可以讓腐敗有所節制。[74]

誘導違法

針對特赦和大赦的第二個考量是，這樣做有鼓勵其他人不遵守法律之虞。這類似於經濟學家所說的「道德風險」，[75]他們認為人們有保障的時候會更勇於冒險，因為不用面對後果，最明顯的例子就是太常寬恕破產，對破產太過仁慈。[76]反對福特總統大赦越戰時期反抗徵兵的人提出警告，這樣做有可能鼓勵未來更多人反抗徵召與服役。保守的媒體和民調則是強調了一種恐懼，認為大赦那些非法進入美國的移民，將會鼓勵其他人有樣學樣。[77]

有條件的特赦可以降低將來違法所產生的風險。這些條件可能是需要人們解除武裝、揭露他們自身違法的事實、接受藥物治療，或是參加以社區為基礎的司法機制。[78]或者，大赦可能也會加上限制，例如沒收資產，或禁止接受大赦的人擔任公職或領取退休金。[79]寬恕的條件，可能是宣示效忠國家或執行服務。[80]寬恕與否的判斷，始終必須考量到這樣做對於法治的傷害，還有是否公平對待了其他守法的人們。

為了不變相鼓勵違法，政府可能會精心設計一種不是完全特赦的減刑方式。它可能只是給予緩刑、暫時延後處罰，或是減少罰款或沒收的金額。[81]減刑調整了刑罰，在不減輕犯罪者的主要法律後果之下，縮短他們坐牢的時間，或用坐牢代替死刑。[82]減刑並不會恢復因為定罪而失去的其他權利，例如投票權、擔任陪審團或監護人身分的權利。[83]然而，這些還有其他隨定罪而來的連帶後果，加上貧窮以及種族的態度，會產生一輩子的影響，即使對那些已經按照刑事司法制度而接受懲罰的人也一樣。[84]關於大赦、特赦、減刑和緩刑的決定，既難以預測又非常緩慢。小布希總統希望避免像柯林頓總統一樣受到一些關係良好的重刑犯施壓；但小布希倚賴司法部緩慢的審查過程讓幕僚很失望，因為幕僚一直在想方設法展現政府富有同情心的保守主義立場。[85]歐巴馬總統進入第二任期後也提了一些特赦，但他的幕僚似乎也對於正常的審查程序感到失望。[86]因此，他督促加快對聯邦刑事判決的審查，並找來私人團體協助赦免計畫。最終的結果就是訂出一套限制標準，限定只有針對非暴力的、輕型的罪犯才能減刑，這些人都因為法律受到干涉改變而使得刑期比原本的還要來得長許多。[87]

即使採取有效率的簡化程序，優先處理因販毒而被起訴、刑期超過後來法律規定的人，法律寬恕所帶來的結果仍相當狹隘，受影響的人依然有限。[88]大約四千名律師擔任志工篩選三萬六千個囚犯的申請，結果僅有一千兩百二十五件符合接受赦免的條件。[89]白宮律師尼爾・埃格斯頓（Neil Eggleston）解釋：「那些獲得特赦的人，已證明他們服刑之後過著一種有生產力且守法的生活，包括以一種有意義的方式為社區做出貢獻……這些故事表明了，在一個有重生的國家裡，成功可以由個人及社會一起達成。」[90]

許多人服刑時依據的判決規則是不公平的，後來遭到國會否決，減刑的過程採取了一些行動以減輕這種不公平性。[91]二〇一〇年的公平量刑法（Fair Sentencing Act）修訂了對於持有快克古柯鹼比起持有粉末古柯鹼*明顯更為嚴厲的處罰，但是對於許多已經在過去的量刑體制中接受懲罰的人，處罰卻沒有改變。[92]當總統歐巴馬啟動赦免審查工作，有批評的聲浪警告說這樣太繁瑣也太有限，而且有讓種族與其他偏見惡化之虞，因為這包含了一些主觀因素，像是真心悔改的程度。[93]司法部表示他們會研究赦免審查報告裡頭的種族形態，但是並未公布結果。[94]改革總統所使用的赦免程序，設計上可以且應該要保留防止政治腐敗所需的行政審查，但也要避免讓檢察官的利益與執法部門出現衝突。

法律寬恕另一種有限制的作法是塗掉或封存犯罪紀錄，限制誰可以取得相關資料。這些作法可以幫助人們在服完刑期之後繼續過有意義的生活。這個程序通常會允許恢復公民權，限制雇主還有發執照的委員會（licensing board）調查相關的犯罪歷史資料，並禁止根據塗掉的前科或逮捕紀錄來排除特定人選。[95]全美各個城市、郡和州都採用「禁止打探犯罪資料」（ban the box）的規則，拿掉工作申請人的前科紀錄，把這項因素的考慮延後到聘用程序的後期。[96]印第安納州的法令還擴大實施，要求沒有定罪的紀錄都必須強制刪除或封存。對於大多數輕罪與較輕的重罪，確定合格後就強制抹除其資料；嚴重的重罪只要經過執法者自行酌情判斷，也可以抹去。[97]抹掉紀錄恢復了當事人的公民權

＊快克古柯鹼是由粉末狀的古柯鹼所製成，外觀是固塊或結晶狀，藉由加熱後產生的煙霧吸入體內，粉末古柯鹼則是直接吸入鼻腔。快克（crack）之名乃是因為在加熱中會發出霹啪聲。

（包括所有持有槍枝武器的權利，除了家暴案件者不算）、限制雇主和發執照的委員調查犯罪紀錄、限制做背景調查、禁止根據抹掉的定罪與逮捕紀錄而在發放執照與聘人時有「歧視」，以及避免雇主根據員工的前科而刻意不雇用。在所有的例子之中，法律都清楚表示了，抹掉的定罪紀錄應該要被視為「那個人從來沒有犯下該項罪行」。[98]

印第安納州底下有個郡的督導檢察官（supervising prosecutor）強調：「我們的目標是鼓勵成功，並讓有前科的人重返社會，做個有用的人。」對於這位檢察官來說，抹掉紀錄無須擔心會擴大人們違法的動機，反而是要強調處罰的層次已經超越了刑事判決。陪審團甚至是參與量刑的法官通常都不會意識到這種額外的負面效果，但卻阻礙了犯人在服完刑期之後重新適應社會。印第安納州其他的檢察官反對抹去重罪，甚至反對抹去程度較低的輕罪，而這是當地的法律規定符合條件者就必須要抹去的。執行這項法律的掙扎顯示出印第安納州的檢察官與法官對寬恕的看法完全相反，即使有法院站出來執行法律，以及義務律師（pro bono lawyers）的幫忙也是一樣。[99]

減輕刑事定罪的連帶結果是另一種補救，它不是完整的特赦，且可能會激發更多違法行為，但仍會帶來真正的好處。定罪會讓人失去各種資格，包括工作、證照、公共住宅、投票權、陪審團成員資格、從軍資格以及政府補助（包括學生貸款）。[100] 聯邦或州的部分特赦或有條件的特赦可以減輕個人的這類負擔。[101]

最近有二十三個州擴大了第二次機會的立法，提高大量有前科的人重返或重新融入國家的機會。[102] 加州在州議會針對娛樂用大麻進行立法之後，最近有兩個城市決定寬恕過去持有大麻的舊罪。[103] 即使沒有相關人士的請求，舊金山的區法官（district attorney）也主動抹掉定罪的紀錄；聖地牙哥的政府也一樣，不是直接抹除，就是把判刑從重罪變成輕罪。[104] 其他現在也同意大麻作為娛樂用途的州，允許持有大麻前科的人申請拿掉或清除紀錄。[105] 這些努力，例如總統和州長的特赦，在民意以及刑事法律的變化下提供寬恕，他們理解的是：「錯誤可以得到糾正，破碎的生活可以修復，國家整體裂縫可以修補。」[106] 不論是精神和實踐，這些努力聽來像是修復式司法的主題——修復關係、強化社群、讓人重新開始，並支持人們積極地走向未來。

有條件的大赦或特赦，還有減刑與抹去前科等較輕微的救濟方式，也許真的可以降低其他人不守法的動機，因為這並非完全特赦，而是對於過去的違法行為有限度的寬恕。但是客觀地說，寬容不服從難免可能就會鼓勵人們不服從。為了換得大赦與相關減刑的好處，這值得賭一把。這樣做的潛在好處不僅僅讓背負前科的人重新融入社會，也可以療癒社會或政治分歧，並且認可個人的悔改以及良好表現。另一大好處是為那些認為法律不公平或有偏見的人建立起對法律制度的尊重及信任；大赦與特赦傳達的是法律可以很寬容，而不是盲目僵化的，也就可以表現出大赦與特赦和這類關懷的關係。

也許更有爭議的是，另一個可能的好處允許了一些不服從的空間。在民主國家裡，不服從可能是對於特定法律表達實質不同意的一種方式；個人的違法也可以引起法律與政治上的制衡。不服從之舉可以獲得關注，並且帶來法院、立法機構以及民眾的法律回應。

公民不服從是一九六〇年代民權運動的基本策略。最初，法律制度並無寬容的餘地：州法院因金恩博士（Dr. Martin Luther King, Jr.）領導的遊行違背法院的命令而懲罰他，即使背後的法令本身也是違憲。[107]最高法院確定了判刑，儘管代表金恩的觀點認為命令發出來時沒有給他發言的機會，而且命令（根據的法令）本身也違憲。如此一來，法院執行了阿拉巴馬州所創，嚴厲的「附帶禁止規定」（collateral bar rule）。「附帶禁止規定」禁止凡是到法庭提出異議的人不服從命令在先，因此也不允許審判時考慮他對於法院命令具體內涵的挑戰；因此，一旦金恩博士因違反法院的命令而被控藐視法庭，這項規定也就阻止金恩博士攻擊不讓他遊行的禁令違憲，甚至是以此作為辯護的理由。[108]在典型的刑事案件中，被告即使已經違法，還是可以提出對法律的反對意見，但是附帶禁止規定防止了這類挑戰。沃克訴伯明翰市（*Walker v. Birmingham*）一案的判決依然令人困擾，特別是因為法院本身竟認定了法院命令是「明顯無效」（transparently invalid）的例外。[109]這個例子似乎正好是這種情況，[110]由於在另一個由未違背法院命令的祕書所提出的訴訟中，最高法院後來發現，不論是禁止遊行申請，還是下令禁止遊行（發生在金恩博士藐視法院的懲罰之前），從憲法來看都是有缺陷的。

長遠來看，金博士領導的公民不服從行動加速了政治和法律的變革。他利用坐牢的時間寫下〈來自伯明翰監獄的信〉。他在信中辯護直接的行動是創造改變的必須作為，並且認為違反不公正的法律乃是正當之舉。信的最後，他對著八位質疑運動策略的八名白人宗教領袖喊話，並且請求寬恕：

> 如果我在這封信所說的誇大事實，還是表現出一種過度的焦急，我請求您的諒解。如果我說的話低估事實，還是表現出我的耐心讓我不顧兄弟之情，我請求上帝的寬恕。[111]

金恩博士這封信是一九六〇年代民權運動很重要的一個文件，是對於那場紀律嚴明的公民不服從運動及道德判斷一份挑動人心且聞名國際的肯認。

寬恕不法行為的權力承認了法律本身潛在的缺陷。思考大赦與特赦就是檢視及阻止法律規範、程序或者是應用上的錯誤。首長應該保有與使用特赦權的理由之一，是要制約過度熱誠或偏頗的起訴、過度懲罰的法規，或者僅僅是錯誤的政策。美國憲法和州憲法的設計者規劃讓行政權可以用寬恕糾正錯誤、撫平分歧並調和司法。[112]喬治・華盛頓（George Washington）特赦威士忌叛亂（Whiskey Rebellion）的參與者，並對於在賓州西南邊區蒸餾酒且反抗聯邦政府課威士忌酒稅的農民表示同情。雖然他授權軍隊以武力鎮壓叛亂，但是也盡可能在「國家司法、尊嚴以及安全所允許的節制與溫和下」，為了公眾的利益而特赦遭判刑的亂軍。[113]

川普總統特赦阿爾帕約警長（Sheriff Arpaio）

許多法律體系中都有的特赦和大赦，可以讓個人擺脫原本的合法制裁，並且幫助社群與社會放下不滿。行政上的特赦權可以糾正其他人犯下的錯誤。但有時給予特赦或大赦會產生新的憤恨甚至譴責。雖然一開始的負面反應可能隨著時間而慢慢流失，但是川普總統特赦喬・阿爾帕約警長所引發的風暴卻不大可能消散。

川普總統特赦了曾擔任過亞利桑那州六任警長的阿爾帕約，後者的執勤於二〇一一年引起了一場訴訟，在訴訟中，法院認為警長以種族相貌判定來拘留及騷擾拉丁裔社區居民，此乃違憲行為，勒令他停止。同年，聯邦司法部調查的結論指出，阿爾帕約透過歧視性的執勤方式、拘留以及對投訴者秋後算帳進行「違憲的治安工作」。[114]二〇一六年，由於有阿帕爾約持續這樣做的證據，聯邦法官裁定他公然藐視法庭，在他進一步抗命且進行了五天的審判後，裁定他有刑事藐視罪。[115]二〇一六年，阿爾帕約連任失利。身為總統候選人川普早期與重要的支持者，阿爾帕約也成為選舉造勢的焦點，候選人在集結支持者造勢的時候會問：「這裡有人喜歡阿爾帕約警長嗎？……因此警長應該因為盡忠職守而被判刑嗎？」[116]

川普總統選擇阿爾帕約作為上任之後第一個特赦的對象，這引起公眾普遍不滿，也引發總統特赦權適用範圍的新問題。麥肯參議員（Sen. John McCain）批評這場特赦，因為它「破壞總統尊重司法的宣稱」。[117]麥肯參議員也注意到阿爾帕約表現得毫無悔意。[118]事實上，警長聲稱自己沒做錯任何事。批評的輿論直接對上阿爾帕約的行為和毫無悔意，指出川普總統的特赦本身也有法律上的缺陷，儘管歷史的傳統認為特赦權不受約束。

[119]有人說川普對警長阿爾帕約的特赦是一項足以彈劾的過錯。[120]由倡議團體「保護民主」（Protect Democracy）提出的法律挑戰與傳統智慧截然不同，他們認為這次特赦超過總統的憲法權力，雖然特赦權起初基本上不受限制，但在平等保護（equal protection）與正當法律程序（due process）的引導下，後來保證平等保護及正當法律程序的修憲條文也對此做出修正。[121]

是什麼原因讓川普總統特赦阿爾帕約警長錯得這麼嚴重？從最基本的角度來說，這一次是運用了非比尋常的特赦權來犒賞一名大選中的重要支持者。此事和用特赦換取現金或者是特赦自己只有稍微的不同而已，此次特赦支持者就是一種直接而赤裸裸的自我交易。[122]這帶有柯林頓特赦里奇的味道，里奇的太太就捐了大筆獻金給柯林頓競選。[123]

此外，阿爾帕約的特赦也向其他支持者發出一種信號，這位總統願意用這個方式使用特赦權。[124]由於國會及司法部指派的獨立律師同時調查川普大選和俄羅斯官員之間可能存在的掛勾，阿爾帕約的特赦是在告訴「川普現任和前任的助手，如果他們因為藐視法庭拒絕作證而受到威脅，他也會特赦他們」。[125]

但是，特赦阿爾帕約的錯誤更加嚴重。此事令人震驚，是因為翻遍檔案不僅記載著違法行為，還有在阿爾帕約命令下慘無人道與嚴重的虐待。他負責的監獄中有人死亡幾乎都不用解釋死因；監獄工作人員拒絕照顧囚犯，甚至是孕婦，害她保不住肚子裡的寶寶。[125]記者記錄了阿爾帕約種族主義的激烈言論，還有他想盡辦法侮辱人的舉動；[127]他打造了一座「監獄」（當地稱為「集中營」），使用軍隊剩餘的帳篷，裡頭相當悶熱，食物能少就少，過度使用武力和約束；他還派出天羅地網的臨檢車尋找「非法移民」。[128]沒有人對他的作法違背法令、規定與憲法的這些發現表示出質疑。這一切都使得特赦令人震驚。

我們應該如何評估特赦增加人們違法動機的風險呢？對阿爾帕約藐視司法的特赦——他違背法院要他守法的直接命令——不僅嘲笑了法律，也直接邀請大家一起不服從法律。特赦一個經常明確藐視法律的人，加重了這樣的風險。阿爾帕約不尊重法院的行徑讓他在執法官員之間惡名昭彰。他漠視要他停止違法作為的直接命令。在這個例子之中，他不把法令放在眼裡的舉動並不是單一行為，而是一種一貫的操作模式。首先是民事的藐視（civil contempt），接著就是在不斷違法之後，再違背法院要他停止目前作法的直接命令而成為刑事藐視，阿爾帕約依然故我，不把法官與法律放在眼裡。特赦一個毫無悔意的人很不尋常；特赦一個徹底瞧不起法律的執法人員，就是原諒或推崇他那種藐視法律與法庭的態度。

特赦一名不尊重法律的執法人員將進一步貶低法律和司法制度，但是這一次藐視法律的是總統本人。[129]當川普還是候選人的時候，他就再三質疑聯邦法官岡薩洛．居里爾（Gonzalo Curiel）在審判一樁川普大學（Trump University）詐欺訴訟案的公正性，因為居里爾是「墨西哥人」（儘管他出生於美國的印第安納州，並且一直是美國公民），還有因為川普計畫在邊境蓋一座牆。[130]不像其他總統有時會不同意法院判決，川普則是公開抨擊法官與司法制度的公正廉潔。[131]在紐約曼哈頓發生恐怖攻擊之後，二〇一七年十月三十一日，川普總統抨擊法院是「笑話和笑柄」，並說「難怪這麼多」恐怖主義因為法院而發生。他對阿爾帕約的特赦表達了類似的態度。[132]

實際上，阿爾帕約的特赦可能會鼓勵其他人藐視官方權威及違背法律。特別是在憲法保護公民權的脈絡下，這樣做顯然是混淆視聽，否定了美國在落實民權這條漫漫長路的關鍵成功。當憲法擁抱而非拒絕奴隸制的時候，是一場流血的內戰促成奴隸制的終結，而在接下來的一個世紀，法律努力落實非裔美國人的權利，大致上是透過司法的行動限制各個州與地方的違法，才促成了美國的進步。州政府的官員發誓要「全面抵抗」法院解除種族隔離的命令，但是聯邦法院的決定勝出。川普總統授予警長阿爾帕約的特赦，是在藐視這一場漫長的鬥爭，並且安撫那些漠視公民權與執法部門的人。這與金恩博士以非暴力不服從後來被證明違憲的法院命令截然不同。金恩博士是以個人身分反抗非法落實的國家權力，而阿爾帕約是一名州政府的執法人員，不服從聯邦法院保護其他人權利的命令。

儘管特赦阿爾帕約只是候選人川普的一個提議，但人權律師范妮塔·古普塔（Vanita Gupta）說，這並不是「對於那些所謂的『極右派』與白人至上主義者的狗哨*，而像是跟大家喊話的牛角擴音器（bull horn）」。美國公民自由協會（American Civil Liberties Union）的律師表示，阿爾帕約的特赦對於在他多年來的種族主義、目無法紀以及濫權時代中遭他冤枉的無數人來說，絕對是降臨在他們身上最新的不公正。[133]真正給予阿爾帕約特赦之後，緊接而來的就是川普總統一連串的行動，寬恕白人至上，並且採用總統一職獨有的特赦權這麼做。[134]

但是，即使特赦也不能抹去歷史。沒錯，因為接受特赦也就意味著認罪，所以阿爾帕約試圖撤銷（取消）藐視法院的判決。美國地方法院法官蘇珊·博爾頓（Susan Bolton）

＊ 譯按：dog whistle，指用模糊的語言暗示特定對象。

予以拒絕，理由是特赦並非「修改（這個案子的）歷史事實」。她引用基本的參考文件《布萊克法律詞典》（*Black's Law Dictionary*）解釋說，特赦「把做錯事的人從處罰中釋放出來，並且無條件恢復罪犯的公民權」，但「它並不是抹去有罪的判決，或是背後法律和專業的發現」。[135]特赦減輕了阿爾帕約要受的懲罰，但沒有改變他犯罪的事實。寬恕不是遺忘。

美國憲法中所說的總統特赦權確實不受限制。特赦和大赦可以帶來迫切需要的寬容大度，建立和平的途徑，阻止不留情面的報復，看到悔改與好的行為，也是幫助個人與社群放下仇恨（即使是合情合理的仇恨）的務實之道。寬恕、特赦、大赦、減刑和緩刑等法律工具可以防止政府做得過頭，豎立起社會分歧的排氣閥，或是創造辯論與社會改變的渠道。[136]但即使是特赦和大赦也可能出錯，因此那些授予特赦的人應該要對此負責，並且受到法律與道德的制約。特赦與大赦有鼓勵貪污、歧視、不可預測性和不公平之虞。任何特赦或大赦都可能會鼓勵進一步的違法行為。

寬恕的法律工具本身也有可能遭到濫用，但這不應該是法律減少寬恕的原因。反之，這應該是針對何時該寬恕與不該寬恕進行嚴格與理性分析的理由。當實際的犯罪展現出絕對藐視法治的時候，就不應該給予特赦；它也不應該用來原諒政府官員侵犯其他人的公民權。針對特赦權的使用發展出一套程序性與實質性的指導原則，可以強化而不是削弱這項權力，尤其是假如那些指導原則防止了腐敗與利益的衝突。有些國家立憲的時間晚於美國幾個世紀，針對行政上的特赦權設下限制。[137]有些國家把特赦權給了多人組成的大會（council），有些國家則是結合了大會與行政首長。[138]還有一些國家把特赦權保留給立法機構，或是要求政府各個部門一同參與。[139]最近的趨勢是授權法官進行赦免的審查，讓寬恕的行動面對公平程序的標準，還有法官深思熟慮的反覆確認。[140]

安東尼・甘迺迪（Anthony Kennedy）大法官曾呼籲重振已經萎縮的特赦程序，因為「一個對於自身法律和制度有信心的民族不應該以慈悲為恥」。[141]法律範圍內的寬恕，只要執行上普遍與公正，就可以強化法律，並且證明人們對於法律的信念。

CHAPTER 4 反思 Reflections

前一段時間我寫了一本書，以法律、藝術、回憶錄以及其他社會資源來追蹤復仇和寬恕之間的那條路徑。[1]從那以後，人們一直問我：為什麼在復仇與寬恕之間擇一？為什麼不推動寬恕就好？個人、團體，甚至是政府的寬恕都提供了寶貴的資源來回應過錯，那為什麼法律體系不應該明確運用寬恕工具？社會之所以制定和執行法律，是因為人類有互相傷害的強大能力。對於法律本身有可能造成損害，我們也不該感到訝異。

但是傷害不僅僅是由於法律走偏了，當法律仔細且精準地執行時，傷害也還是會發生。全面執行刑法產生了很多懲罰，但不一定讓人或社會變得更好，而完美執行的法律可以追回金融債務，但不能終止欠債。法學教授格蘭特．吉爾摩（Grant Gilmore）講得好：「天堂裡沒有法律，而獅子與小羊會躺在一塊……地獄裡除了法律什麼都沒有，正當的法律程序將受到鉅細靡遺的觀察。」[2]

吉爾摩闡述這一點時強調，法律反映一個社會的道德價值，而在一個比較不公正的社會裡，就需要更多的法律。[3]法律上的寬恕會調整規則內部與執法人員的不完美；它也可以承認有更大的社會缺陷來避免苦難、限制權力或實現正義。寬恕為不法者提供一個重新開始的機會；寬恕抹去過去不好的經驗。[4]破產的法律程序做得到；大赦和赦免也做得到。倘若更全面地接受這個概念來限制刑事處罰的連帶後果，那將會如何呢？倘若更完全地接受這個概念，以此制定一般性的規範並設計著眼於未來的爭端解決系統（dispute system）、努力化解衝突，將會如何呢？倘若更接受這個概念來允許法律官員在合理情況下酌情採取寬恕的作法，又會如何？

但是，推動法律寬恕可能會危害法律規則所追求的可預測性、可靠性以及一律平等的特性。以法律程序強迫個人寬恕是濫權，甚至可能帶來反效果，雖然製造對立的法律程序也可能會以一種無益的方式影響人的情緒。我們的挑戰就在於發揮法律對寬恕的支持，同時也保有法治。法律需要充分尊重那些受到傷害的人，也要尊重那些帶來傷害的人，使他們得以藉此處理過去，也準備好面對未來。

回頭看看本書的例子，我們也許可以得出結論，淪為童兵的人不應受到國際刑事制裁，但也不應完全免除他們的責任。[5]原諒他們，就需要先承認他們的過錯。國內外的機構可以打造獨特的方法，一方面看到過錯，另一方面也協助個人與他們的社會打造積極的下一步。前童兵可以參與設計針對未成年者的司法聽證會、參與真相委員會，或是以其他形式表達對過去的承認，同時從事社區服務，並接受教育與治療上的幫助。參與了幫派與非法毒品交易的年輕人，就像是童兵一樣，其實是困在大人所編織的網中；他們也可能變成修復式正義努力的一部分，教育整個社群、同時協助他們自己轉型至有建設性的成年人狀態（constructive adulthood）。

至於主權債務，它應該有資格得到寬恕以及透過法律架構重整，就像是國內的破產程序那樣；同樣地，國內政府提供的抵稅誘因，可以促使非政府組織把債務買下來，幫忙減輕學生與消費者的債務壓力。美國在寬恕消費者債務的機制方面值得更多的關注。

以破產提供的重新開始來類推的話，哪一種機制可以在刑事定罪後讓人重生呢？對於已經服過刑的人來說，服刑所附帶的後果，例如禁止取得職業證照與駕照、沒辦法有地方住也沒辦法投票，都阻止了他們重新開始。抹掉犯罪紀錄與更生計畫可能會有幫助。「禁止打探犯罪資料」計畫也有助於讓雇主直接先考慮求職者的資格，而不是他們的刑事紀錄。[6]

法律其他領域提供了進一步的觀點。以歸化和移民為例，一九四四年九月，美國移民路易斯．賀普雷（Louis Repouille）尋求歸化成為美國公民。當時管理此事的法律（跟現在一樣）要求申請人在提出申請往前推的五年期間都要有「良好品行」；[7]少了前五年的品行證明會大有影響。很不幸，在賀普雷申請前的四年又四十九週，他做了一件事，造成他因過失殺人罪遭到起訴。

是什麼事？他用了一種化學合成物質殺害自己五個小孩裡的其中一個。這個當時十三歲的孩子腦部嚴重受損；他是盲人，無法和人溝通，不能控制身體機能，養不活自己，更無法移動。賀普雷被指控犯下一級過失殺人罪，這是一項很嚴重的罪行，但因其情可憫，可考慮從輕發落，並沒有謀殺來得罪行重大。陪審團聽了審判過程中提出的證據與觀點之後，有同意也有不同意：陪審團判賀普雷犯了二級過失殺人罪（表示殺人是因粗心或疏忽而不是有預謀）。陪審團寫了一份備忘錄給法官，建議「最大程度的赦免」（utmost clemency）。接下來，法官中止了判決——暫緩一切處罰——然後讓賀普雷服緩刑。這起刑事案件就這樣劃下句點。他殺了自己的孩子四年又四十九個星期之後，賀普雷申請成為美國公民。如果你收到他的申請，你會怎麼做？由於法律的標準是要求申請人證明他在過去五年「品行良好」，我們應該如何看待他的過失殺人罪？事情通常是這樣發展的，訴訟會把交織了事實、法律與道德的複雜問題，轉變成一個通過還是不通過的簡單問題。賀普雷表現出來的良好品行，足以讓他順利歸化嗎？可以還是不可以呢？

賀普雷的歸化至少引發兩個問題：[8]首先，陪審團或法官在刑事案件中的立場是否應該表達出對其殺人之舉的一種理解——一種寬恕——而那應該會讓法律給予他美國公民身分？其次，最好的解決方式是給予或否決他的公民身分，還是找出其他的回應方式？

隨著歸化案件的進行，聯邦地方法院的審理法官發現賀普雷已表現出良好的品行，並命令政府授予他公民身分。地方檢察官對此決定提出上訴。聯邦第二巡迴上訴法院（Court of Appeals for the Second Circuit）的三名法官爭論所謂的「品行良好」是否應該尊重倫理專家、公開民意調查或其他方法的定義，最後他們以一種模糊的文字做出結論：「最終我們大部分人都沒有檢證我們結論的方法，也沒有權威可以取代我們個人的信念，結論必須都是暫時的結論，討論沒有太多的成果。」[9]他們基本上是在說：「這太難了！我們沒辦法決定，因為事情並不清楚，賀普雷先生失敗了；我們怎麼樣都沒有被說服，而他輸掉是因為他有責任說服我們。」[10]但是上訴法院意見並沒有就此結束。法院很具體地告訴賀普雷，他可以稍後再申請，讓殺人行為與申請歸化的時間相隔五年以上。理論上，政府會考慮這平靜的五年，然後發給他公民身分。[11]

判決書是由一位名字很特殊的傑出法官勒恩得・漢德（Learned Hand）所寫，他清楚地用好幾點說明法律案件對於給予寬恕舉棋不定時還是可以這樣做的原因。字典把寬恕定義為「允許某種程度的不完美」。法院指出陪審團針對個案強行給出的判決輕於被指控的罪行，也建議了最大程度的赦免；法官則是展現自己的裁量權，決定維持判刑，而僅僅給了緩刑。上訴法院沒有原諒賀普雷的錯誤，或者更有可能是他律師犯的錯，居然讓他在即將五年期滿之前就申請歸化。但是法院也確實提供了一種寬恕，允許賀普雷在殺人滿五年之後再度提交請願書，它「不帶偏見」地放下目前的歸化案件，不影響後面的申請——也因此允許清清白白地面對訴訟。五年的上限本身也看到範圍更廣的寬恕元素，國會藉此允許那些跟賀普雷一樣的人們重新開始。立法機關原本也可以採取證明五年品行良好的規定，以限制歸化決定時需要調查事實的負擔，或者是允許人們有犯錯並改過自新的空間。不論是那一種，以公民身分申請為目的時，法律框架都能不去追究之前道德行為不端的責任。

想像一下有個大屠殺的帶頭者，大屠殺過後等了快五年，然後在申請公民身分之前提出訴願，法院會怎麼做？很難想像法院會說：「見鬼了，等幾個禮拜再來提出申請吧！」[12]這樣的人即使等了超過五年，法院會不管他的過去，排除過去的大屠殺行為來處理歸化的法律嗎？還是法院會另創新的角度詮釋法律，允許把五年之前的行為或這些行為在近幾年來的影響也當成證據呢？

當代有關移民的辯論讓寬恕成為美國總統大選之中很重要也引人關注的法律問題，但是在此所爭議的違法行為涉及到移民法。[13]移民限制是每個主權國家的特權。執行移民限制在一個擁有眾多與無垠邊界的國家中充滿挑戰。除此之外，若執法斷斷續續，可能會反映出公眾政策的前後不一，尤其是有些國家需要或剝削相對便宜的非法勞工來填補本國人不想做的工作。[14]第二次世界大戰期間，勞動力需求明顯增加，使得國會同意與墨西哥合作，准許臨時聘請墨西哥工人。[15]經過勞工努力組織起來並集結罷工以暴露惡劣的工作環境之後，這項計畫逐漸消失，可能因為一些雇主得到的結論是可以用更低的薪水找到非法勞工，也可能因為美國公民的不滿情緒高漲。同時，美國農業漸漸地有一部分依賴移民工人，許多非本國人的家庭逐漸期待在美國有定期工作的機會。[16]

布希總統和歐巴馬總統努力推動移民法的全面改革在國會遭到挫敗，但是也引起人們特別關注非法移民的小孩，他們被暱稱為「夢想家」(Dreamers)，遵循的是不成功的「外國人未成年孩童之發展、救助與教育法」(Development, Relief and Education for Alien Minors Act, DREAM Act，夢想法)。這些小孩來到這個國家並非出於自己的決定，許多人小小年紀就來到美國，對於父母的母國毫無經驗，所有人讀的都是美國的學校。總而言之，移民法認定進來就是偷渡，這讓他們面臨了起訴與遣送回國的風險，他們呼籲候選人制定移民法的例外規定，好把他們排除在外。二〇一二年，歐巴馬總統在第二次總統競選即將結束時發布了行政命令，允許三十歲以下沒有證件的移民可以在美合法就業並避免被遣送回國，但無法取得公民身分。[17]這項計畫稱為「童年入境者暫緩遣返計畫」（Deferred Action for Childhood Arrivals, DACA），提供夢想家臨時大赦；這份計畫以一種務實的作法把總統的裁量權變成法令，指示有限的資源運用在移民法的執行上，包括造福無證件的移民。雖然歐巴馬總統透明公開地宣布寬恕政策是一般命令（general order），但是他追求政治利益的同時，也觸發了反對的風暴。

批評者透過法院行動挑戰歐巴馬總統二〇一四年努力發起的類似計畫——「移民父母暫緩遣返計畫」（Deferred Action for Parents of Americans and Lawful Permanent Residents, DAPA），保護美國公民的父母。[18]批評者在法庭上挑戰行政命令，主張總統在修法之前沒有憲法上的權力改變目前法律的作法。[19]川普在競選期間誓言停止「童年入境者暫緩遣返計畫」，但是當他當選後打算這麼做時，計畫的捍衛者成功用訴訟中止川普的行動，[20]這也擴大了兩派政治觀點在臨時移民法大赦上的對立。

夢想家（童年入境者）和童兵與幫派青年一樣，都並不是咎由自取，而是身不由己。他們似乎特別值得法律的寬恕，因為他們唯一有罪的自主行動就是沒辦法離開家人所在的國家、學校教育、朋友，以及他們所想像的未來。在這些情況之中，年輕人有某種程度的選擇，但是應該要擴大關於他們法律地位的辯論，以進一步處理那些指示（有時候是強迫）未成年人的大人所引發與製造的更大權力行為和政策衝突。事情的背景應該至關重要。專家的報告提醒，不應該在尚未了解暴力發生的社會與政治脈絡之下就怪罪執行暴力攻擊的個人：「簡單地說，只把焦點全都放在那位執行宗教與種族屠殺的十八歲小兵身上，是模糊了宗教與種族屠殺教唆者的角色，他們才是最初鼓勵他拿起AK－47步槍或開山刀的人。」[21]

追求法律的寬恕就是著重於打造美好的未來。一般來說，這涉及到把焦點從一個特定的犯罪者和特定的受害者轉移到更寬廣的視角——不是抹去犯罪行為與犯罪的立即傷害，而是去了解更寬廣的模式，並且思考一條帶領所有人前進的公平之路。這種較寬廣的視野通常伴隨著寬恕，因為放下有正當理由的憤恨會帶來同理心、理解，並且讓人有興趣了解是什麼造成過去的問題，而未來的解決方式又是什麼。

同心圓裡的人群、誘因與成因全都會影響到違法。修復式司法的努力把焦點從犯罪者與受害者往外擴大，轉移到同心圓外周遭的人、探索其他人的影響與貢獻，不論是在學校或社區，也包含過去與未來。他們這樣做並不是替該要立即負責的人脫罪，而是要釐清人、各種力量以及結構的互動如何造成錯誤，並釐清誰可以在未來創造不同的局面。尤其是在內戰與大規模暴力的背景下，放下過去的呼籲，可能是要人們去認清這已經超過了那些當下有錯的個人所該背負的責任。邁克爾・伊格納蒂夫（Michael Ignatieff）這位研究巴爾幹半島數百年衝突的專家，挑戰了「無罪神話」（myth of blamelessness），[22]這個神話認為每一個有怨恨的人都只是受害者，他們的怨恨絕對沒有對這場幾百年來雙方都歸咎於對方的內戰有所貢獻。南非政治哲學家和社運人士威爾海姆・維沃爾德（Wilhelm Verwoerd）長期關注北愛爾蘭的真相與和解過程，呼籲「包容性道德記憶」（inclusive moral remembrance）。[23]理解同心圓外這些會影響暴力與違法行為的人們，承認即使是受害者也可能帶來問題，並見到就算並非問題的始作俑者或許也有能力平撫結果——這些觀點能幫助個人、團體與國家放下憤恨，邁步向前。

解決爭端的其他方式，例如以調解處理就業糾紛，還有用和解大會處理複雜的訴訟，可以製造一種讓道歉與賠償促成解決方式的情境，允許人們繼續往前過生活。這種前瞻性的流程甚至可以在各方政黨合作的場合來處理嚴重違反人權的問題。[24]

藉由破產程序卸下債務對應到更大的模式：它在彌補毀約問題的同時，把面向未來的多方都帶進來。它不僅僅理解、也調整直接關係人、債務人、債權人的行為，並指向更大的信貸市場，甚至是影響債務的厄運。寬恕主權債務的方法原本也可能有類似的元素：他們可以把各方關係人都納入，回應不守承諾的問題，處理未來，並且看清楚信貸市場中的運氣成分及漣漪效應（ripple effect）。拓展法律的框架可以把消費者債務、學生貸款與主權債務放進信用卡公司、營利型學校、國際放款者、政府養老基金部門的負責人以及其他造成債務違約的行動者更寬廣的行為模式之中。重點不在於否認債務人的責任，而是發展出預防與改革的模式，以反映其他人所造成的問題，還有可能的解決方式。同樣包含整個社會的需求，授予越戰反抗者還有非法移民的大赦，反映出更大的力量，個人是在此力量之中做出了讓他們違反法律的決定。

文化脈絡影響了法律和社會實踐的迴響，從而為政府以及個別直接關係人製造了寬恕的空間。有一群社會科學家問拉丁美洲人（全部來自烏拉圭）和西歐人（全部來自法國）對寬恕的看法，結果發現兩個地區大部分的人都很看重寬恕，即使並未假定犯罪者的內心有改變或有悔意。[25] 有趣的是，拉丁美洲人比西歐人更有可能接受被侵犯者以外的人來當寬恕者，像是家人，或甚至是一個機構（如教堂）。[26]

沒有人應該認定在一個社會有用的方式到了另外一個社會也一樣管用。但是，不同社會解決爭端的法律與社會實踐，還有它們在法律之中走向寬恕的渠道，提供了潛在的對比與可能性。有些社群對於赦免審查過程的使用，可以鼓勵其他社群也考慮採用，或是修改後採用。許多國家提供的是由顧問委員會進行司法審查或參與。[27]即使在美國沒有希望進行司法審查，或由行政部門做其他的監督，但是其他國家確實有這樣的作法，這項事實就挑戰了赦免無法有正當理由（reasoned justifications）的說法。也許，即使權力結構絲毫未變，美國也可以發展出一套赦免的法律體系，清楚表達可以接受與無法接受赦免的理由，以及給予赦免的條件。由民眾同意且最終由投票來執行，赦免的法律體系可以讓大家對政府特別實施其裁量權的可接受理由產生預期感，如此一來，就可以提供必須的審查來避免濫權與不平等的處理方式。比起在不犧牲公平性的情況下設計出支持寬恕的法律規則與作法的可能性，這些建議的細節並沒有那麼重要。把這些方法延伸到不同的領域，可以給出各種觀點，幫助大家不再相互推諉責怪。把寬恕放進法律需要擴大時間向度，以納入未來的考量點與過去的行動，並且以寬大與秉公處理的態度關注寬恕的影響模式。

比起以往，隨著統計預測的技巧、機器學習以及其他人工智慧的功能成為法律的工具，納入寬恕、同時堅持一視同仁的標準，如今則更顯迫切。有些人希望使用人工智慧、分析判決紀錄以及預測演算法來限制法官與其他法律官員的裁量權，但人類的辨別力將依然是這類方法設計的一環。電腦輔助決策的真正未來展望是在於施加壓力，讓產生作用的因素攤在陽光下——並且以公共的價值來稽核結果。[28]隨著演算法被用來設計風險分數（risk scores），當作保釋、緩刑、決定刑期或假釋的工具，記者朱莉婭・昂溫（Julia Angwin）也點出「錯誤寬恕」（unjustified forgiveness）的風險。演算法有可能高估黑人被告再犯的比例，低估白人再犯的可能性。[29]交給演算法的資料假如反映的是迥然不同（或有偏見）的執法行為，便將會重複或擴大那些有問題的作法。機器學習並不是取代人類的判斷，而是促使人類對於自己的判斷、預測、偏見以及裁量的使用能夠更清楚，也更懂得自我反思。[30]

• • •

國民幸福總值（Gross National Happiness）的發源地不丹最近成立了第一所法學院。[31]當法學院教導未來的律師時，他們是培養學生在正式的法院制度中處理爭端，這樣的制度是以權利、對立的觀點，以及透過村莊耆老解決爭議為基礎，藉由調解來維持社會和諧。[32]史蒂芬．索納堡（Stephen Sonnenberg）教授決定，在這所新學校的第一堂契約法要從以下的方式開始：

在深入探索一些更標準的契約法課堂原理之前，先對村裡的耆老做一系列初步的深度訪談。然後再一起用剩餘的學期時間，比較「正式的」理論跟田野裡的發現。比較紙上的契約法原理跟傳統（背景下）契約法實踐的主要收穫之一，就是發現人們在思考契約的補救方式時見不到寬恕的成分。聽到耆老從他們更為傳統的角度，親口說出現代法律制度不同於他們更為傳統的方法，說出它的僵化（與不公正），[33]是此事的迷人之處。

進一步的研究可以清楚說明傳統方法是否讓一些人（例如婦女）的負擔比其他人重，而現代的法律制度是否可以為傳統的寬恕成分騰出空間。

文化實踐和宗教傳統促成了南非真相與和解委員會裡的寬恕之聲。受害者自己決定是否要寬恕那些為了申請大赦而全盤揭露自身行為的犯罪者；有些人覺得有壓力要去寬恕；有些人發現聽到自己所愛的人發生什麼事很有幫助。真相與和解委員會的主席屠圖大主教同時借用了基督教和傳統的非洲寬恕及社會修復（social repair）概念，但並非每一個南非人都同意他對於社會和解的承諾。[34]心理學家普姆拉．果多波馬帝吉姿拉（Pumla Gobodo-Madikizela）在成為大學教授之前曾和真相與和解委員會共事過，她的報告說過去的殺人魔王尤金．德考克（Eugene de Kock）希望可以和遭他以炸彈殺害的兩名黑人警察的遺孀見面。見面時，他向兩人道歉。其中一名遺孀寶兒．法庫（Pearl Faku）太太後來回憶：

> 我控制不住自己的眼淚。我聽得到他的聲音，但當時情緒只讓我感到天旋地轉，我只是不斷點頭，彷彿在說「好，我原諒你」。我希望當他看到我們的眼淚，他可以知道這不僅僅是給丈夫的眼淚，也是給他的眼淚……我很想握住他的手，向他說還是會有未來，他仍然可以改變未來。[35]

一九九四年盧安達種族滅絕之後，官方政策、教堂、非政府組織向個人施壓要他們寬恕，因而引發了一些人的批評和反抗。當時為精神受創的難民服務的精神科醫師埃斯特．穆拉瓦約（Esther Mujawayo）即使受到了倖存者的罪惡感、恐懼、同理心與外在的壓力所誘惑，還是拒絕寬恕犯罪者。有些倖存者可能因為沒有得到犯罪者的真誠道歉而心煩意亂，就考慮服從政府的寬恕政策。抗拒寬恕的誘惑可能是個人尊嚴很重要的表現，即使是一個理解犯罪者的人性與奇蹟的人，一如穆拉瓦約那般。她指出：「誰知道換做是我們的話會怎麼做。」[36]

當反對性侵者與性騷擾的全球#MeToo運動揭露了商業界、娛樂圈、學術界與司法界有權男性的不當行為，抵制內心的原諒衝動是當中所浮現的主題。[37]法官吉爾・菲利波維奇（Jill Filipovic）評論說：「一個男人行為的嚴肅程度（seriousness）絕對會反映他懺悔的程度，但是目前每一個在暗處欺負女性（許多都還未成名）的男性有責任要表現得像個大人，承認自己的行為造成影響。」[38]針對娛樂圈裡頭的侵犯者，我們的調查顯示觀眾是可以原諒的。[39]莎蒂絲・艾娃（Thordis Elva）和強暴她的湯瑪斯・史敦吉（Thomas Stranger）聯繫，然後在通信了八年之後，他們決定尋找和解與寬恕。[40]兩人的書*引來批評者的抗議，他們說這本書美化了性侵犯；兩人的TED演講獲得四百萬次的觀看次數。[41]調查記者凱蒂・貝可（Katie J. M. Baker）表示：「我們不能要求每個性侵的受害者不但要跟性侵犯聊天，還要和對方合作。然而，大家對於兩人故事的興趣，證明了人們渴望一種新方法，」——一種修復式正義的模式。貝可繼續說：

在修復式正義之中，受害者、社群和犯罪者一起討論犯罪行為，以及應該如何彌補。修復式正義很複雜，也不完美。這要先靠犯罪者承認自己做錯事，調解者也未必是中立的一方，也經常需要受害者去與攻擊他們的人聯繫。但是它強調的重點是修復與避免傷害，而非永無止境且往往無效的懲罰。[42]

法律程序應該鼓勵人們寬恕做錯事的人嗎？探索寬恕的可能性就是承認有些錯誤不可饒恕。不可否認的是，當說到人類對大屠殺、種族滅絕、謀殺、綁架小孩等難以形容之惡行的回應，即使是提到寬恕，似乎都是對於受害者與倖存者的侮辱。世界各地的法律制度對於謀殺並沒有所謂的消滅時效（statute of limitations）。哲學家漢娜．鄂蘭（Hannah Arendt）曾宣稱我們不能寬恕絕對的邪惡，這種惡太過巨大也太過激烈，所以無法懲罰。[43]雖然，有些人恰恰是在這種時刻推動寬恕，就為了脫離恐怖的過往。[44]即使是一個無法寬恕的行動，也未必無法究責。[45]在不使用國家權力要求受害者寬恕的情況下，是否有可能在正式程序的正規與邊緣之處為寬恕的可能性創造空間呢？

＊兩人的共同著作為《寬宥之南》（*South of Forgiveness: A True Story of Rape and Responsibility*）。

政府施壓之下的寬恕並不是真正的寬恕，而且會進一步給已經受害的人帶來負擔。由法律程序要求道歉，也會削弱發自內心的真正懊悔。正是因為個人的寬恕如此令人欽佩，應該要小心翼翼避免虛假或受到壓力而演出的寬恕。[46]創造法律空間讓個人寬恕那些傷害他們的人，不應該等於強迫他們寬恕。對於某些人來說，選擇不寬恕是力量和正直的來源；對於另外一些人，哀悼——而非寬恕——才是放下仇恨的途徑。[47]有些人就是需要學習在不被寬恕下生活，[48]但仍然有可能看到犯罪者人性的一面。[49]對他人負責，是得到寬恕之前很關鍵的一步。[50]然後，是王爾德（Oscar Wilde）的智慧：「永遠寬恕你的敵人，這會讓他們最為苦惱。」[51]

• • •

我在本書探索了童兵與其他遭控觸犯刑法的青少年為何不是完全無辜，但也因為他們做下決定時所處的社會環境而不用完全負責。同樣的道理也可適用在身陷消費者債務與學生貸款的個人，甚至是國家債務，以及市和州的欠債。每個人都要為自己違背還款承諾或違法使用暴力負責，但是每個人也都鑲嵌在更大的社會模式之中，這些模式構成的選擇有限，且往往是糟糕的選擇。

問出法律如何寬恕的問題，並不是要否定犯罪的事實。相反地，這樣做是擴大視野，讓我們一探各種可能，藉著抹去過去的歷史，尋找新的選擇。從法律之中創造更多寬恕的機會，可以幫助法律一步步走向公平正義。它也可以從法律中最嚴格的要求，透過道歉、賠償以及自制，把個人與社會一點一滴推向尊重與寬大。法律以各種方式影響著情感。它可以支持寬恕，同樣地，也可以支持報復。

我們應該防止只是因為更堅實的公平正義不可得而轉為寬恕。我們必須要小心，不要用法律的力量來扭曲個人的情感，也不要忽略個人與團體之間的差異。但是請一起思考法律可以務實地表達寬恕及放下不滿的方式與時機。即使法律是、也尤其是在判決過去之事，我們仍希望它可以創造更美好的未來。

保羅．博斯（Paul Boese）熱衷於寫一些讓人引用的金句，他寫的時候還沒有推特，但他應該會很喜歡推特。我引用一段自己非常喜歡的話作結：「寬恕不會改變過去，卻能拓寬未來。」[52]無論如何，寬恕指向的是未來，而不只是回顧過去，因此它為法律的設計者和行動者提供了很重要的一個面向。

謝辭 Acknowledgments

我不認為自己是特別寬容，但我卻深知感恩，尤其是對那些促成本書的超級好人。阿皮亞（Anthony Appiah）建議我寫這本書；當我把心力轉到法學院院長的行政工作時，哈靈頓（Roby Harrington）耐心等待書稿，並且提供振奮人心及寶貴的意見和支持；由於哈佛法學院院長辦公室幾位神奇同事的努力——肯奈利（Liberty Kenneally）、克萊普（Catherine Claypoole）、愛麗斯（Cherisa Ellis）和萊恩（Kelsey Ryan），我才能展開本書所思考的最初工作。此外，由於院長科恩（Dean Liz Cohen）的領導、再加上獎學金計畫負責人極具耐心的維奇尼亞克（Judy Vichniac）所在有如天堂般的雷德克利夫高等研究院（Radcliffe Institute），本書在最有生產力的同事與最親切的行政人員每天的鼓勵與建議下逐漸實現了。我特別感謝希克金克（Kathryn Sikkink）教授從頭到尾詳細評論；利普森（Jane Lipson）與包爾（Samantha

Power）給了我關鍵的防禦。

沒有好友曼寧（John Manning）副院長（現在是哈佛法學院院長）的支持，本書不可能完成。基勒（Rachel Keeler）幫助我跨越不同階段，包括從草稿到完稿。文字編輯比耶爾（Janet Biehl）和諾頓（Norton）出版社的團隊提供了出色的工作，把書稿變成了一本書。

我很感謝布倫南中心喬德論壇（Brennan Center Jorde Symposisum）在二〇一四年十月二十日（加州大學柏克萊分校）以及二〇一五年一月八日（芝加哥大學）邀請我分享自己的作品，後來以〈寬恕、法律與正義〉一文出版在《加州法學評論》（Forgiveness, Law, and Justice, 103 *Cal. L. Rev.* 1615 (2015)）。我從各個與會人士身上獲益良多，尤其是評論人亞伯拉姆斯（Kathryn Abrams）、胡克（Aziz Huq）、庫茲（Christopher Kutz）和納斯邦（Martha Nussbaum）。本書前言的各個版本分別在中國人民大學「名家法學講壇」（二〇一三年六月二十九日）、紐約州波啟浦夕瓦薩學院（〔Vassar College〕二〇一四年二月十二日）、南非自由省大學（〔University of the Free State〕二〇一四年二月二十四日）的和解講座（Reconciliation Lecture）、阿根廷布宜諾斯艾利斯大學（〔University of Buenos Ares〕二〇一七年五月十五日）、亞斯本研究所獎學金計畫（Aspen Institute- Rodel Fellowship Program）在華盛頓特區為當選人演說（二〇一七年十月八日）以及麻州波士頓哈佛大學的資深領袖計畫（二〇一八年五月十六日）發表，獲得聽眾許多重要的評論與鼓勵。柏林（Lara Berlin）、布羅德尼（Marissa Brodney）、布倫南－克羅恩（Zoe Brennan-Krohn）、道奇（Trevor Dodge）、普爾（Taylor Poor）、拉特納（Julia Ratner）和魏司伯（Jake Weissbourd）一路上提供許多有幫助的洞見和研究，也就是現在的第一章。

二〇一二年十一月十三日，三一學院（Trinity College）邀請我接受歷史學會（History Society）的頒獎，給了我一個寶貴的機會探索第一章的主題。我直到現在都還是深深感謝那次邀請，以及那一次生動的討論。第一章的內容也反映了許多教授的問題與批評，分別是奧拉寧（Fionnuala D. Ní Aoláin）、布倫（Gabriella Blum）、高史密斯（Jack Goldsmith）、紐曼（Gerry Neuman）、奧倫特里徹（Diane Orentlicher）和奎因（Gerald Quinn），還有亞特利（Sima Atri）、柏林（Lara Berlin）、張明（Ming Cheung）、朵曼（Sarah Dorman）、吉莉安・格羅斯曼（Gillian Grossman）、金（Sharon Kim）、普爾、普羅克特（Melissa Proctor）、普內爾（Derecka Purnell）、拉特納、斯坦納（Jacob Steiner）和沃席普（Domonique Worship）。巴克（Camilla Barker）和羅斯曼（Mindy Roseman）以及哈佛人權計畫工作坊與會者的評論深深地改變了我的想法。可貴的是，羅布洛夫斯基（Jonathan Wroblewski）分享了他在刑事法方面深厚的知識，並且仔細評論了整本書稿。隆恩（Michael H. Ryong Jung）分享了他分析的精確性、法律專業以及對年輕人司法的熱情；貝登科（Theresa Betancourt）在此領域引人關注的工作以及滿滿的建議，讓我進一步了解童兵的經驗與未來。

針對第三章討論債務初稿的評論，我要特別感謝阿弗德（Bill Alford）、安斯蒂（Lauren Anstey）、布倫南（Tom Brenna）、卡希爾（Justin Cahill）、蓋珀恩（Anna Gelpern）、科茨（John Coates）、唐那修（Charlie Donahue）、佛萊德（Charles Fried）、韓普森（Chris Hampson）、哈拉提（Donna Harati）、克拉曼（Seth Klarman）、魯賓斯坦（Bill Rubenstein）、薩拉薩爾（Aime Salazar）、謝伊（Steve Shay）、史帕曼（Holger Spamann）、史托恩（Brandon Storm）、桑斯坦（Cass Sunstein）、安戈（Roberto Unger）和齊特冉（Jonathan Zittrain）提供有益的評論和問題，也要感謝哈佛大學社會研究群（Social Studies community）的成員參加我二〇一四年十月二十九日在哈佛舉行的那拉揚紀念講座（Navin Narayan Memorial Lecture）。

蘭尼（Adrian Lanni）的作品和評論對於第三章的歷史材料提供了很重要的見解。凱倫伯格（Roy Kellenberg）提醒我們，當寬恕看似不見得正確，就應該要思考有個不同未來的希望。針對該章，事實上是整本書，我在雷德克利夫高等研究院的同事，包括陳（Carissa Chen）、愛絲賓諾莎（Isabel Espinosa）、吉伊（Blessing Jee）、瓊斯（Hilda Jones）、李（Flora Li）和明頓（Luke Minton）帶來的問題、材料以及熱情都非常強大。多年來，我那些充滿創意且十分努力的研究助理：艾克布拉德（Ariel Eckblad）、道奇（Trevor Dodge）、愛德華茲（Travis Edwards）、古爾德（Jon Gould）、馬克斯（Chris Marks）、麥克妮爾（Sonia McNeil）、米赫（Morgan Meagher）、莫拉列斯（Daniel Morales）、歐康諾（Paloma O'Connor）、寶吉（Sylvanus Polky）、沙福（Daniel Saver）、西吉（Jeanne Segil）、羅尼（Alexander Rodney）、所羅門－斯特勞斯（Hannah Solomon-Strauss）和維斯伯（Jake Weissbourd）提出了豐富而詳細的評論、資料來源、問題和洞見。

對於整個計畫，我要特別感謝愛倫（Danielle Allen）安排哈佛薩弗拉中心（Havard Safra Center）於二〇一八年五月十六日舉辦工作坊討論本書初稿，感謝布拉特（Cheryl Bratt）、古爾德（Jonathon Gould）、謝（Nien-hê Hsieh）、謝爾比（Tommie Shelby）與愛倫本人和其他與會者的寶貴意見和建議。我也要感謝我在哈佛法學院的同事在教師工作坊和平常聊天時分享想法和觀點。二〇一八年之間，李爾曼（Liz Lerman）分享了她的創意和智慧，彙集一群有才華的藝術家，一起了解寬恕與法律作為討論的主題，這一直是個很棒的禮物，而且未來也會是。我深深感謝以下幾位在知識上與情感上對我的支持，他們是阿弗德（Bill Alford）、布倫（Larry Blum）、凱西（Mary Casey）、格特納（Nancy Gertner）、珍恩（Gish Jen）、蘭迪．甘迺迪（Randy Kennedy）、克勞斯（Rabbi Jonathan Kraus）、施耐德（Liz Schneider）、山利（Molly Shanley）、史匹爾曼（Vicky Spelman）、魏斯伯（Rick Weissbourd）以及我特別寬容的家人。米拉（Mira Singer）用她纖細、一絲不苟的編輯技巧處理了整本書。事實上，探索最佳觀點的時候，喬伊（Joe Singer）、米拉（Mira Singer）、莫（Mo Minow），紐頓（Newton Minow），瑪麗（Mary Minow）、內爾（Nell Minow）和阿帕托夫（David Apatoff）都是最棒的聽眾，他們慷慨大方地聽著我說，並放下己見，也讓我可以轉移注意力並暫時擺脫。

整個寫作的過程中，我的學生一直是有毅力、充滿挑戰且親切的對話者。得以跟二〇一三年春季哈佛大學法學院「法律與寬恕」讀書小組全心投入的學生，還有二〇一八年一月夏威夷大學里查森法學院「法律與寬恕」課堂上熱情的學生（感謝索法院長〔Avi Soifer〕提供機會與建議！）一起學習，真是充滿啟發；二〇一〇年到二〇一六年之間在哈佛大學法學院的新生歡迎會上跟一群願意嚴肅辯論法律與寬恕的學生也讓人充滿幹勁；我深深感謝過去、現在與未來的學生，激起我對於重新開始的可能性，以及關係與責任同心圓的希望。我深深感謝有機會向他們說聲謝謝。

47 Robert Berezin, M.D., Mourning? Yes, Forgiveness? No, Psychology Today (July 5, 2016), https://www.psychologytoday.com/us/blog/the-theater-the-brain/201607/mourning-yes-forgiveness-no（「對於施暴者帶有怨憤與仇恨並沒有錯，如果無人對此哀悼，你會很難受。如果有人哀悼，你就可以繼續過生活」）。

48 Simon Wiesenthal, The Sunflower: On Possibilities and Limits of Forgiveness (expanded ed. 1998). 在卡洛爾（James Carroll）二〇一八年的小說《迴廊》（Cloisters）裡頭有個人物的結論是：「很令人驚異，我發現還是可以過日子，對的，即使是沒有原諒。自從我遇見你的這幾個月來，我開始接受，事情不會有遺忘。我就是我，日子繼續過，覆水難收。」(351).

49 Linda Ross Meyer, The Justice of Mercy 89, 160-61 (2013).

50 Rozo, supra.

51 Oscar Wilde, A Florentine Tragedy (1892-94): "Always forgive your enemies; nothing annoys them so much."

52 Boese quoted in 53 Quote: The Weekly Digest (1967).

35 Pumla Gobodo-Madikizela, A Human Being Died That Night 15 (2003).

36 Esther Mujawao and Souad Balhaddad, Survantes: Rwanda, Histoire d'un Genocide 20 (2004), discussed and quoted in Thomas Brudholm and Valerie Rosoux, The Unforgiving: Reflections on the Resistance to Forgiveness After Atrocity, 72 Law & Contemp. Probs. 33, 45-47 (2009).

37 Stephanie Zacharek, Eliana Dockterman, and Haley Sweetland Edwards, Person of the Year: The Silence Breakers, Time (Dec. 6, 2017), http://time.com/time-person-of-the-year-2017-silence-breakers/.

38 Jill Filipovic, How to Find Room for Forgiveness in the #MeToo Movement, Time (Feb. 26, 2018), http://time.com/5160427/forgiving-sexual-assault-perpetrators-metoo/.

39 Sam Barsanti, Study Says Some Viewers Are Quick to Forgive the Men of #MeToo, Newswire (May 29, 2018), https://news.avclub.com/study-says-some-viewers-are-quick-to-forgive-the-men-of-1826402499.

40 Thordis Elva and Thomas Stranger, South of Forgiveness (2017); Thordis Elva and Tom Stranger, Can I Forgive the Man Who Raped Me?, Guardian (Mar. 5, 2017), https://www.theguardian.com/books/2017/mar/05/can-i-forgive-man-who-raped-me-thordis-trust-elva-thomas-stranger-south-of-forgiveness-extract.

41 Sœ Thordis Elva and Thomas Stranger, Our Story of Rape and Reconciliation, TEDWomen (2016), https://www.ted.com/talks/thordis_elva_tom_stranger_our_story_of_rape_and_reconciliation.

42 Katie J. M. Baker, What Do We Do with These Men?, N.Y. Times (Apr. 27, 2018), https://www.nytimes.com/2018/04/27/opinion/sunday/metoo-comebacks-charlie-rose.html.

43 Hannah Arendt, The Human Condition 238-43 (1958); Hannah Arendt, The Origins of Totalitarianism 439 (1973). 更精確地說，她認為違背人性的罪無法懲罰，因此也無法寬恕，即使是所有的罪犯都受到懲罰，罪本身也無法被寬恕。Jaco Barnarde-Naude, ThoughtLeader: Arendt, Forgiveness, Accountability, and Punishment, Mail & Guardian (Aug. 26, 2011), http://thoughtleader.co.za/jacobarnardnaude/2011/08/26/arendt-forgiveness-accountability-and-punishment/. 鄂蘭對於人與人之間寬恕的看法是，人可以寬恕另一個人而不是寬恕該行為。Elisabeth Young-Bruehl, Why Arendt Matters 25, 100-1 (2006)。

44 Diego Cagüeñas Rozo, Forgiving the Unforgivable: On Violence, Power, and the Possibility of Justice, M.A. Paper, University of Amsterdam (2004).

45 Jacques Derrida, On Cosmopolitanism and Forgiveness 50-56 (2001).

46 46. Id., at 39.

sensus? Bringing Dispute Resolution Skills to Human Rights, 39 Wash. U. J. L. & Policy 257 (2012).

25 Adriana Bangnulo, Maria Teresa Munoz-Sastre, and Etienne Mullet, Conceptualizations of Forgiveness: A Latin America-Western Europe Comparison, 8 Universitas Psychologica 673-82 (2009).

26 26. Id., at 678.

27 See Andrew Novak, Comparative Executive Clemency (2015).

28 應該要小心確認人類依然能理解電腦如何處理它們所處理的事。Will Knight, The Dark Secret at the Heart of AI, Technology Rev., Apr. 11, 2017, https://www.technologyreview.com/s/604087/the-dark-secret-at-the-heart-of-ai/.

29 Julia Angwin, What Algorithms Taught Me about Forgiveness, Open-Transcripts (Oct. 19, 2017), http://opentranscripts.org/transcript/what-algorithms-taught-me-about-forgiveness/. 當加州以風險評估工具取代交保制度，衡量個人在受審之前獲釋的相關因素，有色人種社區裡的警政強化反而使得逮捕人數更多，而此事將影響誰可以獲釋，雖然它看似是一個比較客觀的風險指標。見：Sam Levin, Imprisoned by Algorithms: The Dark Side of California Ending Cash Bail, Guardian (Sept. 10, 2018)。隨著世上個人資料的使用增加，如何透過隱私給予寬恕的詳細討論，請見：Meg Leta Ambrose, Nicole Friess, and Jill Van Matre, Seeking Digital Redemption: The Future of Forgiveness in the Internet Age, 29 Santa Clara Computer & High Tech. L.J. 1 (2012)。

30 See Jon Kleinberg, Himabindu Lakkaraju, Jure Leskovec, Jens Ludwig, and Sendhil Mullainathan, Human Decisions and Machine Predictions, NBER Working Paper No. 23180 (Feb. 2017), http://www.nber.org/papers/w23180.

31 Kai Schultz, Centuries of Buddhist Tradition Make Room for Bhutan's First Law School, N.Y. Times (Oct. 9, 2016), https://www.nytimes.com/2016/10/09/world/asia/centuries-of-buddhist-tradition-make-room-for-bhutans-first-law-school.html; and Julie McCarthy, The Birthplace of "Gross National Happiness" Is Growing a Bit Cynical (NPR) (Feb. 12, 2018), https://www.npr.org/sections/parallels/2018/02/12/584481047/the-birthplace-of-gross-national-happiness-is-growing-a-bit-cynical.

32 Schultz, supra.

33 Stephen Sonnenberg to author (May 17, 2018).

34 Tutu, supra; What Archbishop Tutu's ubuntu credo teaches the world about justice and harmony, Conversation (October 4, 2017), https://theconversation.com/what-archbishop-tutus-ubuntu-credo-teaches-the-world-about-justice-and-harmony-84730.

15 Manuel García y Griego, The Importation of Mexican Contract Laborers to the United States, 1942-1964, in David G. Gutiérrez, ed., Between Two Worlds: Mexican Immigrants in the United States 45 (1996).

16 About Bracero History Archive, braceroarchive.org.

17 這項方案只適用於（1）十六歲之前來到美國的人；（2）從二〇〇七年六月十五日開始一直住在美國的人；（3）二〇一二年六月十五日年紀不到三十一歲的人（在一九八一年六月十六日或之後出生）；（4）二〇一二年六月十五日當天人在美國，並在當時要求將其展延行動列入考慮的申請人；（5）二〇一二年六月十五日時沒有法律地位的人；（6）目前是在學學生、中學畢業、有中學同等學歷或是從部隊榮退的人；（7）未因重罪、嚴重的不端行為或者是三項以上的輕罪而被定罪，且不會對美國國家安全或公共安全造成威脅的人。請見：U.S. Citizenship and Immigration Services, Consideration of Deferred Action for Childhood Arrivals, https://www.uscis.gov/archive/consideration-deferred-action-childhood-arrivals-daca。

18 區法官發布一項全國禁令，最高法院對此事投票結果是四比四，因此維持禁令。Tal Kopan, Texas Lawsuit Brings DACA Déjà Vu, CNN (May 2, 2018), https://www.cnn.com/2018/05/02/politics/daca-lawsuit-judge-hanen-ken-paxton-deja-vu/index.html。

19 雖然法院發現原告堅持對自己的義務責任受到限制提告，但是對於如何處理小時就來到美國的非法居民，訴訟並未成功挑戰已經公布的計畫。請見：Complaint at 4. in Crane et al. v. Napolitano, No. 3-12CV03247, 920 F.Supp.2d 724 (N.D. Texas 2013) 2013 WL 363710. 政府的計畫請見；Janet Napolitano, Memo: Exercising Prosecutorial Discretion with Respect to Individuals Who Came to the United States as Children (June 15, 2012), https://www.dhs.gov/xlibrary/assets/s1-exercising-prosecutorial-discretion-individuals-who-came-to-us-as-children.pdf。

20 Id.

21 Kieran McEvoy, Making Peace with the Past: Options for Truth Recovery in Northern Ireland (2006), quoted in Susan McKay, Keep in Mind These Dead 296 (2008).

22 Michael Ignatieff, The Warrior's Honor: Ethnic War and the Modern Conscience (1998).

23 Wilhelm Verwoerd, Toward Inclusive Remembrance after the Troubles: A South African Perspective, IBIS Working Paper No. 35, p. 1 (2003), http://www.ucd.ie/ibis/filestore/wp2003/35_ver.pdf.

24 Stephen Sonnenberg and James L. Cavallaro, Name, Shame, and Then Build Con-

CHAPTER 4——反思

1 Martha Minow, Between Vengeance and Forgiveness: Facing History After Genocide and Mass Violence (1998).
2 Grant Gilmore, The Ages of American Law 110-11 (1978).
3 Id.
4 詳細的分析，請參考：Lucy Allais, Wiping the Slate Clean: The Heart of Forgiveness, 36 Philos & Public Aff. 33, 68 (2008)。
5 對那些淪為性奴隸或妻子的人來說會有不同的考量點，但即使是對她們而言，有些過程允許她們逐漸掌握自己目睹及做過的事，這可能還是有所幫助，不只是從治療的角度，也是要處理她們自身的罪惡感與族人對她們的反應。
6 請見第三章「禁止打探犯罪資料」的討論。
7 See General Requirements for Naturalization, Section 316.10.
8 這個例子也挑起是否「良好品行」應被視為法律上的事實，此外，專家觀點、民意調查，或是其他來源是否也跟解讀脈絡中的話語有關。
9 Repouille v. United States, 165 F2d. 152, 153 (1947).
10 基於法官不應該在這麼重要的事上使用臆測，法蘭克法官（Judge Jerome Frank）很不同意這點。由於對事實的信心，他建議區法院應要求各方關係人把可靠的社區態度帶到法庭上，包括意見領袖、民意調查或倫理專家。165 F2d. at 154-55。大多數人並未公開回應法蘭克法官的建議，但是漢德（Learned Hand）在私下寫給最高法院法官法蘭克福特（Felix Frankfurter）的信中提到：「我認定他預期區法官會主動地（sua sponte）打電話給吉伯特樞機主教（Bishop Gibert）、神學家與自由派祭司的尼布爾（Reinhold Niebur）、倫理文化學會（Ethical Cultural Soceity）的領袖，與作家威爾森（Edmund Wilson），請他們一起交互確認，然後最後以一個『調查』結束。天啊，除了盡力猜測之外，我不知道如何處理這種案子。」引自：Robert Burt, Death Is That Man Taking Names: Intersections of American Medicine, Law, and Culture 42 (2004)。
11「我們希望說清楚，這件事駁回之後不開放新的上訴，這件早已過去的憾事，並不會阻止賀普雷〔Repouille〕成為跟我們一樣的公民。他簡短的聲明說直到在一九四五年他才『打算』提交申請，不幸的是，他怎麼想無關緊要，法令使得真正的申請時間變得很關鍵。」請見：Repouille v. United States, 165 F2d. 152, 154 (1947).
12 Burt, supra, at 40-41.
13 特別感謝愛斯賓諾莎（Isabel Espinosa）在此問題上的研究。
14 Douglas S. Massey, Jorge Durand, and Nolan J. Malone, Beyond Smoke and Mirrors: Mexican Immigration in an Era of Economic Integration (2003).

寬恕的權力當成消遣娛樂，他說要把寬恕擴大到伊利諾州前州長布拉格耶維奇（Rod R. Blagojevich），還有生活大師瑪莎・史都華（Martha Stewart），他們兩人都曾參加川普的節目《誰是接班人？》（The Apprentice）；他還在電視實境秀明星金・卡戴珊（Kim Kardashian）的強力要求下，減少了古柯鹼毒販愛麗斯・強森（Alice Marie Johnson）的刑期。

130 Veronica Stracqualursi and Ryan Struyk, President Trump's History with Judge Gonzalo Curiel, ABC News (April 20, 2017), http://abcnews.go.com/ Politics/president-trumps-history-judge-gonzalo-curiel/story?id=46916250.

131 Peter Beinart, Trump Takes Aim at the Independent Judiciary, Atlantic (June 1, 2016), https://www.theatlantic.com/politics/archive/2016/06/the-gop-front-runner-takes-aim-at-the-independent-judiciary/485087/.

132 Dan Mercia, Trump Labels US Justice System "Laughingstock," CNN (Nov. 1, 2017), https://www.cnn.com/2017/11/01/politics/trump-justice-laughing-stock/index.html.

133 Matt Ford, President Trump Pardons Former Sheriff Joe Arpaio, Atlantic (Aug. 25, 2017), http://www.theatlantic.com/politics/archive/2017/08/trump-pardon-arpaio/537729/ (quoting Gupta, ACLU).

134 See Michael Edison Hayden, White Nationalists Praise Trump for "Shithole" Comment: "It's Obviously All About Race," Newsweek (Jan.12, 2018), http://www.newsweek.com/trump-shithole-comment-white-nationalists-praise-779958.

135 Bill Chappell, Federal Judge Will Not Void Guilty Ruling on Arpaio, Despite Trump's Pardon, NPR (Oct. 20, 2017), http://www.npr.org/sections/ thetwoay/2017/10/20/558978896/federal-judge-will-not-void-guilty-ruling-on-arpiao-despite-trumps-pardon (quoting Judge Bolton).

136 See Love, supra; Barkow, supra (restoration of rights and pardons reflect at times substantive disagreement with criminal justice policies).

137 Andrew Novak, Comparative Executive Clemency (2016).

138 Id., at 64-90.

139 Id. at 17.

140 Id., at 170-94.

141 Anthony M. Kennedy, Speech at the American Bar Association Annual Meeting (Aug. 9, 2003), https://www.supremecourt.gov/publicinfo/speeches/sp_08-09-03.html.（他點出坐牢的犯人有四成都是非裔美國人）。

123 見本章柯林頓特赦里奇的部份。

124 同樣地，小布希特赦妨礙司法的利比（Lewis Libby, Jr）可能是要發出訊息告訴大家即將到來的特赦要給那些保護總統的人。但是，至少有一位評論者說：「總統不能任意特赦來讓自己走出法律困境。」Marcy Wheeler, Pardons Won't Save Trump, N.Y. Times (April 16, 2018), https://www.nytimes.com/2018/04/13/opinion/trump-scooter-libby-pardon.html。

125 Dean and Fein, supra; Rubin, supra（他們的理解是特赦是一種訊號，提醒其他人不要協助調查）。

126 Jack Moore, It Is Impossible to Overstate How Truly Vile Joe Arpaio Is, GQ (Aug. 28, 2017), https://www.gq.com/story/joe-arpaio-history.《鳳凰城新時報》（Phoenix New Times）對阿爾帕約行為的報導，請見：http://www.phoenixnewtimes.com/topic/arpaio-6498482。

127 Paul Mason, Joe Arpaio's Prison Was a Circus of Cruelty; Now His Values Are Spreading, Guardian (Aug. 28, 2017), https://www.theguardian.com/commentisfree/2017/aug/28/donald-trump-far-right-joe-arpaio; and 60 Minutes Footage Shows Joe Arpaio When He Was Ruthless "Joe the Jailor," CBS (Aug. 26, 2017), https://www.cbsnews.com/news/60-minutes-footage-shows-arpaio-when-he-was-ruthless-joe-the-jailer/.

128 Michelle Mark, How Former Arizona Sheriff Joe Arpaio Became the Most Hated Lawman in America, Business Insider (Jan. 10, 2018), http://www.businessinsider.com/maricopa-county-sheriff-joe-arpaio-pardoned-by-trump-2017-8.

129 川普總統其他較早的特赦包括了給予德蘇札（Dinesh D'Souza）的意外之禮，這名保守派運動者因為在二〇一四年違反聯邦的競選資金法而遭定罪，他違法借用他人的名字，試圖掩蓋超過聯邦上限的共和黨參議員捐款，並因此遭到起訴。另一個例子是減輕愛荷華州猶太教潔食（kosher）肉類包裝商執行長魯巴西金（Sholom Rubashkin）的刑期（拿掉刑期但沒有拿掉罪名），他的工廠是二〇〇八年大規模移民追捕的目標，而他也因洗錢而被判入獄二十七年。川普還在傳奇拳王強森（Jack Johnson）死後給予完全特赦，他因為違反禁止販賣人口的法令而遭到判刑（或許是因為種族因素被起訴）。當川普政府面對妨礙司法的調查時，他特赦了小布希團隊的利比，而利比先前在洩密案因偽證及妨礙司法遭判的刑期也已經獲得小布希總統的減刑。川普特赦並減輕哈蒙德父子（Dwight Lincoln Hammond, Jr., and Steven Dwight Hammond）的刑期，這對父子因為攻擊安全島管理原則、在聯邦土地上縱火而遭到判刑，這份特赦引起了反政府極端主義者的瘋狂慶祝。請見：Meg Dalton, What Trump's Latest Pardon Means for the Future of the American West, PBS NewsHour (July 15, 2018), https://www.pbs.org/newshour/ nation/hammond-pardon-bundy。川普總統把

ogy 1169 (2010); Paul Rosenzweig, Report: The Constitution— A Federalist Conception of the Pardon Power, Heritage Foundation 1, 2 (Dec. 4, 2012).

113 Carrie Hagen, The First Presidential Pardon Pitted Alexander Hamilton against George Washington, Smithsonian (Aug. 29, 2017), https://www.smithsonianmag.com/history/first-presidential-pardon-pitted-hamilton-against-george-washington-180964659/.

114 Assistant Attorney General Tom Perez to William R. Jones, Jr., counsel for Maricopa County Sheriff's Office, U.S. Department of Justice (Dec. 15, 2011), https://www.justice.gov/sites/default/files/crt/legacy/2011/12/15/mcso_findletter_12-15-11.pdf.

115 Matt Ford, President Trump Pardons Former Sheriff Joe Arpaio, Atlantic (Aug. 25, 2017), https://www.theatlantic.com/politics/archive/2017/08/trump-pardon-arpaio/537729/.

116 Id.

117「沒有人可以凌駕法律，一個人如果受到託付、得到宣誓成為執法人員的特權，就該要試著完全忠於自己立誓公正執法的承諾。阿爾帕約先生有罪，是因為他藐視法庭，繼續憑他主觀認定的移民身分，對亞利桑納州內的拉丁裔居民進行非法盤查，違背法官的命令。總統有權給予特赦，但是此時這樣做是破壞他自己尊重法治的誓言，因為阿爾帕約並未對自己的行為感到懊悔。」Sen. John McCain, statement on President Trump's Pardon of Joe Arpaio (Aug. 25-26, 2017)。

118 Id.

119 Philip Allen Lacovara, How the Pardon Power Could End Trump's Presidency, Wash. Post(Aug. 29, 2017), https://www.washingtonpost.com/opinions/how-the-pardon-power-could-end-trumps-presidency/2017/08/29/57365dfc-8cf7-11e7-84c0-02cc069f2c37_story.html?utm_term=.e3549c7f9563; Laurence Tribe and Ron Fein, Trump's Pardon of Arpaio Can—and Should—Be Overturned, Wash. Post (Sept. 18, 2017), https://www.washingtonpost.com/opinions/the-presidential-pardon-power-is-not-absolute/2017/09/18/09d3497c-9ca5-11e7-9083-fbfddf6804c2_story.html?utm_term=.42eb746f63b1.

120 Tribe and Fein, supra; John W. Dean and Ron Fein, Nixon Lawyer: Donald Trump Abused Pardon Power When He Freed Joe Arpaio, Time (Oct.3, 2017), http://time.com/4966305/trump-arpaio-pardon-abuse/.

121 Jennifer Rubin, Legal Challenge to Arpaio Pardon Begins, Wash. Post (Aug. 30, 2017).

122 拉科瓦拉（Lacovara）主張以金錢換取特赦乃違法之舉。見：Lacovara, supra。

96 Beth Avery and Phil Hernandez, Ban the Box: U.S. Cities, Counties, and States Adopt Fair Hiring Policies, National Employment Law Project (Apr. 20, 2018), http://www.nelp.org/publication/ban-the-box-fair-chance-hiring-state-and-local-guide/ (31 states and 150 cities and counties)。這條規定並無法避免求職人員受到「統計數據的歧視」——靠著其他因素猜測哪一個求職者有前科——因此「禁止打探犯罪資料」可能無效或是帶來反效果。請見：Doleac, supra (citing Amanda Y. Agan and Sonia B. Starr, Ban the Box, Criminal Records, and Statistical Discrimination: A Field Experiment, U. Mich. Law & Econ. Research Paper No. 16-012 [June 14, 2016], https://papers.ssrn.com/sol3/papers.cfm?abstract_id=2795795; and Jennifer L. Doleac and Benjamin Hansen, The Unintended Consequences of "Ban the Box": Statistical Discrimination and Employment Outcomes When Criminal Histories Are Hidden [Apr. 19, 2018], https://papers.ssrn.com/sol3/papers.cfm?abstract_id=2812811。

97 Gaines and Love, supra.

98 Id.

99 Id.

100 Barkow, supra, at 866-67.

101 Id., at 867-68.

102 News Report: Roundup of 2017 Expungement and Restoration Laws (Dec. 14, 2017), http://ccresourcecenter.org/2017/12/14/new-report-roundup-of-2017-expungement-and-restoration-laws/#more-15375.

103 Timothy Williams and Thomas Fuller, San Francisco Will Clear Thousands of Marijuana Convictions, N.Y. Times (Jan. 31, 2018).

104 Id.

105 Id.

106 Moore, supra, at vii. 社會認真承諾要給第二次機會，需要過渡期的服務、持續給予醫療與心理健康協助、幫忙處理永久住處，以及全面性的社會整合計畫。請見：Western, supra, at 178-86。

107 Compare Walker v. Birmingham, 388 U.S. 307 (1967), with Shuttlesworth v. City of Birmingham, 394 U.S. 147 (1969).

108 Walker v. Birmingham, supra（支持並行的門檻規定〔bar rule〕）。

109 Id.

110 Martha Minow, Politics and Procedure, in David Kairys, ed., The Politics of Law: A Progressive Critique (3d ed., 1998).

111 Martin Luther King, Jr., Letter from Birmingham Jail (Aug. 1963).

112 Margaret C. Love, The Twilight of the Pardon Power, 100 J. Crim. L. & Criminol-

81 Id.; see Moore, supra, at 5（「延緩特定一段時間不執行死刑」）。

82 Laird, supra; Moore, supra, at 5.

83 See Margaret Colgate Love, Jenny Roberts, and Cecilia Klingele, Collateral Consequences of Criminal Convictions: Law, Policy, and Practice (2013).

84 Deva Pager, Marked: Race, Crime, and Finding Work in an Era of Mass Incarceration 58-85, 100-16 (2007); Bruce Western, Homeward: Life in the Year After Prison 83-120, 156-73 (2018).

85 Dafna Linzer and Jennifer LaFleur, ProPublica Review of Pardons in Past Decade Shows Process Heavily Favored Whites, Wash. Post (Dec. 3 1011), https://www.washingtonpost.com/investigations/propublica-review-of-pardons-in-past-decade-shows-process-heavily-favored-whites/2011/11/23/gIQAElnVQO_story.html?utm_term=.e5a64daac657.

86 Id. Sari Horwitz, Obama Grants Final 330 Commutations to Nonviolent Drug Offenders, Wash. Post (Jan. 19, 2017), https://www.washingtonpost.com/world/national-security/obama-grants-final-330-commutations-to-nonviolent-drug-offenders/2017/01/19/41506468-de5d-11e6-918c-99ede3c8cafa_story.html?utm_term=.d56600edf2c7.

87 Laird, supra, at 7-19; Malloy, supra（「歐巴馬之前持續表示，他希望讓現今對犯人的判刑與現行法律更為一致，這在一段時間以來嚴格的最低強制量刑（最主要是針對非暴力毒品罪）之後已經稍微放鬆。」）這項計畫在川普上任後終止。

88 See Department of Justice Pardon, Clemency Initiative.

89 Laird, supra, at 11, 34.

90 Neil Eggleston, President Obama Grants 153 Commutations and 78 Pardons to Individuals Deserving of a Second Chance, White House (Dec. 19, 2016), https://obamawhitehouse.archives.gov/blog/2016/12/19/president-obama-grants-153-commutations-and-78-pardons-individuals-deserving-second.

91 See Barkow, supra, at 802, 864-65.

92 Id.

93 Kara Brandelsky, Three Things Obama's New Clemency Initiative Doesn't Do, ProPublica (Apr. 23, 2014).

94 Sarah Smith, Obama Picks Up the Pace on Commutations but Pardon Changes Still in Limbo, ProPublica (Jan. 5, 2017), https://www.propublica.org/article/obama-picks-up-the-pace-on-commutations-but-pardon-changes-still-in-limbo.

95 Joshua Gaines and Margaret Love, Expungement in Indiana—A Radical Experiment and How It Is Working So Far, Collateral Consequences Resource Center (Dec. 21, 2017).

Vox (June 4, 2018), https://www.vox.com/2018/6/4/17426546/sarah-sanders-white-house-press-briefing-trump-pardon.

70 Austin Sarat, At the Boundaries of Law: Executive Clemency, Sovereign Prerogative, and the Dilemma of American Legality, 57 Am. Q. 611, 614 (2005).

71 President of the Republic of South Africa and Another v. Hugo (CCT11/96) [1997] ZACC 4; 1997 (6) BCLR 708; 1997 (4) SA 1 (Apr. 18, 1997), http://www.saflii.org/za/cases/ZACC/1997/4.html（作者詮釋南非的臨時憲法是把政府權力的一切運作都放到憲法的平等條款之下）。

72 Pierre de Vos, Amnesty for President Zuma? No, It Is Not Legally Possible, Daily Maverick (South Africa) (July 24, 2017), https://www.dailymaverick.co.za/opinionista/2017-07-24-amnesty-for-president-zuma-no-it-is-not-legally-possible/#.WqHXEbNG2M8「沒有人可以為了自己的原因而擔任法官已經是根深柢固的觀念，這也就是拉丁文格言所說的原則：nemo iudex in sua causa」。

73 Id.

74 Moore, supra, at 90-92. 針對世界各國特赦權的調查顯示，各國倚靠選舉投票（不是很精確的工具）限制負責任的主管對特赦的行使權。Leslie Sebba, 68 J. Criminal Law and Criminology 83, 120 (1977)。

75 道德風險的討論請見第二章與第三章。

76 Mark Thoma, Explainer: What is “Moral Hazard”?, CBS Moneywatch (Nov. 22, 2013), https://www.cbsnews.com/news/explainer-moral-hazard/.

77 John Binder, Poll: Plurality of Americans Believe Amnesty Encourages More Illegal Immigration, Breitbart (Dec. 14, 2017), http://www.breitbart.com/big-government/2017/12/14/poll-majority-of-americans-continue-to-believe-amnesty-encourages-more-illegal-immigration/ (citing Rasmussen poll).

78 Louise Maillander, Can Amnesties and International Justice Be Reconciled?, 1 Int'l J. Transitional Justice 208, 210, 215 (July 2007), https://doi.org/10.1093/ijtj/ijm020, at 406; Allie Malloy, Obama Grants Clemency to 231 Individuals, CNN (Dec. 19, 2016), https://www.cnn.com/2016/12/19/politics/obama-clemency/index.html.

79 Maillander, supra; and David Ignatius, Punishment or Pardon: Opposition Bid to Stop Syria's Slide into Anarchy, Australian (Jan. 5, 2013), https://www.theaustralian.com.au/in-depth/middle-east-in-turmoil/punishment-or-pardon-opposition-bid-to-stop-syrias-slide-to-anarchy/news-story/bdedd6a4048b13d353ce9b688efd56c3（討論大赦的提案）。

80 Lorelei Laird, Clemency Project: Sentencing Reform and Criminal Defense Groups Launch State-Level Clemency Project 6 (Aug. 25, 2017).

report/federalist-conception-the-pardon-power; and Evan P. Schultz, Does the Fox Control Pardons in the Henhouse?, 13 Fed. Sentencing Rep. 177, 178 (2001)。

59 Love, supra, 97-98, 104. See also Moore, supra, at 82 。（探索「特赦權的萎縮（atrophy）」）。

60 Barkow, supra, 850-55 (citing Federalist No. 74).

61 Federalist No. 74, in Charles R. Kesler and Clinton Rossiter, eds., The Federalist Papers 445, 446 (2003).

62 為了促成司法獨立與避免腐敗而做的制度設計，反映出對於何事將威脅到司法獨立的相反憂慮。請見：Adrian Vermeule, Bureaucracy and Distrust: Landis, Jaffe, and Kagan on the Administrative State, 130 Harv. L. Rev. 2473 (2017)（司法獨立的威脅可能來自於任何部門的民選官員、利益團體、地方的議員、既有單位〔entrenched agency〕的員工，或者是來自總統本人）。

63 這個概念可能有很大的局限。See Adrian Vermeuele, Contra Nemo Judex in Causa Sua: The Limits of Impartiality, 122 Yale L. J. 314 (2012), https://www.yalelawjournal.org/essay/contra-nemo-iudex-in-sua-causa-the-limits-of-impartiality。

64 Schick v. Reed, 419 U.S. 256 (1974).

65 所謂的薪酬條款（Emoluments Clause）內容如下：「美國不得授予貴族爵位。凡在美國政府下受俸或任職之人，未經國會之許可，不得接受外國國王或君主所贈與之任何禮物、俸祿、官職或爵位。」U.S. Constitution, Article 1, Section 9, Clause 8。

66 針對特赦自己的討論，請見：Max Kutner, No President Has Pardoned Himself, But Governors and a Drunk Mayor Have, Newsweek (July 24, 2017), http://www.newsweek.com/trump-granting-himself-pardon-governors-641150。

67 See Sean Iling, President Trump Is Considering Pardoning Himself. I Asked 15 Experts If That's Legal, Vox (July 21, 2017), https://www.vox.com/policy-and-politics/2017/7/21/16007934/donald-trump-mueller-russia-investigation-pardon-impeachment; Brian Kalt, Can Trump Pardon Himself?, Foreign Policy (May 19, 2017), http://foreignpolicy.com/2017/05/19/what-would-happen-if-trump-pardoned-himself-mueller-russia-investigation/; and Nina Totenberg, Could Trump Pardon Himself? Probably Not, NPR (July 29, 2017), https://www.npr.org/2017/07/29/539856280/could-trump-pardon-himself-probably-not.

68 Jed Handelsman Shugerman, Trump Can't Escape the States, Slate (July 21, 2017), https://slate.com/news-and-politics/2017/07/trump-cant-escape-the-states.html.

69 二〇一八年六月四日，川普發推特說總統有特赦自己的「絕對權利」（absolute right），幾個小時之後總統的發言人承認總統不能凌駕於法律之上。Tara Golshan, Sarah Sanders Reluctantly Says President Trump Is Not above the Law,

Behavior, J. Med. Ethics (2016).

50 Peru: The Troubling Pardon of Alberto Fujimori, Economist (Jan. 4, 2018), https://www.economist.com/leaders/2018/01/04/the-troubling-pardon-of-alberto-fujimori.

51 Id.

52 Id. See Peru's Presidential Hostage, Economist (Jan. 4, 2018), https://www.economist.com/the-americas/2018/01/04/perus-presidential-hostage

53 Biddle v. Perovich, 274 U.S. 480, 486 (1927)（總統的特赦權還包括把死刑換成無期徒刑的權力，這甚至無須犯人同意）。

54 Eric Lichtblau and Davan Maharaj, Clinton Pardon of Rich a Saga of Power, Money, Chicago Tribune (Feb. 18, 2001), http://www.chicagotribune.com/sns-clinton-pardons-analysis-story.html. 一個比較模糊的例子可能就是老布希任期即將結束之前，特赦前總統雷根時期涉入「伊朗門」（Iran-Contra）醜聞的官員。老布希宣稱特赦的出發點是大眾利益，但是蓋洛普民調顯示，當時有百分之四十九的受訪者相信老布希此舉是為了「避免自己在伊朗門中的角色而陷入司法纏身與窘境。」見：Larry Hugick, Iran Contra Pardons Opposed, Gallup Poll Monthly (Dec. 21-22, 1992); William C. Banks and Alejandro D. Carrió, Presidential Systems in Stress: Emergency Powers in Argentina and the United States, 15 Mich. J. Int'l. L. 1 (1993) (citing Gallup poll)。

55 Editorial, Indefensible Pardon, N.Y. Times (Jan. 2, 2001), http://www.nytimes.com/2001/01/24/opinion/an-indefensible-pardon.html.

56 E.J. Dionne, Bill Clinton's Last Outrage; The President's Defenders Feel Betrayed by His Pardon of Marc Rich, Brookings (Feb. 6, 2001), https://www.brookings.edu/opinions/bill-clintons-last-outrage-the-presidents-defenders-feel-betrayed-by-his-pardon-of-marc-rich/.

57 Indefensible Pardon, supra.

58 司法部前特赦法官洛芙（Margaret Love）與其他學者認為，行政審查最近已經變成執法的一部分，把每一份寬恕的請求都視為對執法政策與檢察官權威的潛在挑戰。Margaret Colgate Love, Justice Department Administration of the President's Pardon Power: A Case Study in Institutional Conflict of Interest, 47 U. Toledo L. Rev. 89, 99, 103-7 (2015). See Rachel E. Barkow and Mark Osler, Restructuring Clemency: The Cost of Ignoring Clemency and a Plan for Renewal, 82 U. Chi. L. Rev. 1, 13-15, 18-19 (2015); Rachel E. Barkow, Clemency and Presidential Administration of Criminal Law, 90 N.Y.U. L. Rev. 802 (2015); Paul Rosenzweig, Report: The Constitution—A Federalist Conception of the Pardon Power, Heritage Foundation 6 (Dec. 4, 2012), http://www.heritage.org/the-constitution/

mer Study (Sept. 1974), https://www.fordlibrarymuseum.gov/library/document/0067/1562799.pdf.

38 Id., at II-2. See id., at II-18 (citing Gallup and Harris polls).

39 從歷史上來看，歐洲的國王有時會使用有條件的特赦與大赦來舒緩殖民地的工人短缺，罪犯只要同意到殖民地工作一段時間就可以得到特赦。Moore, supra, at 19.

40 Ford Foundation, supra, at II-16. 美國過去對違反徵兵者的大赦，請見：Lieutenant Colonel Wilfred L. Ebel, The Amnesty Issue: A Historical Perspective, IV J. Am. War College 67 (1974), http://www.dtic.mil/get-tr-doc/pdf?AD=ADA531961.

41 Ford Foundation, supra, at II-17.

42 See Geoffrey Chaucer, The Canterbury Tales, ed. Jill Mann (2005); Linda Georgianna, Anticlericism in Boccacio and Chaucer, in Leonard Michael Koff and Brenda Dean, eds., The Decameron and the Canterbury Tales: New Essays on an Old Question 148, 167 (2000).

43 Chaucer, Pardoner's Tale, in Canterbury Tales, supra; George Lyman Kittridge, Chaucer's Pardoner, Atlantic Monthly (1893) (translated into modern English), http://sites.fas.harvard.edu/~chaucer/canttales/pardt/kitt-par.html.

44 See Jim Jones, Background to "Against the Sale of Indulgences" by Martin Luther (2012) ; and Randy Peterson, Selling Forgiveness: How Money Sparked the Protestant Revolution, 14 Christianity Today (1987), http://www.christianitytoday.com/history/issues/issue-14/selling-forgiveness-how-money-sparked-protestant.html. 一五六七年，特倫特大公會議（Council of Trent）禁止任何人以錢換取贖罪券（indulgences）——暫時從懺悔中解放。Indulgences, in The Catholic Encyclopedia, http://www.newadvent.org/cathen/07783a.htm.

45 Michael Gryboski, 12 Memorable Quotes from Martin Luther's 95 Theses, Christian Post, Oct. 29, 2017, https://www.christianpost.com/news/memorable-quotes-martin-luther-95-theses-204435/.

46 Moore, supra, at 10.

47 Oklahoma Historical Society, John Calloway Walton, http://www.okhistory.org/publications/enc/entry.php?entry=WA014.

48 Ken Whitehouse, Where Are They Now?: Impeachment, Tennessee Style, Nashville Post (June 5, 2012), https://www.nashvillepost.com/home/article/20464607/where-are-they-now-impeachment-tennessee-style.

49 See Michael Walzer, Spheres of Justice (1984); and Rebecca C. H. Brown, Social Values and the Corruption Argument Against Financial Incentives for Healthy

scandal-look-back/index.html.

25 U.S. Constitution, Article I, Section 2. 但是，由於聯邦制度的緣故，總統對於州的刑事與民事訴訟並沒有特赦權。

26 尼克森辭職之後，眾議院還是繼續調查，雖然之後並不會變成彈劾的程序。Mark J. Rozell, President Ford's Pardon of Richard M. Nixon: Constitutional and Political Considerations, 24 Presidential Stud. Q. 121-37 (1994), https://www.jstor.org/stable/pdf/27551198.pdf?refreqid=excelsior%3A21441a870f0ca00c4df0f002a35dc025.

27 Ex parte Garland, 71 U.S. 4 Wall. 333 (1866); and Burdick v. United States, 236 U.S. 79 (1915).

28 See John Herbers, Ford Gives Pardon to Nixon, Who Regrets "My Mistakes," N.Y. Times (Sept. 8, 1974). 總統大赦的使用反映的是民眾對於犯罪的態度，當民意與政策重視的是「嚴懲犯罪」，美國總統就比較不會特赦。Moore, supra, at vii。

29 官方的特赦有以下聲明：「最近幾週所恢復的國家平靜，有可能會因為未來要審判一名美國前總統而一去不返。這場審判會造成漫長且分歧的辯論，爭論進一步懲罰並貶低一個已經受到史無前例的處罰並交出美國最高民選職位的人是否恰當。」Proclamation 4311—Granting Pardon to Richard Nixon (Sept. 8, 1974), https://www.presidency.ucsb.edu/documents/proclamation-4311-granting-pardon-richard-nixon; Herbers, supra.

30 Herbers, supra; Kayla Epstein, Trump Is Considering Presidential Pardons. Ford Never Recovered from the One He Gave Nixon, Wash. Post (July 22, 2017), https://www.washingtonpost.com/news/retropolis/wp/2017/07/22/trump-is-considering-presidential-pardons-ford-never-recovered-from-the-one-he-gave-nixon/?utm_term=.d3204b5eec6e.

31 Rozell, supra.

32 Herbers, supra.

33 Id. (quoting Woodward).

34 National Constitution Center, The Nixon Pardon in Constitutional Retrospect (Sept. 8, 2017).

35 Lee Lescaze, President Pardons Viet Draft Evaders, Wash. Post (Jan. 22, 1977)。針對福特總統的行動，請見：Marjorie Hunter, Ford Offers Amnesty Program Requiring Two Years Public Work, N.Y. Times (Sept. 16, 1974)。

36 Andrew Glass, President Carter Pardons Draft Dodgers, Jan. 21, 1977, Politico (Jan. 21, 2018), https://www.politico.com/story/2018/01/21/president-carter-pardons-draft-dodgers-jan-21-1977-346493 .

37 Ford Foundation, Vietnam: Veterans, Deserters, and Draft Evaders: A Sum-

rants, St. Louis Dispatch (Jan. 23, 2018)（當地的大赦方案排除了酒駕、肇事逃逸和賣淫等犯罪）。http://www.stltoday.com/news/local/crime-and-courts/st-louis-to-offer-four-day-amnesty-for-outstanding-warrants/article_7d9847ef-52db-527-e-8ceb-86bfa638c2e9.html。許多立法機構採取稅務大赦，只要欠繳的稅在指定寬限時間內繳清，就免去罰款與利息。見：Spotlight on Maryland Taxes, Tax Amnesty: Frequently Asked Questions (2015)。

17 Sheheryar Kaoosji, Bankruptcies and Amnesty Fuel More Changes to the LA/LB Port Trucking Industry, Port Innovations (May 26, 2016), http://portinnovations.com/bankruptcies-and-amnesty-fuel-more-changes-to-the-lalb-port-trucking-industry/.

18 Federalist No. 74 (Mar. 25, 1788).

19 Kathleen Dean Moore, Pardons: Justice, Mercy, and the Public Interest 51 (1989).

20 Burdick v. United States, 236 U.S. 79, 94-95 (1915).

21 Tarek Amara, Tunisia Parliament Approves Controversial Amnesty for Ben Ali-era Corruption, Reuters (Sept. 13, 2017), https://www.reuters.com/article/us-tunisia-politics-corruption/tunisia-parliament-approves-controversial-amnesty-for-ben-ali-era-corruption-idUSKCN1BO218.

22 William D. Cohan, How Wall Street's Bankers Stayed Out of Jail, Atlantic (Sept. 2015), https://www.theatlantic.com/magazine/archive/2015/09/how-wall-streets-bankers-stayed-out-of-jail/399368/; Glenn Greenwald, The Real Story of How "Untouchable" Wall Street Execs Avoided Prosecution, Guardian (Jan. 23, 2013), http://www.businessinsider.com/why-wall-street-execs-werent-prosecuted-2013-1. 一九九九年，總檢察長霍德（Eric Holder）寫了一份備忘錄，警告起訴繼續進行可能產生的連帶後果，例如公司倒閉。Cohan, supra。一九八〇年代的存貸災難之後，有超過一千名金融從業人員在起訴之後被送進監獄。Id。瑞士信貸（Credit Suisse）有一名主管因掩蓋真實的財務狀況而遭到起訴判刑，但是沒有任何一名高層決策者因為給全球帶來金融災難而面對司法後果。Jesse Eisinger, Why Only One Top Banker Went to Jail for the Financial Crisis, N.Y. Times (April 30, 2014), https://www.nytimes.com/2014/05/04/magazine/only-one-top-banker-jail-financial-crisis.html.

23 阿格紐（Agnew）副總統決定對聯邦的逃稅指控不予抗辯，換得檢察官放棄對貪污的指控。法院最後判罰他一萬美金及三年緩刑，馬里蘭州上訴法庭撤銷了他的律師執業資格。Vice President Agnew Resigns, This Day in History, Oct. 10. 1973, http://www.history.com/this-day-in-history/vice-president-agnew-resigns。

24 Faith Karimi, Watergate Scandal: A Look Back at Crisis that Changed US Politics, CNN, May 17, 2017, https://www.cnn.com/2017/05/17/politics/watergate-

29, 2006).

2 Adriaan Lanni, Transitional Justice in Ancient Athens: A Case Study, 32 U. Pa. J. Int'l L. 551, 551-52, 566 (2010)

3 Id., at 552, 564.

4 Id., at 552, 569, 581-83.

5 Id., at 553-54, 570-71, 586.

6 Id., at 566.

7 Id., at 582.

8 Id., at 583.

9 Id., at 589-90, 593-94.

10 See Louis Maillinder, Amnesty, Human Rights and Political Transitions: Bridging the Peace and Justice Divide 404 (2008). See also David Ignatius, Punishment or Pardon: Opposition Bid to Stop Syria's Slide into Anarchy, Australian (Jan. 5, 2013)（討論大赦的提案）。

11 BBC News, "World Prison Populations," http://news.bbc.co.uk/2/shared/spl/hi/uk/06/prisons/html/nn2page1.stm; Michele Ye Hee Lee, Yes, U.S. Locks People Up at a Higher Rate than Any Other Country, Wash. Post (July 7, 2017), https://www.washingtonpost.com/news/fact-checker/wp/2015/07/07/yes-u-s-locks-people-up-at-a-higher-rate-than-any-other-country/; Tyjen Tsai and Paola Scommegna, U.S. Has World's Highest Incarceration Rate, Population Reference Bureau (2012), http://www.prb.org/Publications/Articles/2012/us-incarceration.aspx; and Peter Wagner, Leah Sakala, and Josh Begley, States of Incarceration, Prison Policy (2016), https://www.prisonpolicy.org/global/.

12（在異議者對懲罰多次批判之後才採取的）大赦排除了被指控為重刑犯之人，像是謀殺、恐怖主義者以及宗教極端主義者。Radio Free Europe, Tajik Parliament Adopts Law on Mass Amnesty (Aug. 24, 2016), https://www.rferl.org/a/tajikistan-mass-amnesty/27943239.html。

13 King of Cambodia Grants Amnesty to Prison Inmates, L.A. Times (Oct. 19, 1996), http://articles.latimes.com/1996-10-19/news/mn-55632_1_ khmer-rouge-guerrillas; and Seth Mydans, An Amnesty in Cambodia, N.Y. Times (Sept. 18, 1996), http://www.nytimes.com/1996/09/18/world/an-amnesty-in-cambodia.html.

14 Amanda Sakuma, Ronald Reagan Amnesty Haunts Immigration Action, MSNBC (Aug. 3, 2014), http://www.msnbc.com/msnbc/reagan-amnesty-haunts-immigration-action.

15 Id.

16 Nassim Benchaabane, St. Louis to Offer Four-Day Amnesty for Outstanding War-

138 Id. 這個主題的審判意見、研究以及其他文件等豐富資料，請參考：Yale Law School Arthur Liman Center, Who Pays?: Fines, Fees, Bail, and the Cost Of Courts (2018)。

139 Bastien, supra, at 4.

140 Id., at 7; Council of Economic Advisers, Issue Brief, Fines, Fees, and Bail (2015), https://www.americanbar.org/content/dam/aba/images/abanews/ ODonnell_v_HarrisCounty_amicus.pdf.

141 Bastien, supra, at 7 (quoting Karakatsanis). 卡拉卡薩尼斯（Karakatsanis）成功挑戰聯邦正當程序與平等保護條款下的作法。Shaila Dawan, Court by Court, Lawyers Fight Practices that Fall Heavily on the Poor, N.Y. Times (Oct. 23, 2015), https://www.nytimes.com/2015/10/24/us/court-by-court-lawyers-fight-practices-that-punish-the-poor.html?mtrref=www.google.com&gwh=A29AC5EE375DA55747B087413E103D6B&gwt=pay; and Civil Rights Corps, http://www.civilrightscorps.org/. See Curtis Killman, Plaintiffs Suing Every Oklahoma Sheriff File Injunction to Avoid Arrests on Old Court Debts, Tulsa World (Feb. 2, 2018), http://www.tulsaworld.com/news/courts/plaintiffs-suing-every-oklahoma-sheriff-file-injunction-to-avoid-arrests/article_65a83edd-a08f-5e24-abf1-bab12f49636d.html. See generally The Liman Center Reports: 2018, Who Pays? Fines, Fees, Bail, and the Cost of Courts.

142 Criminal Justice Policy Program at Harvard Law School, Confronting Criminal Justice Debt: A Guide for Policy Reform (2016), http://cjpp.law.harvard.edu/assets/Confronting-Crim-Justice-Debt-Guide-to-Policy-Reform-FINAL.pdf.

143 Bastien, supra, at 8.

144 Id., at 9.

145 Id., at 10-11.（如果執行）聯邦法律會是最有幫助的。見：Fair Debt Collection Practices Act, 15 U.S.C. sec.1692-1692p (2010)（禁止不公平的措施以及對債權人的自助補救）州政府與聯邦也是一樣要針對基本措施改革，處理那些政府所創造出來的混亂沉重的債務，因為正是它們造成了人民的低收入困境。See State Bans on Debtors' Prisons and Criminal Justice Debt, 129 Harv. L. Rev. 1024 (2016); Hampson, supra; Noah Zatz, What's Wrong with Work or Jail?, L.A. Times (April 8, 2016), http://www.latimes.com/opinion/op-ed/la-oe-0408-zatz-debt-peonage-20160408-story.html#.

CHAPTER 3——大赦與特赦

1 Scott Shane, For Ford, Pardon Decision Was Always Clear-Cut, N. Y. Times (Dec.

gage Forgiveness Debt Relief Act, http://georgewbush-whitehouse.archives.gov/news/releases/2007/12/20071220-6.html.

128 Anna Cuevas, Mortgage Debt Relief Act Receives Much-Needed Extension, Huff. Post, http://www.huffingtonpost.com/anna-cuevas/mortgage-debt-relief-act_b_2427431.html.

129 Victoria Pynchon, Rolling Jubilee: A Bailout of the People, By the People, Forbes (Feb. 19, 2013), http://www.forbes.com/sites/shenegotiates/2013/02/19/rolling-jubilee-a-bailout-of-the-people-by-the-people/; Rolling Jubilee, http://rollingjubilee.org/. See Occupy Student Debt Campaign, Our Principles, http://www.occupystudentdebtcampaign.org/our-principles（以《利未記》25的精神尋求學生貸款的赦免）。

130 See Rolling Jubilee, supra; Pynchon, supra.

131 Jillian Berman, Why Are These Students Refusing to Pay Back Their Loans?, Wall St. J. (June 14, 2009), http://www.marketwatch.com/story/why-these-students-are-refusing-to-pay-back-their-loans-2016-09-14.

132 Hogan, Petitte and Royster, supra (describing Craig Antico).

133 Toby Nitti, John Oliver Buys and Forgives $15 Million in Medical Debt: But Is the Forgiveness Taxable?, Forbes (June 6, 2016), https://www.forbes.com/sites/anthonynitti/2016/06/06/john-oliver-buys-and-forgives-15-million-in-medical-debt-but-is-the-forgiveness-taxable/#38c15c84b4f0.

134 Alexandra Bastien, Ending the Debt Trap: Strategies to Stop the Abuse of Court-Imposed Fines and Fees, PolicyLink (2017), https://www.policylink.org/sites/default/files/ending-the-debt-trap-03-28-17.pdf; Lauren-Brooke Eisen, Charging Inmates Perpetuates Mass Incarceration, Brennan Center for Justice (2015), https://www.brennancenter.org/sites/default/files/blog/Charging_Inmates_Mass_Incarceration.pdf; Alexandra Natapoff, Misdemeanor Decriminalization, 68 Vand. L. Rev. 2079 (2015); National Center for State Courts, Actions Taken by State Courts on Fines Fees and Bail Practices; Criminal Justice Policy Program, Confronting Criminal Justice Debt: A Guide for Policy Reform, Harvard Law School (2016).

135 Bastien, supra, at 2.

136 Id., at 3. 針對近來發展的詳細歷史，請見：Christopher Hampson, The New American Debtors Prisons, 44 Am. J. Crim. L. 1 (2016).

137 Karin D. Martin, Sandra Susan Smith, and Wendy Still, Shackled to Debt: Criminal Justice Financial Obligations and the Barriers to Re-Entry They Create, New Thinking in Community Corrections (2017), https://www.hks.harvard.edu/sites/default/files/centers/wiener/programs/pcj/files/shackled_to_debt.pdf。

financing-of-predatory-higher-education/.

122 Erica L.Green, DeVos Proposes to Curtail Debt Relief for Defrauded Students, N.Y. Times (July 25, 2018), https://www.nytimes.com/2018/07/25/us/politics/betsy-devos-debt-relief-for-profit-colleges.html?smprod=nytcorereversal（說明聯邦違約學生完全債務紓困的翻轉，並且提議刪除所有學生的紓困，營利型大學無須為誤導學生負責），另見Jillian Berman, ITT Is Second Major For-Profit College to Declare Bankruptcy Since Last Year, Market Watch (Sept. 16, 2016), https://www.marketwatch.com/story/itt-is-second-major-for-profit-college-to-declare-bankruptcy-since-last-year-2016-09-16。

123 Stacy Cowley and Jessica Silber-Greenberg, As Paperwork Goes Missing, Private Student Loan Debts May Be Wiped Away, N.Y. Times (July 18, 2017), https://www.nytimes.com/2017/07/17/business/dealbook/student-loan-debt-collection.html; and Miranda Marquit,"Don't Celebrate Yet: Here's Why That $5 Billion in Student Loan Debt Won't Be Forgiven," Student Loan Hero, https://studentloan-hero.com/featured/private-student-loan-debt-wiped-away/.

124 Latoya Urby, Tactics to Deal with Medical Debt, Balance (Mar. 26, 2018), https://www.thebalance.com/tactics-to-deal-with-medical-debt-960859; Susan Hogan, Patti Petitte, and Meredith Royster, NBC Makes Donation to Buy and Forgive $1.5 Million in Medical Debt, NBC Washington (Mar. 14, 2018), https://www.nb-cwashington.com/news/local/NBC-Donation-Forgive-Medical-Debt-475691983.html.（有人批評這些估算都是靠破產的申請案算來的。）Megan McCardle, The Truth About Medical Bankruptcies, Wash. Post (March 26, 2018), https://www.washingtonpost.com/blogs/post-partisan/wp/2018/03/26/the-truth-about-medi-cal-bankruptcies/?noredirect=on&utm_term=.76ff16153c9e（這是靠一份使用醫療紀錄追蹤有多少住院者申請破產的研究，結果發現只有百分之四的破產是因為醫療費用。）但是許多重病之人並未住院，而因為就醫失去了收入、陷入債務的人數大約等於這個高估的數據。）Id。

125 Michelle Andrews, Medical Debt Is Top Reason Consumers Hear from Collection Agencies, NPR (Jan. 24, 2017), https://www.npr.org/sections/health-shots/2017/01/24/511269991/medical-debt-is-top-reason-consumers-hear-from-collection-agencies.

126 Id.（「研究發現，付不出醫藥費的家庭比例從二〇一三年的百分之二十二降到二〇一五年的百分之十七．三。研究也發現，沒有保險、低收入以及登記高扣除額計畫，每一項都會增加家庭付不出醫藥費的機率」）。

127 IRS, Home Foreclosure and Debt Cancellation, https://www.irs.gov/newsroom/home-foreclosure-and-debt-cancellation; The White House, Fact Sheet: The Mort-

student-loan-debt-to-pay-or-not-to-pay（「他們在一個截然不同的經濟之中做了契約上的承諾。當然你可以說，好吧，這算他們倒楣，他們應該要知道情況不會一直不變。但是這是比更他們更年長、更好也更聰明的人告訴他們可以這樣做的。」）Mitchell and Ferek, supra; Five Reasons People of Faith Should Care about Student Loan Debt, Center for American Progress, June 27, 2013, http://www.americanprogress.org/issues/religion/news/2013/06/27/68238/5-reasons-people-of-faith-should-care-about-student-loan-debt.

119 See Jane C. Timm, Students Seek Loan Forgiveness in Overwhelming Numbers (Apr. 22, 2014), http://www.msnbc.com/morning-joe/students-seek-debt-forgiveness-costs-surge（美國的教育局跟《華爾街日報》說，隨著教育成本增加，過去半年來，登記參加聯邦政府學生貸款赦免計畫的人飆升四成。）U.S. Department of Education, Education Department Launches "Pay As You Earn" Student Loan Repayment Plan (Dec. 21, 2012), http://www.ed.gov/news/press-releases/education-department-launches-pay-you-earn-student-loan-repayment-plan; and Stacy Teicher Khadaroo, Student Loan Forgiveness: Five Ways Obama Wants to Ease Student Debt, Christian Science Monitor, Oct. 26, 2011, http://www.csmonitor.com/USA/2011/1026/Student-loan-forgiveness-5-ways-Obama-wants-to-ease-student-debt/Pay-as-you-earn. 自從川普當選以來，有關這個計畫的情況可見：Paula Pant, REpaye: Everything You Need to Know About the Revised Pay As You Earn Program, Student Loan Hero (June, 2, 2018), https://studentloanhero.com/featured/repaye-revised-pay-as-you-earn-program-guide/; Christy Rakoczy, Complete Guide to the Pay As You Earn (PAYE) Repayment Program, Student Loan Hero (March 15, 2018), https://studentloanhero.com/student-loans/student-loan-repayment/pay-as-you-earn-guide/.

120 Robert Farington, Trump Student Loan Provisions Changes and Proposals, College Investor (Mar. 19, 2018), https://thecollegeinvestor.com/21636/trump-student-loan-forgiveness/#tab-con-6; and Steve Rosen, Bankruptcy Must Be Last Resort for Student Borrowers, Chicago Tribune (Apr. 16, 2018), https://bit.ly/2BBhcG8. See also Stacy Cowley, Borrowers Face Hazy Path as Program to Forgive Student Loans Stalls Under Betsy DeVos, N.Y. Times (Nov. 11, 2018), https://www.nytimes.com/2018/11/11/business/student-loans-betsy-devos.html.

121 Victoria McGrane, Trump Policy Halts Loan Relief for Thousands of Students, Boston Globe (Oct. 2, 2017), https://www.bostonglobe.com/news/nation/2017/10/01/trump-policy-hurts-student-borrowers/fq9bkhlWh176FTjxwZlNPJ/story.html; Toby Merrill, Federal Financing of Predatory Higher Education, Harv. L. Rev. Blog (Nov. 6, 2017), https://blog.harvardlawreview.org/federal-

felony-charges-over-water-crisis.

110 Clayton P. Gillette and David A. Skeel, Jr., Governance Reform and the Judicial Role in Municipal Bankruptcy, 125 Yale L. J. 1150 (2016).

111 111. Id., at 1154.

112 Deborah Thorne, Pamela Foohey, Robert M. Lawless, and Katherine M. Porter, Graying of U.S. Bankruptcy: Fallout from Life in a Risk Society (Aug. 5, 2018).

113 Tara Siegel Bernard, "Too Little Too Late": Bankrupcy Booms Among Older Americans, N.Y.Times (Aug. 6, 2018), https://www.nytimes.com/2018/08/05/business/bankruptcy-older-americans.html?smprod=nytcore-ipad&smid=nytcore (describing findings in Thorne, Foohey, Lawless and Porter, supra).

114 David Haynes, What Are the Consequences of Bankruptcy, Balance (April 11, 2018), https://www.thebalance.com/consequences-of-bankruptcy-316128; and Personal Bankruptcy: What You Should Know, ABC News (Nov. 12, 2008), http://www.nbcnews.com/id/27684203/ns/business-personal_finance/t/ personal-bankruptcy-what-you-should-know/#.W2mqPzknaM8.

115 U.S. Department of Education, Federal Student Aid (n.d.), http://studentaid.ed.gov/repay-loans/forgiveness-cancellation#teacher-loan; and Justin Harelik, Debts That Can't Be Wiped Out in Bankruptcy, Bankrate, Jan. 31, 2012, http://www.bankrate.com/finance/debt/debts-wiped-bankruptcy.aspx. See Megan McCardle, Debt Jubilee? Start with Student Loans, Atlantic (Oct. 6, 2011), http://www.theatlantic.com/business/archive/2011/10/debt-jubilee-start-with-student-loans/246307/; and U.S. Department of Education, Default Rates Continue Rise, https://www.ed.gov/news/press-releases/ default-rates-continue-rise-federal-student-loans.

116 Shahien Nasiripour, Student Debt is a Major Reason Millennials Aren't Buying Homes, Bloomberg News (July 17, 2017), https://www.bloomberg.com/news/articles/2017-07-17/student-debt-is-hurting-millennial-homeownership.

117 Josh Mitchell and Katy Stech Ferek, White House Explores Easing Student-Loan Burden, Wall St. J. (Feb. 21, 2018).

118 See Rod Dreher, Student Loans and Moral Hazard, American Conservative, Oct. 31, 2011, http://www.theamericanconservative.com/dreher/student-loans-and-moral-hazard/（「除了反面個案的力量之外，難道不應該進行金融改革，限制銀行把錢借給一些就讀的科系不大可能還得起貸款的學生？或者說這樣有點過頭了，因為很難預測哪個專業領域未來可能比較牢靠？但是讓一個體系允許青少年給自己挖一個錢坑，這算是仁慈或明智嗎？」）Student Loan Debt: To Pay or Not to Pay?, PBS NewsHour, May 31, 2012, https://www.pbs.org/newshour/show/

98 Mary Williams Walsh and Alan Rappeport, White House Walks Back Trump's Vow to Clear Puerto Rico's Debt, N.Y. Times (Oct. 4, 2017), https://www.nytimes.com/2017/10/04/business/dealbook/trump-puerto-rico-debt.html.

99 Steven Mufson, In Puerto Rico, A Skirmish over How Much Debt the Bankrupt Island Can Handle, Wash. Post (Feb. 16, 2018), https://www.washingtonpost.com/business/economy/in-puerto-rico-a-skirmish-over-how-much-debt-the-bankrupt-island-can-handle/2018/02/16/3870e8b6-127a-11e8-9570-29c9830535e5_story.html?utm_term=.5f42ee23295a; Mary Williams Walsh, Puerto Rico Declares a Form of Bankruptcy, N.Y. Times (May 3, 2017), https://www.nytimes.com/2017/05/03/business/dealbook/puerto-rico-debt.html?mtrref=www.google.com&gwh=B50C14EB67F892B5A1E6F9B56804A597&gwt=pay.

100 Nathan Bomey, Brent Snavely, and Alisa Priddle, Detroit Becomes Largest U.S. City to Enter Bankruptcy, USA Today (Dec. 3, 2013), https://www.usatoday.com/story/news/nation/2013/12/03/detroit-bankruptcy-eligibility/3849833/.

101 Nathan Bomey, Detroit Resurrected: To Bankruptcy and Back (2016); Anna Clark, Five Revelations About Detroit's Bankruptcy Story, Next City (Apr. 20, 2016).

102 Julie Bosman and Monica Davey, Anger in Michigan over Appointing Emergency Managers, N.Y. Times (Jan. 22, 2016), http://www.nytimes.com/2016/01/23/us/anger-in-michigan-over-appointing-emergency-managers.html.

103 Detroit Mayor Proposes "Last" Budget Under State Oversight, Reuters (Feb. 23, 2018), http://www.reuters.com/article/us-detroit-budget/detroit-mayor-proposes-last-budget-under-state-oversight-idUSKCN1G72R4.

104 Bomey, Snavely, and Priddle, supra (quoting Brimer).

105 Id. (quoting Bing).

106 Amanda Albright, Any Deeply Indebted City Might Want the Bailout Hartford Got, Bloomberg (Mar. 28 2018), http://www.bloomberg.com/news/articles/2018-03-28/any-deeply-indebted-city-might-want-the-bailout-hartford-got; and Jenna Carlesso, Bronin Presses for State Contract Ahead of April Debt Payment, Hartford Courant (Mar. 21, 2018), http://www.courant.com/community/hartford/hc-news-hartford-debt-agreement-20180321-story.html.

107 Albright, supra.

108 Id.

109 Merrit Kennedy, Two Former Flint Emergency Managers, 2 Others Face Felony Charges over Water Crisis, NPR (Dec. 20, 2016), https://www.npr.org/sections/thetwo-way/2016/12/20/506314203/2-former-flint-emergency-managers-face-

成損失的協商債務重組。); Floyd Norris, Ruling on Argentina Gives Investors an Upper Hand, N.Y. Times June 19, 2004.

91 Pierre Pénet, Rethinking Odious Debt, Committee for the Abolition of Illegitimate Debt (Apr. 6, 2018), http://www.cadtm.org/Rethinking-Odious-Debt(這篇文章主張延長民族國家惡債的期限，例如掠奪性借款)。

92《聖經》中呼籲禧年(Exodus 21:1-11; Deuteronomy 15:1-18; Leviticus 25)想像每七年讓土地與人歇息。到了第四十九年，奴隸得到釋放，債務得到赦免，土地則會歸還。針對禧年的討論，可進一步參考：Hebrew Prophets Nehemiah 5:1-13, Jeremiah 3:4-22, and Isaiah 61:1-2, and in the New Testament, Luke 4:16-30。二〇〇〇年禧年運動結合了《聖經》與人權的觀點，挑戰了第三世界債務與借款的作法。The Jubilee Story, Jubilee USA, https://www.jubileeusa.org/the_jubilee_story。

93 Aimee Pichee, Could Illinois Be the First State to File for Bankruptcy?, CBS Moneywatch (June 16, 2017), https://www.cbsnews.com/news/could-illinois-be-the-first-state-to-file-for-bankruptcy/.

94 Michal Kranz, Here's How Puerto Rico Got Into So Much Debt, Business Insider (Oct. 9, 2017).

95 Franklin California Tax-Free Trust v. Puerto Rico, 85 F. Supp. 3d 577 (D.P.R. 2015). 這項決定得到上訴法庭的確認，並且在最高法院維持原判。Supreme Court. Franklin California Tax-Free Trust v. Puerto Rico, 805 F.3d 322 (1st Cir. 2015); "Puerto Rico v. Franklin California Tax-Free Trust," SCOTUSblog (Feb. 28, 2017)。

96 Mary Williams Walsh, Puerto Rico's Debt Crisis Addressed in Bi-Partisan Bill, N.Y. Times (May 19, 2016), https://www.nytimes.com/2016/05/20/business/puerto-rico-debt-bankruptcy.html?mtrref=www.nytimes.com& gwh=C9D20D0850221C91DAAEEEF755A21BF2&gwt=pay; Steven Mufson, Puerto Rico Offers Fiscal Plan Settling Debt for Pennies on the Dollar, Wash. Post (Jan. 25, 2018), https://www.washingtonpost.com/business/economy/puerto-rico-offers-fiscal-plan-settling-debt-for-pennies-on-the-dollar/2018/01/25/04f3adca-01e0-11e8-8acf-ad2991367d9d_story.html?utm_term=.d77349402e0e.

97 Patricia Mazzei, What Puerto Rico Is, and Is Not, Getting in Disaster Relief, N.Y. Times (Feb. 8, 2018), https://www.nytimes.com/2018/02/08/us/puerto-rico-disaster-relief.html?mtrref=www.google.com&gwh=ABEEE10 5CC22D46E7105F980FCDE9E4B&gwt=pay; and Adriana Garriga-López, Here's What Has to Happen for Puerto Rico to Recover after Maria, Fortune (Sept. 25, 2017), http://fortune.com/2017/09/25/puerto-rico-hurricane-maria-relief-debt-crisis/.

80 Federal Reserve Bank of St. Louis, Central Government Debt as a Percentage of Gross National Product, https://fred.stlouisfed.org/series/DEBTTLZAA188A; Trading Economics, South Africa Government Debt (Aug. 2018), https://tradingeconomics.com/south-africa/government-debt.

81 See Wong, supra, at 31-39.

82 Id., at 136-68. 也可以發展跟銀行重新協商債務條件的過程，而不僅僅是依靠不良主權債務的市場。請見：A. Mechele Dickerson, Insolvency Principles and the Odious Debt Doctrine: The Missing Link in the Debate, 75 Law & Contemp. Probs. 53 (2007); and Gelpern, supra, at 103. See Adam Feibelman, Equitable Subordination, Fraudulent Transfer, and Sovereign Debt, 70 Law & Contemp. Probs. 171 (2007)（點出國家破產的選項）; White (2002), supra, at 287. 也需要重新修訂課稅規定以及影響銀行收支平衡表的規定，以減少妨礙債權人寬恕債務的因素。然後面對納稅的責任，也讓他們沒有誘因去牢牢抓住未償還的主權債務，同時面對在巴賽爾協定（Basel Accords）與其他類似標準下的評等下降。

83 Wong, supra, at n. 86. [au: on which page in Wong does her note 86 appear?]

84 Ashfaq Khalfan, Jeff King, and Bryan Thomas, Advancing the Odious Debt Doctrine 43-44 (2003), http://cisdl.org/public/docs/pdf/Odious_Debt_Study.pdf.

85 Feibelman, supra, at 171, 172, 189-90. 費伯曼（Feibelman）也建議借用衡平居次（equitable subordination）的破產概念，允許法院在債權人傷害到債務人與其他債權人的時候，將其請求權往後排（subordinate a claim）(174)。

86 Wong, supra, at 136-68.

87 大不列顛明顯想要利用史上最低的利率與通貨膨脹，償還在一七二〇年南海泡沫所引致的政府債務。Stephen Castle, That Debt from 1720? Britain's Payment is Coming, N.Y. Times (Dec. 28, 2014), p. 12。

88 See Dickerson, supra, at 53; Robert K. Rasmussen, Integrating a Theory of the State into Sovereign Debt Restructuring, 53 Emory L. J. 119 (2004).

89 See Dickerson, supra, at 53; Gelpern, supra, at 103; Feibelman, supra, at 171; White (2002), supra, at 287.

90 Adrian Salbuchi, How to Solve Argentina's Recurrent Foreign Debt Crises: Proposal for a Long-Term Solution, Global Research (Nov. 7, 2006), http://www.globalresearch.ca/how-to-solve-argentina-s-recurrent-foreign-debt-crises/3750（他們呼籲，要看清楚由「非法與實質上的軍事文人政權所創造的債是惡債，他們勾結且尊重有權有勢的國際私人金融利益且念茲在茲……執行了一連串極具破壞性、投機、無正當性甚至是非法的經濟與金融政策及法律，在短短幾年之間，使得公債成長了八倍，達到四百六十億元」）。Brown, supra（說明美國聯邦法院支持公債的持有人拿出來要求百分百還款，並且阻止讓債權人接受七

Mitu Gulati, and Robert B. Thompson, The Dilemma of Odious Debts, 56 Duke L. J. 1201, 1228-30 (2007)（這篇文章討論的是判斷何謂惡債的困難之處，到底是要看整個政權還是要看特定用途，還有是在哪個時間點發生）。

69 Buchheit, Gulati, and Thompson, supra, at 1201, 1228-30; Daniel K. Tarullo, Odious Debt in Retrospect, 70 Law & Contemp. Probs. 263-74 (2007)（此處點出了要區分「借款使用方式帶來的傷害」以及「無法維持的債務所帶來的傷害」之困難）請見：David C. Gray, Devilry, Complicity, and Greed: Transitional Justice and Odious Debt, 70 Law & Contemp. Probs. 137, 139 (2007); and Yvonne Wong, Sovereign Finance and the Poverty of Nations: Odious Debt in International Law 121 (2012)。

70 Patrick Bolton and David Skeel, Odious Debts or Odious Regimes?, 70 Law & Contemp. Probs. 83, 99 (2007). See also Michael Kremer and Seema Jayachandran, Odious Debt, IMF Working Paper (2002), https://www.imf.org/external/np/res/seminars/2002/poverty/mksj.pdf; Seema Jayachandran and Michael Kremer, Odious Debt, Brookings (2005), https://www.brookings.edu/research/odious-debt/.

71 Tom Ginsburg and Thomas S. Ulen, Odious Debt, Odious Credit, Economic Development, and Democratization, 70 Law & Contemp. Probs. 115, 130 (2007)（文章中認為中國會阻止聯合國扮演這種角色）過去努力要設計一套國際機制來重組，但並未起作用。Brown, supra.

72 Ginsburg and Ulen, supra, at 125.

73 Tai-Heng Cheng, Renegotiating the Odious Debt Doctrine, 70 Law & Contemp. Probs. 7, 51 (2007).

74 Gelpern, supra, 81, 103. 有人預測債務寬恕會給債務人帶來反效果，並減少主權債務可用的基金。請見：Andre Schleifer, Will the Sovereign Debt Market Survive?, NBER Working Paper No. 9493, February 2003, http://www.nber.org/papers/w9493.pdf。

75 Howse, supra, at 21.

76 See Allison M. Jaggar, A Feminist Critique of the Alleged Southern Debt, 17 Hypatia 119, 134 (2002).

77 Id.

78 Gray, supra, 137, 142-45, 155-58; Robert Howse and Ruti Teitel, Debt, Dictatorship, and Democratization, Project Syndicate; Howse (2007), supra, at 16.

79 Saddled with Apartheid Debts, Probe International (May 22, 1997), https://journal.probeinternational.org/1997/05/22/saddled-with-apartheid-debts/ (quoting Archbishop Ndugane).

60 Odette Lineau, Rethinking Sovereign Debt: Politics, Reputation, and Legitimacy in Modern Finance 98 (2014).

61 Aristotle, Politics, bk. III.

62 Alexander Nahum Sack, Les effets des transformations des états sur leurs dettes publique et autres obligations financières (1927) (translated by author).

63 挪威在一九九九年時推出一個主權債務赦免計畫，並詳細分享了一個以債務紓困作為對抗貧窮策略的計畫。Norway, Ministry of Foreign Affairs, A Plan of Action, Debt Relief for Development (2004), http://www.regjeringen.no/upload/kilde/ud/rap/2004/0225/ddd/pdfv/217380-debtplan.pdf. 另見：Anna Gelpern, Odious, Not Debt, 70 Law & Contemp. Probs. 110, 108 (2007)（這篇文章強調挪威的決定是單方面的，且不具有義務性）。Robert Howse, The Concept of Odious Debt in Public International Law, U.N. Conference on Trade and Development Discussion Paper 16 (July 2007), http://econpapers.repec.org/paper/uncdispap/185.htm（探討了挪威債務赦免與一九七七至八〇年間船隻出口計畫〔Ship Export Campaign〕之間的關係）。

64 Graeme Smith, A New Euro Crisis Strategy: Deny the Debt, Globe and Mail, https://www.theglobeandmail.com/news/world/a-new-euro-crisis-strategy-deny-the-debt/article4183949/.

65 鼓吹者往往指出五點，摘整如下：（1）拒絕償還債務的領袖是否取代過去高壓的政權，代表一個全新與負責任的政權？（2）過去的領袖與政府欠下債務時，是否代表國家最高的權威？（3）欠下的債務是否沒有得到民眾的同意？（4）借錢與後來花錢的目的是否違背國家的利益？（5）債權人是否意識到，或者他們是否一直都知道債務並未獲得民眾的同意，以及借款違背了全國的利益？請見：Mitu Gulati, Sarah Ludington, and Alfred L. Brophy, Applied Legal History: Demystifying the Doctrine of Odious Debts, 11 Theoretical Inquiries in Law 247, 248-49 (2010); and Howse, supra, at 2。

66 James L. Foorman and Michael E. Jehle, Effects of State and Government Suc5p2k7ru83cession on Commercial Bank Loans to Foreign Sovereign Borrowers, 1982 U. Ill. L. Rev. 9 (1982). 主張惡債說法的人會在通行的規則下（國家的債務即使在政權改變之後依然延續）創造例外，因此就批評責任要符合負擔與利益的新興理論，因為這個不確定性會破壞金融的作法。Id., at 13.

67 針對這項主張，請見：Alexander W. Cappelen, Rune Hansen Hagen, and Bertil Tungodden, National Responsibility and the Just Distribution of Debt Relief, 21 Ethics & Int'l. Aff. 69 (2007)。

68 Gulati, Luddington, and Brophy, supra, at 247, 250, 253（從美國的情況來看，我們不大看得出來政權必須要專制才能導致它的債是惡債）; Lee C. Buchheit,

48 See Michelle J. White, Sovereigns in Distress: Do They Need Bankruptcy?, 1 Brookings Pap. Eco. Ac. 287 (2002).

49 Jessica Silber-Greenberg, New York Prosecutors Charge Payday Lenders with Usury, N.Y. Times, Aug. 12, 2014, http://dealbook.nytimes.com/2014/08/11/new-york-prosecutors-charge-payday-lenders-with-usury/.

50 Edward L. Glaeser and Jose Schinkman, Neither a Borrower Nor a Lender Be: An Economic Analysis of Interest Restrictions and Usury Laws, 41 J. Law & Econ. 1 (1998).

51 Viral V. Acharya and Krishnamurthy Subramanian, Bankruptcy Codes and Innovation, 22 Rev. Finan. Stud. 4949 (2009), https://doi.org/10.1093/rfs/hhp019.

52 See Atwood, supra, at 79-80.

53 Acharya and Subramanian, supra（提到澳洲經濟學家基恩〔Steven Keen〕的提案）。

54 多大程度的債務才算超過，請參考：Stephen G. Cecchetti, M.S. Mohanty, and Fabrizio Zampolli, The Real Effects of Debt, BIS (Sept. 2011), http://www.bis.org/publ/work352.htm（研究了十八個OECD國家從一九八〇到二〇一〇年的債務發現，當政府的債務佔GDP的百分之八十五，公司帳務超過GDP的百分之九十，家庭債務大約佔GDP的百分之八十五，債務就會拖累成長，雖然影響的估計並不嚴謹）。

55 Stephen Castle, That Debt from 1720? Britain's Payment Is Coming, N.Y. Times (Dec. 28, 2014), https://www.nytimes.com/2014/12/28/world/that-debt-from-1720-britains-payment-is-coming.html. 大不列顛政府於一七一一年辦了一家公私合營的公司，目的是壓縮或減少國家債務的成本。政府也把跟南非還有附近島嶼（當時英格蘭稱為「南海」〔South Sea〕）獨家的貿易權力給了這家公司。隨著這家公司打消政府的債務，股價也隨之高漲，但不久之後就垮了，因為跟這一片當時由西班牙所控制的領土做貿易，並沒有太大的利益。

56 Lessons from Argentina's Bond Battle (editorial), N.Y. Times, July 7, 2014.

57 主權債務工具一開始的規定有助於協商重組，加入一些條款允許債務的重組，假如大部分或三分之二的投資人同意這麼做的話（見：Id），但這些條款本身有可能在法庭上受到挑戰。Ellen Brown, Cry for Argentina: Fiscal Mismanagement, Odious Debt or Pillage?, Inter Press Service News Agency, Aug. 14, 2014, http://www.ipsnews.net/2014/08/cry-for-argentina-fiscal-mismanagement-odious-debt-or-pillage/。

58 Carmen M. Reinhart and Kenneth Rogoff, This Time is Different: Eight Centuries of Financial Folly (2011).

59 William Easterly, The Elusive Quest for Growth (2001).

(2008). 有人很幽默地呼籲重啟債務人監獄，請見：Michelle Crouch, Bring Back the Debtors Prison: Take Me, I'm Yours!, Billfold。

39 Jonathan C. Lipson, Debt and Democracy: Toward a Constitutional Theory of Bankruptcy, 83 Notre Dame L. Rev. 605, xxx (2007).

40 See Takehiro Sugiyama, Yusuke Tsugawa, Chi-Hong Tseng, Yasuki Kobayashi, and Martin F Shapiro, Different Time Trends of Caloric and Fat Intake Between Statin Users and Nonusers Among US Adults: Gluttony in the Time of Statins?, 174 JAMA Intern. Med.1038 (2014).

41 See Oren Bar-Gill, Seduction by Contract: Law, Economics, and Psychology in Consumer Markets (2012); Only a Fraction of Those in Need File for Relief, USA Today, June 9, 2010, http://usatoday30.usatoday.com/money/economy/2010-06-09-bankruptcy09_CV_N.htm; Michelle White, Bankruptcy Reform and Credit Cards, 21 J. Econ. Perspect. 175-200 (2007).

42 See Jeremy M. Simon, Expect Credit Card Offers After Bankruptcy, CreditCards.com (Aug. 30, 2007), http://www.creditcards.com/credit-card-news/credit-card-offers-after-bankruptcy.php; Lynette Kahlfani-Cox, Life After Bankruptcy: Five Steps to Rebuilding your Credit, Finances, and Emotions (June 3, 2011); and UniBul, Why Banks Want to Give You Credit Cards After Bankruptcy, http://blog.unibulmerchantservices.com/why-banks-want-to-give-you-credit-cards-after-bankruptcy/.

43 See Richard Bitner, Confessions of a Subprime Lender: An Insider's Tale of Greed, Fraud, and Ignorance (2008); Paul Muolo and Mathew Padilla, Chain of Blame: How Wall Street Caused the Mortgage and Credit Crisis (2008); and Joseph William Singer, No Freedom Without Regulation (2015).

44「許多超貸都是由於不負責任的房貸融資，這在二〇〇六年達到三千二百二十億美金的高峰，相當於美國GDP的百分之二・四。不顧後果地把房子當成提款機，是美國經濟資本消解與不穩定的主要原因。寬恕這樣的債務會帶來不好的示範：隨便借來的錢，不會讓人反省。」Martin Hutchinson and Robert Cyran, "The Downside to a Debt Jubilee," N.Y. Times, Oct. 4, 2011, https://www.nytimes.com/2011/10/05/business/the-downside-to-a-debt-jubilee-breakingviews.html。

45 Ian Mount, Adviser to Businesses Laments Changes to Bankruptcy Law, N.Y. Times, Feb. 29, 2012. https://www.bloomberg.com/news/articles/2007-10-28/bankruptcy-reform-bites-back.

46 Christopher Farrell, Bankruptcy Reform Bites Back, Business Week, Nov. 28, 2007.

47 Susan Johnston, Five Bankruptcy Myths Debunked, May 14, 2012.

十二、十三章（Chapter 11,12, 13）（建立多年的還債計畫，並允許個人只要按時還款就可以保有大部分的資產）之間選擇。見：U.S. Courts, Liquidation Under the Bankruptcy Code, http://www.uscourts.gov/FederalCourts/Bankruptcy/BankruptcyBasics/Chapter7.aspx, http://www.uscourts.gov/FederalCourts/Bankruptcy/BankruptcyBasics/Chapter11.aspx, http://www.uscourts .gov/FederalCourts/Bankruptcy/BankruptcyBasics/ Chapter12.aspx, http://www.uscourts.gov/FederalCourts/Bankruptcy/BankruptcyBasics/Chapter13.aspx.

29 NOLO, Steps in a Typical Chapter 13 Bankruptcy Case, https://www.nolo.com/legal-encyclopedia/steps-chapter-13-bankruptcy-case.html.

30 Troy Segal, Corporate Bankruptcy: An Overview (Dec. 21, 2017), https://www.investopedia.com/articles/01/120501.asp.

31 United States v. Kras, 409 U.S. 434 (1973)（這個案子認為一個窮人因為申請費用而無法申請破產應該有其他選擇，例如與債權人重新協商）。

32 See 11 U.S.C. 725; 11 U.S.C. Chapter 13; see Carron Armstrong, When to Consider Filing Under Chapter 13 Instead of Under Chapter 7, Balance (Feb. 14 2017), https://www.thebalance.com/filing-for-chapter-13-instead-of-chapter-7-316364.

33 Rafael Efrat, The Evolution of Bankruptcy Stigma, 7 Theoretical Inquiries in Law 365 (2006), http://www.csun.edu/~re38791/pdfs/Evolution%20of%20Bankruptcy%20Stigma%20Article.pdf（討論十七、十八世紀歐洲的作法）。

34 Shakespeare, Merchant of Venice, Act 3, Scene 1.

35 See Efrat, supra, at 376-80（引述報告與研究）; id., at 385-92（報告原創性的經驗研究）。

36 Frank Pipitone, Is Bankruptcy Wrong? Adjusting Your Moral Compass, Pipitone Law (Mar. 6, 2012), http://fpbankruptcylaw.com/253/is-bankruptcy-wrong-adjusting-your-moral-compass/.

37 See Bruce H. Mann, Republic of Debtors: Bankruptcy in the Age of American Independence (2002); David Skeel, Debt's Dominion: A History of Bankruptcy Laws in America (2003).

38 See., e.g., Scott Reynolds Nelson, A Nation of Deadbeats: An Uncommon History of America's Financial Disasters (2012); Recent Changes to Bankruptcy Law Hurting Consumers, Say Experts (press release on 2007 congressional hearing), Linda Sánchez, May 1, 2007, https://lindasanchez.house.gov/media-center/press-releases/recent-changes-bankruptcy-law-hurting-consumers-say-experts; Roxanne DeLaurell and Robert Rouse, The Bankruptcy Reform Act of 2005: A New Landscape, CPA Journal Online (Nov. 2006). See also Jacob S. Hacker, The Great Risk Shift: The New Economic Insecurity and the Decline of the American Dream

18 Alice N. Benston, Portia, the Law, and the Tripartite Structure of the Merchant of Venice, 30 Shakespeare Quarterly 367, 369 (1979), https://www.jstor.org/stable/pdf/2869472.pdf?refreqid=excelsior%3Ac96e5201b94c86 5e5e8e85223e9ee0ee.

19 See Emma Rothschild, Economic Sentiments: Adam Smith, Condorcet, and the Enlightenment 1 (2001).

20 Thomas M. LeCarner, Of Dollars and Sense: Economies of Forgiveness in Antebellum American Law, Literature, and Culture (2014), English Graduate Theses & Dissertations 66; Emma Mason, Introduction: Exploring Forgiveness in Nineteenth-Century Poetry, 11 Literature Compass (Feb. 4, 2014), https://doi.org/10.1111/lic3.12123; Richard Hughes Gibson, Forgiveness in Victorian Literature: Grammar, Narrative, and Community (2015)。有關債務幾個世紀以來在西方文學中的角色，請參考：Colin Burrow, The Borrowers, Guardian (Dec. 6, 2008), https:/www.theguardian.com/books/2008/dec/06/debt。

21 Atwood, supra, at 59.

22 Thomas Jefferson to James Madison, Paris (Sep. 6, 1789), in Letters of Thomas Jefferson, 1743-1826. 他一生的債務肯定造成這個情況，就如同決定在死時釋放自己的奴隸（有一些是他親戚）。乾淨石板的圖像是從酒吧在黑板上面記了客人喝了幾杯酒開始，當石板擦乾淨的時候，就是酒錢已經付清或是免了。見：Atwood, supra, at 80。

23 Herbert E. Sloan, Principle and Interest: Thomas Jefferson and the Problem of Debt (1995).

24 U.S. Constitution, Fourteenth Amendment, Section 4.

25 第一部破產法在一八〇〇年頒布，當時只包含商人的非自願性破產，後來在一八四一、一八六七、一八九八與一九三八年擴及自願性破產並涵蓋了更多的人。後來進一步的改革改變了破產法庭的結構，還有整個過程的其他元素。

26 See Franklin Noll, Repudiation!: The Crisis of United States Civil War Debt, 1865-1870, Financial History (Spring 2013)。

27 See Katherine Porter, ed., Broke: How Debt Bankrupts the Middle Class (2012); Teresa A. Sullivan, Elizabeth Warren, and Jay Westbrook, The Fragile Middle Class: Americans in Debt (2001); and Teresa A. Sullivan, Jay Lawrence Westbrook, and Elizabeth Warren, As We Forgive Our Debtors: Bankruptcy and Consumer Credit in America (1989). See also Joseph E. Stiglitz, The Price of Inequality: How Today's Divided Society Endangers Our Future (2013).

28 NOLO, Filing a Chapter 7 Bankruptcy: The Basic Steps, https://www.nolo.com/legal-encyclopedia/chapter-7-bankruptcy-29454.html. 在美國，個人與公司可以在破產法的第七章（Chapter 7）（取消債務與清算財產還給債權人）與第十一、

息日讓土地與人歇息，重新分配因為債務而失去的土地，還有在七年週期的第一年重新安排土地與勞動的價格）。另見：《路加福音》與《馬太福音》（Luke 4:16-30, 7:36-50, 11:2-4, 16:1-13; and Matthew 6:9-15, 18:21-35）。《利未記》25未曾清清楚楚地提到債務，但是禧年談的都是赦免債務、修復社群以及擺脫債務的羈絆。每一個禧年的解放是建立在安息年的債務赦免與歇息週期（見《申命記》15以及《出埃及記》〔21:2; 23:10-11〕），建立在每七年的歇息與赦免，還有第五十年的大赦。毫無意外，反對殖民政權的叛軍會選擇《利未記》（25:10）的路線：「在遍地給一切的居民宣告自由……」，刻在他們的自由鐘上。

11 Josine Blok and Julia Krul, Debt and Its Aftermath: The Near Eastern Background to Solon's Seisachtheia, 86 Hesperia 607 (Oct.-Dec. 2017); Rossiter Johnson, Charles Horne, and John Rudd, eds., The Great Events by Famous Historians, vol. 1 (rpt. 2005); George Grote, Solon's Early Greek Legislation B.C. 594 (1905); and Solon Secundus, A Letter to Professor — Containing a Scheme for a Seisachtheia or Modern Solonian Debt Relief Law (1863). See also William Harms, Linking Ancient Peoples, 15 U. Chicago Chronicle (1996), http://chronicle.uchicago.edu/960201/hittites.shtml（文章討論西臺語文本〔Hittie text〕中債務赦免的概念，還有風暴之神特殊卜〔Tessub〕命令信徒赦免艾伯拉〔Ebla〕人民的債）。

12 Blok and Krul, supra, at 612.

13 Could/Should Jubilee Debt Cancellations be Reintroduced Today?, Michael Hudson (Jan. 17, 2018), http://michael-hudson.com/2018/01/could-should-jubilee-debt-cancellations-be-reintroduced-today/.

14 見本章「刑法與債務」一節。

15 Roland Obenchain, Roman Law of Bankruptcy, 3 Notre Dame L. Rev. 169a (1928), https://scholarship.law.nd.edu/cgi/viewcontent.cgi?article=4440&context=ndlr; Stasy Velyvis and Vilija Mikuckiene, Origin of Bankruptcy Procedure in Roman Law, 3 Jurisprudencia 285 (2009).

16 Leviticus 25-26; Luke 4:16-30; Matthew 18:22-35; Jason J. Kilborn, Foundations of Forgiveness in Islamic Bankruptcy Law: Sources, Methodology, Diversity, 85 Am. Bank. L. J. 323 (2011). 西方道德體系中債務的基本概念，請見：Gary Shapiro, Debts Due and Overdue: Beginnings of Philosophy in Nietzsche, Heidegger, and Anaximander, in Richard Schacht, ed., Nietzsche, Genealogy, Morality: Essays on Nietzsche's Genealogy of Morals 358 (1994); Shalini Satkunanandan, Morality's Debt Perspective, in Shalini Satkunanandan, Extraordinary Responsibility: Politics Beyond the Moral Calculus (2015)。

17《威尼斯商人》第四幕第一場，鮑西婭認為：「慈悲不是出於勉強，它是像甘霖一樣從天上降下塵世；它不但給幸福於受施的人，也同樣給幸福於施予的人。」

content/proposal。有些人試著寬恕畢業了一段時間之後的債務，請見：Cuomo Floats Student Loan Forgiveness Program and Sexual Assault Policies, Daily Star, Jan. 19, 2015, http://www.thedailystar.com/news/ local_news/cuomo-floats-student-loan-forgiveness-program-and-sexual-assault-policies/article_8d314ffb-c616-5c57-ad0a-290bf3356b65.html。華倫參議員（ Sen. Elizabeth Warren ）則是主張以大銀行可以拿得到的利率允許學生償還債務。has advocated allowing students to refinance their loans at rates available to big banks: Elizabeth Warren's Student Loan Bill Is Worth Talking About, Boston Globe, June 10, 2014, http://www.bostonglobe.com/opinion/editorials/2014/06/10/elizabeth-warren-student-loan-bill-worth-talking-about/k0T8p8NFSd6cdXrEG3DuIO/story.html.

3 Cameron Huddleston, The Biggest Source of Debt for Americans in Every State, GoBankingRates (Oct. 10, 2016), https://www.gobankingrates.com/net-worth/biggest-source-debt-americans-state/（報告五十州的調查結果）。

4 OECD, OECD Sovereign Borrowing Outlook 2018: Borrowing Outlook for OECD Countries, https://www.oecd.org/finance/Sovereign-Borrowing-Outlook-in-OECD-Countries-2018.pdf; and Sovereign Debt, Why It's Important, and Rankings, Balance (2018), https://www.thebalance.com/ sovereign-debt-definition-importance-and-rankings-3306353.

5 Alexandra Bastien, Ending the Debt Trap: Strategies to Stop the Abuse of Court-Imposed Fines and Fees, PolicyLink (Mar. 2017), https://www.policylink.org/sites/default/files/ending-the-debt-trap-03-28-17.pdf.

6 Solomon Schimmel, Wounds Not Healed by Time: The Power of Repentance and Forgiveness 78 (2002)（在〈主禱文〉、《馬太福音》〔6:12〕，耶穌說：「免我們的債，如同我們免了人的債。」），作者愛特伍（Margaret Atwood）點出「債」（debt）這個字與耶穌在阿拉姆語（Aramaic）用的「罪」（sin）是同一個字。請見：Margaret Atwood, Payback: Debt and the Shadow Side of Wealth 45 (2008)。她說隨著時間過去，債也不再與罪聯繫在一塊，但是對於債務人的道德評判，恢復了兩者之間的關係。（41）

7 Shawn Garrison, Texas Law Indicative of Counterproductive Child Support System, DadsDivorce (Oct. 2016), https://dadsdivorce.com/articles/texas-law-indicative-counterproductive-child-support-system。

8 Bruce Mann, Republic of Debtors: Bankruptcy in the Age of American Independence (2003); and Sanjay G. Reddy, International Debt: The Constructive Implications of Some Moral Mathematics, 21 Ethics & Int'l Aff., 81 (2007).

9 David Graeber, Debt: The First 5,000 Years (2011).

10 Leviticus 25-26（《利未記》25-26，呼籲釋放那些因為債務而受到奴役的人，安人占全世界的百分之二十五。」(27)。

197 針對人與這個體制相遇的驚人故事，請見：Jennifer Gonnerman, Before the Law, New Yorker (Oct. 6, 2014), https://www.newyorker.com/magazine/2014/10/06/before-the-law。

198 Miller v. Alabama, 567 U.S. 460 (2012), Montgomery v. Louisiana, 577 U.S., 136 S.Ct. 718 (2016). Challenging Juvenile Life Without Parole: How Has Human Rights Made a Difference?, Columbia Law School Human Rights Institute (June 2014).

199 Compare Tatum v. Arizona, 580 U.S., 137 S.Ct. 11 (2016) (Sotomayor, J. concurring), with Tatum v. Arizona, 580 U.S., 113 S.Ct. 137 (2016)（阿里托〔Alito, J.〕與湯瑪斯〔Thomas, J.〕一樣都反對授予、撤離與發回重審的決定）。

200 Human Rights Project for Girls, Center on Poverty and Inequality, and Ms. Foundation for Women:,The Sexual Abuse to Prison Pipeline: The Girls' Story (2015).

201 Anastasia Maloney, Ex-Child Soldiers in Colombia Face Their Tormentors, Christian Science Monitor (Feb. 23, 2015), https://www.csmonitor.com/World/Making-a-difference/Change-Agent/2015/0223/Ex-child-soldiers-in-Colombia-face-their-tormentors

202 Id.

203 Id.（引述莫拉列斯〔Maria Eugenia Morales〕這位在政府受害人部門工作的資深官員）

204 Richard Pascale, Jerry Sternin, and Monique Sternin, The Power of Positive Deviance: How Unlikely Innovators Solve the World's Toughest Problems (2010).（這本書第六章描述的是努力從那些在烏干達被排斥與遭放逐的女孩以及前士兵學習）有個計畫是把前童兵連結到親戚及在海外潛在的導師，此舉有可能強化這些年輕人的韌性。請見：Eric Schmidt and Jared Cohen, The New Digital Age: Reshaping the Future of People, Nations, and Businesses 246 (2013)。

205 Ishmael Beah Was Never Very Far Away, PowellsBooks, Feb. 21, 2007, https://www.powells.com/post/interviews/ishmael-beah-was-never-very-far-away

CHAPTER 2——寬恕債務

1 Rabbi Jonathan Sacks, Has Europe Lost Its Soul to the Markets?, Times (Dec. 12, 2011), http://rabbisacks.org/the-times-has-europe-lost-its-soul-to-the-markets/.

2 有些人提議寬恕公務人員的債務，請見：Robert Applebaum, The Proposal: Forgive Student Loan Debt, Jan. 29, 2009, http://www.forgivestudentloandebt.com/

187 U.S. Department of Justice, Office of Juvenile Justice and Delinquency Prevention, Juveniles in Corrections (2016)（截至二〇一六年十月二十六日，有四萬五千五百六十七個青少年罪犯被放在安置機構）。

188 Derek W. Black, Ending Zero Tolerance: The Crisis of Absolute School Discipline (2016).

189 Editors of Rethinking Schools, Restorative Justice: What It Is and What It Is Not, 29 Rethinking Schools (Fall 2014), https://www.rethinkingschools.org/articles/restorative-justice. See ACLU, Locating the School-to-Prison Pipeline, https://www.aclu.org/files/images/asset_upload_file966_35553.pdf（這篇文章討論政策與作法如何影響了年輕人從教室流向青少年與刑事司法體系）and DanJ. Losen, Discipline Policies, Successful Schools, and Racial Justice (2011), http://nepc.colorado.edu/publication/discipline-policies。

190 Belinda Hopkins, Restorative Justice in Schools, 17 Support for Learning14 (2002), https://onlinelibrary.wiley.com/doi/abs/10.1111/1467-9604.00254; Susan Dominus, An Effective but Exhausting Alternative to High School Suspensions, N.Y. Times (September 7, 2016), https://www.nytimes.com/2016/09/11/magazine/an-effective-ut-exhausting-alternative-to-high-school-suspensions.html?_r=0; and Fania Davis, "Restorative Justice" Program Has Become a Vital Tool for Public, East Bay Times (Dec. 9, 2014), https://www.eastbaytimes.com/2014/12/09/guest-commentary-restorative-justice-program-has-become-a-vital-tool-for-public/.

191 See Special Representative of the Secretary General on Violence Against Children, Report on Restorative Justice for Children(2013); International Juvenile Justice Observatory; and Janice Wearmouth, Rawiri Mckinney, and Ted Glynn, Restorative Justice in Schools: A New Zealand Example, 49 Educational Research 37 (Mar. 2007).

192 Petula Dvorak, For One of Sudan's "Lost Boys" and Teens in D.C. Jail, a Shared Struggle, Wash. Post (Oct. 8, 2010), http://www.washingtonpost.com/wp-dyn/content/article/2010/10/07/AR2010100707012.html.

193 Juliana Ratner to author, Jan. 21, 2015. 拉特納（Ratner）進入哈佛大學法學院就讀之前，在華盛頓首府的監獄處理青年事務。

194 Ishamail Al-Sankoh, Why the Youths of Sierra Leone Agree with Kofi Annan, Awareness Times, Freetown, Sierra Leone, July 7, 2006.

195 Wessells (2006), supra.

196 Dominique DuBois Gilliard, Rethinking Incarceration: Advocating for Justice That Restores 21-27 (2018).「雖然美國的人口只占全世界的百分之五，但坐牢的

206 (2006); and Carol B. Thompson, Beyond Civil Society: Child Soldiers as Citizens in Mozambique, 80 Rev. Afr. Polit. Econ. 191 (1999)。針對傳統潔淨與療癒儀式對童兵的支持觀點，請見：Honwana, supra。如要避免對返鄉女孩與女性採取排斥與評判的作法，就需要修正老舊的傳統，請見：Prudence Acirokop, The Potential and Limits of Matu Oput as a Tool for Reconciliation and Justice, in Parmar, Roseman, Siegrist, and Sowa, supra, at 267; Kristopher Carlson and Dyan Mazurana, Accountability for Sexual and Gender-Based Crimes by the Lord's Resistance Army, in Parmar, Roseman, Siegrist, and Sowa, supra, at 235; and Dallaire, supra, at 175-82。

182 Thompson, supra.

183 有一部得獎的紀錄片則提供了不同的事實說法，影片內容是有個遭到誘拐的小孩加入跟獅子山共和國政府打仗的軍隊，後來變成革命聯合陣線（Revolutionary United Front）的指揮官。Rebecca Richmond Cohen, War Don Don (2010), http://www.wardondonfilm.com/ On dilemmas in prosecuting and defending Isay Hassan Sesay, see Hague Justice Portal, Issay Hassan Sessay, http://haguejusticeportal.net/index.php?id=8320 (criminal trial by the Special Court for Sierra Leone)。

184 Harris, supra（這篇文章說作者使用舞蹈／律動療法來處理獅子山共和國的少年戰士，以戲劇的方式表現他們跟叛軍共處的時光，宣洩他們受到壓抑的憤怒，並且跟其他人重新連結）。

185 國際上從事毒品與武器交易的團體，特別會招募年輕人以遂行其目的。請見：Amado Philip de Andrés, West Africa Under Attack: Drugs, Organized Crime, and Terrorism as the New Threats to Global Security, UNISCI Discussion Papers No. 16 (Jan. 2008), https://www.ucm.es/data/cont/media/www/pag-72513/UNISCI%20DP%2016%20-%20Andres.pdf; Patrick Sawyer, Young Guns for Hire: Gangs Recruiting Children for Contract Killings, Telegraph (May 29, 2011), https://www.telegraph.co.uk/news/uknews/crime/8544029/Young-guns-for-hire-gangs-recruiting-children-for-contract-killings.html; Frances Robles, Fleeing Gang, Children Head for the US Border, N.Y. Times (July 9, 2014), https://www.nytimes.com/2014/07/10/world/americas/fleeing-gangs-children-head-to-us-border.html; Annabel Symington, Pakistan's Criminal and Terrorist Gangs Have New Recruits: Street Kids, Global Post (Mar. 3, 2014), https://www.pri.org/stories/2014-03-03/pakistans-criminal-and-terrorist-gangs-have-new-recruits-street-kids; and Jim Heiser, Mexican Cartels Are Recruiting American Children, New American (Oct. 9, 2011).

186 Danielle Allen, Cuz: The Life and Times of Michael A. 99, 150-51, 216 (2017).

the Liberian Truth and Reconciliation Commission, in Parmar, Roseman, Siegrist, and Sowa, supra, at 193.

170 Hema Chatlani, Uganda: A Nation in Crisis, 37 Cal. West. Int'l L. J. 277 (2007). See also UNICEF and Innocenti Research Centre, supra, at 8（孩童要「描述他們在犯行時的角色，讓族人聽見並給予支持」）。

171 See Mark. A. Drumbl, Child Soldiers: Agency, Enlistment, and the Collectivization of Innocence, in Alette Smeulers, ed., Collective Violence and International Criminal Justice: An Interdisciplinary Approach 207 (2010).

172 請見本書第一章對於南非真相與和解委員會的討論。

173 Rosalind Shaw, Rethinking Truth and Reconciliation Commissions: Lessons from Sierra Leone (2005); and Rosalind Shaw, Memory Frictions: Localizing the Truth and Reconciliation Commission in Sierra Leone, 1 Int'l. J. Transitional Just.183 (2007).

174 See Stovel, supra, 305, 312.

175 Atri and Cusimano, supra, at 65.

176 Id., at 61, 65 (describing northern Uganda).

177 177. Id., at 65.

178 Angucia, supra, at 177-79, 182-83. 儘管傳統儀式與基督教信仰之間有著緊張關係，但有些人仍試著在北烏干達重返社會的努力中調和兩者。Id., at 180。針對童兵究責工作的批評發出警告，即使是非司法的真相與和解委員會或是地方的潔淨儀式，都有可能給孩童帶來恥辱或污名，進而妨礙名譽的恢復。A Sonja C. Grover, Child Soldier Victims of Genocidal Forceful Transfer (2012) (chap. 5). See also Michael Wessells, Supporting the Mental Health and Psychosocial Well-Being of Former Child Soldiers, 48 J. Am. Acad. Child Psy. 587 (2009)（社群儀式回應了「過去的暴力是社群傷口」的觀點）；Melanie Lidman, Heart of Forgiveness: Ugandan Women Once Child Soldiers Now Lead Peace, Global Sisters Report (Dec. 21, 2017).

179 Oloya, supra, at 166-76; and Atri and Cusimano, supra, at 56-59.

180 Joseph Yav Katshung, Mato Oput Versus the International Criminal Court (ICC) in Uganda, Pambazuka News (Sept. 28, 2006), https://www.pambazuka.org/governance/mato-oput-versus-international-criminal-court-icc-uganda; and Patrick Tom, The Acholi Traditional Approach to Justice and the War in Northern Uganda, Beyond Intractability (Oct. 2006), https://www.beyondintractability.org/casestudy/tom-acholi

181 Lindsay Stark, Cleansing the Wounds of War: An Examination of Traditional Healing, Psychosocial Health and Reintegration in Sierra Leone, 7 Intervention

160 Véronica Beatriz Piñero, The Challenges of Reconstruction and Reconciliation Following an Armed Conflict: The Implementations for Child Soldiers as Perpetrators, 1 Eyes on the ICC (2004); Michael Wessells, Child Soldiers: From Violence to Prevention (2006); and Wainryb, supra.

161 See Drumbl, supra. 有些支持使用真相與和解過程的人認為這對於一些適用於青少年司法的人來說也是個選項。See, e.g., Amann, supra; Godfrey M. Musila, Challenges in Establishing the Accountability of Child Soldiers for Human Rights Violations: Restorative Justice as an Option, 5 Afr. Hum. Rts. L. J. 321 (2005); Piñero, supra, at 30; and David M. Rosen, Who Is a Child? The Legal Conundrum of Child Soldiers, 25 Conn. J. Int'l L. 81 (2009).

162 Fania E. Davis, Restorative Justice, Social Movements, and the Law, Harvard Law School Forum (Mar. 21, 2018). See Restorative Justice for Oakland Youth, http://rjoyoakland.org/restorative-justice/; Sonia Jain, Henrissa Bassey, Martha A. Brown, and Preety Kalra, Restorative Justice in Oakland Schools: Implementation and Impacts (2014).

163 See Cécile Aptel and Virginie Ladisch, Through a New Lens: A Child-Sensitive Approach to Transitional Justice 12 (2011); and Saudamini Siegrist, Child Rights and Transitional Justice, in Parmar, Roseman, Siegrist, and Sowa, supra, at 1, 14. 布萊特懷特（John Braithwaite）主張用「明恥整合」（reintegrative shaming）來推進社會包容，並且透過悔改與寬恕的儀式來療傷。John Braithwaite, Crime, Shame and Reintegration 150-57 (1989)。

164 Jessica Senehi and Sean Byrne, From Violence Toward Peace: The Role of Storytelling for Youth Healing and Political Empowerment After Social Conflict, in Siobhan McEvoy-Levy, ed., Troublemakers or Peacemakers? Youth and Post-Accord Peace Building (2006) (the RIREC Project on Post Accord Peace Building).

165 UNICEF and Innocenti Research Centre, Children and Truth Commissions 10 (2010).

166 Statute of the Special Court for Sierra Leone, Article 15, Paragraph 5, Jan. 16, 2002.

167 UNICEF and Innocenti Research Centre, supra, at 11; Alison Smith, Basic Assumptions of Transitional Justice and Children, in Parmar, Roseman, Siegrist, and Sowa, supra, at 31, 41.

168 Philip Cook and Cheryl Heykopp, Child Participation in the Sierra Leonean Truth and Reconciliation Commission, in Parmar, Roseman, Siegrist and Sowa, supra, at 159, 183.

169 UNICEF and Innocenti Research Centre, supra, at 11; Theo Sowa, Children and

Facing the Fact and Forging the Future via the Sierra Leone Test (2004) (LL.M. thesis, Harvard Law School).

147 147. In Re Gault, 387 U.S. 1 (1967).

148 Fofanah, supra. See also Happold (2006), supra.

149 Michael Custer, Punishing Child Soldiers: The Special Court for Sierra Leone and the Lessons to be Learned from the United States' Juvenile Justice System, 19 Temple Int'l & Comp. L.J. 499 (2005).

150 Dallaire, supra, at 171; and Betancourt and Ettien, supra. See Emily Delap, No Place Like Home? Children's Experiences of Reintegration in the Kailahun District of Sierra Leone (2004)（這篇文章鼓吹裁軍、解散部隊以及重返社會等計畫會幫助所有的童兵，不論他們是否實際參戰，以避免那些有伸出援手及未伸出援手者之間的憤恨）。

151 見「少年幫派與童兵的類比」一節。

152 Stovel, supra, at 312.

153 Stephanie Lee Goins, The Place of Forgiveness in the Reintegration of Former Child Soldiers in Sierra Leone, 27 Transformation 133 (2010).

154 Quoted in Stovel, supra, at 312.

155 Mark Austin Walters, Hate Crime and Restorative Justice: Exploring Causes, Repairing Harms (2014)（這篇文章是對於英格蘭修復式司法努力處理仇恨罪的經驗研究）全世界修復式司法的努力都包括了傳統的衝突解決制度，以及受到心理學與調解影響的新計畫。請見：Restorative Justice Online, Restorative Justice Around the World, http://restorativejustice.org/restorative-justice/about-restorative-justice/around-the-world/#sthash.7HUT57oi.dpbs

156 Philip Cook and Cheryl Heykoop, in Children and Transitional Justice, in Parmar, Roseman, Siegrist, and Sowa, supra, at 159. See generally Nicholas A. Jones and Rob Nestor, Sentencing Circles in Canada and the Gacaca in Rwanda: A Comparative Analysis, 21 Int'l. Crim. Just. Rev. (2011), http://journals.sagepub.com/doi/pdf/10.1177/1057567711399433.

157 Parmar, Roseman, Siegrist, and Sowa, supra; and Jessica Senehi and Sean Byrn, in Siobhan McEvoy-Levy, ed., Troublemakers or Peacemakers?: Youth and Post-Accord Peace Building (2006).

158 Alexander Laban Hinton, Transitional Justice: Global Mechanisms and Local Realities After Genocide and Mass Violence 6 (2010).

159 Human Rights Watch, Lasting Wounds: Consequences of Genocide and War for Rwanda's Children (2003). 盧安達認為十四至十八歲的小孩要負擔刑事責任，但是受罰時符合寬恕的資格。Id. at n.120.

Justice in Sierra Leone, 55 J. Int'l Aff. 1 (2001), with Monique Ramgoolie, Prosecution of Sierra Leone's Child Soldiers: What Message Is the UN Trying to Send? J. Public & Int'l Aff. (2001).

140 Special Court for Sierra Leone, Press Release, Nov. 2, 2002, quoted in Aptel, supra, at 104（克雷恩〔David Crane〕的聲明顯示他不會起訴小孩）東帝汶（East Timor）重罪特別法庭（Special Panels for Serious Crimes）——一種介於國際法與國內法律體系的混種——得到授權去追捕超過十二歲的人，但他們選擇不執行這項只針對一個人的權力。納入家人與族人的和解活動，針對象徵性與實務性的機制提供一套模式來推動重返社會。請見：Dionísio Babo-Soares, Nahe biti: The Philosophy and Process of Grassroots Reconciliation (and Justice) in East Timor, 5 Asia Pac. J. Anthropol. 15 (2004), http://www.tandfonline.com/doi/full/10.1080/1444221042000201715?src=recsys; Spencer Zifcak, The Asia Foundation—Restorative Justice in East Timor: An Evaluation of the Community Reconciliation Process of the CAVR, http://pdf.usaid.gov/pdf_docs/Pnado632.pdf。由於被告的年紀，法庭做了一些調整，例如審判不開放、法官不穿袍子、允許個人打斷審判程序發問或要求休息，以及開庭記錄的人名全部替換為（X）作為匿名。但是人們對於警察審問的本質、開庭前四個月無須審查的拘留、還有案子裡的其他元素仍提出了疑問，因為上述這些程序，使得當事人在十四歲時因違反人性罪被起訴後，導致了過失殺人罪的成立。Aptel, supra, at 102-3.

141 Elisabeth Schauer and Thomas Elbert, The Psychological Impact of Child Soldiering, in Erin Martz, ed., Trauma Rehabilitation After War and Conflict 311, 344-45 (2010).

142 Irene Cohn, The Protection of Children in Peacemaking and Peacekeeping Processes, 12 Harv. Hum. Rts. J. 129 (1999).

143 See Save the Children, Unspeakable Crimes Against Children: Sexual Violence in Conflict (2013)（這篇文章強調關注徵募童兵的結構性問題，要比想方設法要個人負起責任還要重要）; and Corinna Csaky, No One to Turn To: The Under-Reporting of Child Sexual Exploitation and Abuse by Aid Workers and Peacekeepers (2008)（這篇文章則認為短期的轉型正義過程既不會投資心理健康，也無法防止兒童未來受到徵募及剝削）。

144 假如是因為強迫而犯下惡行，即使是針對成年人的刑事體系，也會同意前童兵不用受到監禁或者給予減刑，而且它也會把前童兵特別脆弱之處考慮進來。Amnesty International, Child Soldiers: Criminals or Victims? (2000), https://www.amnesty.org/en/documents/ior50/002/2000/en/。

145 Amnesty International (2000), supra.

146 Mohamed Pa-Momo Fofanah, Juvenile Justice and Children in Armed Conflict:

tal Perspective on Juvenile Justice (2000)。

130 然而，青少年法庭與拘留所經常背離理想，改革者也愈來愈努力不讓青少年受到拘留，以避免監獄中的虐待與負面的影響。見：Models for Change, Diversion Guidebook (2011); and Laurence Steinberg, Age of Opportunity: Lessons from the New Science of Adolescence (2015)。

131 Convention on the Rights of the Child (1989), Section 1 (37)(a)（主張定期檢視被監禁的小孩）; Committee on the Rights of the Child, General Comment No. 10; and Children's Rights in Juvenile Justice (2007), Paragraph 77, available in Magne Frostad, Child Soldiers: Recruitment, Use and Punishment, 1 Int'l Fam. L., Pol'y & Prac. 87 (2013).

132 Anthony M. Platt, The Child Savers: The Invention of Delinquency (40th anniversary ed. 2009). 美國制度中蘊含的種族偏見，似乎指向了許多黑人與拉丁裔男孩走向監獄之路，而不是給予正面的支持。見：Ann Arnett Ferguson, Bad Boys: Public Schools in the Making of Black Masculinity (2001); and Victor Rios, Punished: Policing the Lives of Black and Latino Boys (2011)。

133 See Thomas J. Bernard and Megan C. Kurlychek, The Cycle of Juvenile Justice 213215 (2d ed. 2010).

134 134. Id., at 26235.

135 M. S. Umbreit, R. B. Coates, and B. Kalanj, Victim Meets Offender: The Impact of Restorative Justice and Mediation (1994)（量化與質化的評估顯示，調解可以提高年輕人完成賠償的機率）; and Howard Zehr, The Little Book of Restorative Justice (rev. ed. 2015)（本書是探討修復式正義方法的經典手冊）。

136 See Barbara Crossette, Sierra Leone to Try Juveniles Separately in UN Tribunal Plan, N.Y. Times (Oct. 10, 2006), http://www.nytimes.com/2000/10/06/ world/sierra-leone-to-try-juveniles-separately-in-un-tribunal-plan.html。學者支持這項提案，請見：Diane Marie Amann, Calling Children to Account: The Proposal for Juvenile Chamber in the Special Court for Sierra Leone, 29 Pepp. L. Rev. 167 (2001); Joshua A. Romero, The Special Court for Sierra Leone and the Juvenile Soldier Dilemma, 2 Nw. J. Int'l Hum. Rts. 8 (2004); and Tiefenbrun, supra。

137 Aptel, supra, at 104-5 (quoting Report of the Secretary-General on the Establishment of a Special Court for Sierra Leone, UN Doc S/2000/915, Oct. 4, 2000, Paragraph 35). 獅子山特別法庭授權起訴未成年者的規約，也強調重點在於不能破壞青少年的重生計畫，並指出「一種替代的真相與和解機制」之可能性。Statute of the Special Court for Sierra Leone, Article 15, Paragraph 5, Jan. 16, 2002.

138 See Statute of the Special Court for Sierra Leone, Articles 7(2), 15(5), 19(1).

139 Compare Ilene Cohen, The Protection of Children and the Quest for Truth and

122 Joanna Shapland, Forgiveness and Restorative Justice: Is It Necessary? Is It Helpful?, 5 Oxford J. Law & Relig. 94 (2016); and Ted Wachtel, Restorative Justice Is Not Forgiveness, Huff. Post (Jan. 30, 2013)。針對修復式正義對受害者的要求，詳細的批評請參考：Analise Acron, Compulsory Compassion: A Critique of Restorative Justice 24-25, 142-59, 161-62 (2004)。

123 See Theresa S. Betancourt and A. Ettien, Transitional Justice and Youth Formerly Associated with Armed Forces and Armed Groups: Acceptance, Marginalization and Psychosocial Adjustment, UNICEF and Innocenti Research Centre Working Paper (2010); and Emily Vargas-Baron, National Policies to Prevent Recruitment of Child Soldiers, in Gates and Reich, supra, at 203, 220-21.
二〇〇七年回憶錄《長路漫漫：非洲童兵回憶錄》的作者伊實美·畢亞（Ishmael Beah）在受訪時評論：「我認為獅子山共和國與這些重返社會的計畫之所以一敗塗地，是因為很多事情都未納入考慮。當你重新融入社會的時候，他們必須提供一個平和的環境，才不會讓你又走回頭路；他們必須要找到你真的很在意的家人，想要接納你。你將必須把社群納入成為整個過程的一部分。此外，如果你給他們職業訓練，他們會覺得自己可以藉此找到生計，但是成功之前都還有許多的條件。的確有一些人熬過去了，但是比起面對這種情況的那麼多人，存活下來的人並不多。只有少數人可以完全走過去。」見：Ishmael Beah Was Never Very Far Away, PowellsBooks (Feb. 21, 2007), http://www.powells.com/blog/ interviews/ishmael-beah-was-never-very-far-away-by-dave/.

124 Pew Charitable Trusts, State of Recidivism (2011).

125 Center on Juvenile and Criminal Justice, Juvenile Justice History.

126 Id.

127 Jane Addams Hull House Association, Jane Addams and Child Protection, https://janeaddamshullhouse.org/history/jane-addams-and-child-protection/. 針對這個承諾以及這項努力的限制，請參考：Martha Minow, Making All the Difference: Inclusion, Exclusion, and American Law (1990) (chap. 8)。

128 See David M. Levy, Beginnings of the Child Guidance Movement, 38 Am. J. Orthopsychiatr. 799 (1968). 有人從哲學角度處理「青少年」與孩童之間的能力，並且呈現了「作為一個人」以及「作為一個將來會成為大人的人」，兩者之間地位的反差。見：Tom D. Campbell, The Rights of the Minor: As Person, as Child, as Juvenile, as Future Adult, 6 Int'l. J. Law & Fam. 1, 19, 22 (1992)。

129 Aaron Kupchik, Judging Juveniles: Prosecuting Adolescents in Adult and Juvenile Courts (2006). 根據心理學的研究與經驗證據，最近的改革者在美國一些地方訂定法律把青少年轉移到成年法庭與監獄之後，重新振興了青少年司法的理想。Thomas Grisso and Robert G. Schwartz, eds., Youth on Trial: A Developmen-

東西可以完全根除他們的傷痛。」)。請見:See Child Soldiers Program, FROUganda; Community Engagement for Universal Access, HIV-AID Alliance, http://frouganda.org/wp-content/uploads/2018/03/Community_Engagement_for_ARV_treatment.pdf; Anywar Ricky Richard: Healing the Wounds of War, World of Children, October 10, 2012, https://worldofchildren.org/anywar-ricky-richard-world-of-children/。

113 Harvard Humanitarian Initiative, "We Came Back with Empty Hands": Understanding the Disarmament, Demobilization and Reintegration of Children Formerly Associated with Armed Groups in the DRC (2013), https://hhi.harvard.edu/publications/we-came-back-empty-hands-understanding-disarmament-demobilization-and-reintegration.

114 Atri and Cusimano, supra, at 45, 46, 49.

115 115. Id., at 55.

116 See Brandon A. Kohrt, Mark J. D. Jordans, and Christopher A. Morley, Four Principles of Mental Health Research and Psychosocial Intervention for Child Soldiers: Lessons Learned in Nepal, 7 International Psychiatry 57 (2010); and Aoife R. Singh and Ashok N. Singh, The Mental Health Consequences of Being a Child Soldier-An International Perspective, 7 Int'l Psychiatry 55 (2010).

117 Myriam Denov, Coping with the Trauma of War: Former Child Soldiers in Post-Conflict Sierra Leone, 553 Int'l. Social Work 791, 798 (2010).

118 Dallaire, supra, at 152 (quoting Emmanuel Jal's song "Baakiwara").

119 Byron Williston, The Importance of Self-Forgiveness, 48 Am. Philos. Q. 67 (2012)(討論犯罪者必須要寬恕自己才能帶來寬恕)針對自我寬恕如何發展的詳細反思,請見:Solomon Schimmel, Wounds Not Healed by Time: The Power of Repentance and Forgiveness 123 (2002):「自我寬恕的核心概念是犯罪者學著區分他所犯的具體罪行,以及整體地評估自己作為一個人的價值。這與恩萊特模型中人際間的寬恕所發生的事是類似的。受害者允許自己欣賞犯罪者內在的人性價值,以及他愛人與同情人的權利,克服自己身上因犯罪者犯下的不義之舉而帶有的敵意。同樣地,自我寬恕的時候,你並不單單或主要從你具體的過錯、犯行與罪行來評斷自己。你承認自己所犯的錯,而且你的確要自己扛起所犯的錯以及過錯帶來的結果,但是你也用愛與同情心看著自己,解除你的罪、羞恥以及對自己的憤怒。」請見:See Robert D. Enright and the Human Development Study Group, Counseling Within the Forgiveness triad: On Forgiving, Receiving Forgiveness, and Self-Forgiveness, 40 Counseling & Values 107 (1996)。

120 Verhey, supra; and Schauer and Elbert, supra, at 341.

121 Save the Children, Forgotten Casualties of War: Girls in Armed Conflict (2005).

and Physical Abuse on Formerly Abducted Boys in Northern Uganda, S. Afr. Psychiatr. Rev. 80-81 (2007).

102 Angela Veale and Aki Stavrou, Former Lord's Resistance Army Child Soldier Abductees: Explorations of Identity in Reintegration and Reconciliation, 13 J. Peace Psychol. 273 (2007).

103 Grace Akello, Annemiek Richters, and Ria Reis, Reintegration of Former Child Soldiers in Northern Uganda: Coming to Terms with Children's Agency and Accountability, 4 Intervention 229 (2006); Tim Allen, Trial Justice: The International Criminal Court and the Lord's Resistance Army 114 (2006); and Honwana, supra.

104 Peter Aldhous, Brutalised Child Soldiers Can Return to Normalcy, 10 New Scientist 6-7 (2008) (citing the work of Neil Boothby on Mozambique).

105 Id.

106 Drumbl, supra.

107 Baines, supra, at 103-4 (discussing Achioli traditions).

108 108. Id., at 114.

109 Theresa S. Bentacourt, Jessica Agnew-Blais, Stephen E. Gilman, David R. Williams, and B. Heidi Ellis, Past Horrors, Present Struggle: The Role of Stigma in the Association Between War Experiences and Psychosocial Adjustment Among Former Child Soldiers in Sierra Leone, 70 Soc. Sci. & Med. 17, 18-19, 24 (2010).這項研究顯示把返鄉的人污名化，將影響到過去傷人或殺人的童兵之後的結局，污名也影響到女孩被強暴之後的憂鬱感，但是經歷強暴「似乎單獨影響了她們的焦慮、敵意與是否支持社會的行為。」（24）

110 這個想法要感謝柯恩（Netta Barak Cohen）。

111 UNICEF, Paris Principles (2007), http://www.unicef.org/emerg/files/ ParisPrinciples310107English.pdf.

112 Theresa S. Betancourt, Ryan McBain, Elizabeth A. Newnham, Adeyinka M. Akinsulure-Smith, Robert T. Brennan, John R. Weisz, and Nathan B. Hansen, A Behavioral Intervention for War-Affected Youth in Sierra Leone: A Randomized Controlled Trial, 53 J. Am. Acad. Child & Adolesc. Psychiatry 1288 (2014)（發現透過團體干預、使用認知行為治療、團體人際療法以及創傷關注協助，對於戰區裡的年輕人，不論是情緒控制、態度、行為以及生活運作及學校參與，都有顯著的影響。另見：Todd F. Holzman and Terry Holzman, Healing the Invisible Wounds: Persistence of Traumatic Stress Among Former Child Soldiers in Uganda, Reflections from Work in 2 African Journal of Traumatic Stress 79-84 (2011)（教師與其他人說：「禱告、傳統的淨化儀式、族人的接納、分享故事、持續落實行為規則及體育活動有助於舒緩小孩的劇烈痛楚，但是沒有什麼

The Social Ecology of Resilience in War-Affected Youth: A Longitudinal Study from Sierra Leone, in Michael Ungar, ed., The Social Ecology of Resilience: A Handbook of Theory and Practice 347 (2012).

88 Kearns, supra.

89 Rosen (2005), supra.

90 Wainryb, supra.

91 請見本章「評估能動性（Agency）與責任」一節。

92 Ozerdem and Podder, supra; Rosen (2005), supra; and Ryan, supra.

93 Ryan, supra（討論南蘇丹）。針對努力重新融入社會的討論（通常包括融入新的社群），請見：James B. Pugel, Disaggregating the Causal Factors Unique to Child Soldiering: The Case of Liberia, in Scott Gates and Simon Reich, eds., Child Soldiers in the Age of Fractured States 173-74 (2010) (discussing Liberia); Laura Stovel, "There's No Bad Bush to Throw Away a Bad Child"; "Tradition"-Inspired Reintegration in Post-War Sierra Leone, 46 J. Mod. Afr. Stud. 305 (2008) (Sierra Leone)。參與淨化儀式可以幫助女孩從性奴隸及戰士「妻子」回歸，但是有些社群只允許返鄉的男性參加這樣的儀式。Lindsay Stark, Cleansing the Wounds of War: An Examination of Traditional Healing, Psychosocial Health, and Reintegration in Sierra Leone, 4 Intervention 206 (2006); and Vivu Savrou, Breaking the Silence: Girls Abducted During the Armed Conflict in Angola (2004)。

94 Children and Armed Conflict in the Democratic Republic of the Congo: Report of the Secretary-General, May 2018, http://www.un.org/ga/search/view_doc.asp?symbol=S/2018/502&Lang=E&Area=UNDOC.

95 Michael Wessells, The Reintegration of Formerly Recruited Girls: A Resilience Approach, in Daniel Thomas Cook and John Wall, eds., Children and Conflict: Cross-Disciplinary Investigations 189 (2011).

96 Child Soldiers International, Democratic Republic of Congo: Make Home Again (2017).

97 See Michael Wessells, Girls in Armed Force and Groups in Angola: Implications for Ethical Research and Reintegration, in Gates and Reich, supra, at 183, 194-95.

98 Shepler, supra.

99 Michael Wessells, Psychosocial Issues in Reintegrating Child Soldiers, 37 Cornell Int'l L. J. 513 (2004)

100 Id., at 523; and Rosen (2007), supra. 成功的策略是把好處都導向學校，讓過去的童兵重新整合到一般的課堂之中，讓益處流向整個社群。Dallaire, supra, at 174。

101 K. Amone-P'Olak, N. Garnefski, and V. Kraaj, The Impact of War Experiences

Agency in Former Child Soldiers: Commentary on Wainryb, 54 Hum. Dev. 307 (2011) (endorsing Wainryb's analysis).

78 P. W. Singer, Children at War (2006).

79 Dave Eggers, What Is the What (2006)。書中的男孩阿查克（Achak）想起他從鄧恩（這個男孩為了逃離蘇丹人民解放軍〔Sudan People's Liberation Army〕而爬上了一台塞滿逃兵的卡車）口中聽到的故事：「整台卡車都是叛軍。一開始實在非常害怕，他們每個人手上都有槍。大家看起來都很累，脾氣暴躁，怒目相向。但是我一句話也不說，而因為我很安靜，他們開始對我有好感。我跟著他們搭著車到另一個村莊，他們也讓我跟他們一塊。阿查克，我是個叛軍。我在他們的營區跟一個叫馬雷克〔Malek Kuach Malek〕的人住了幾個禮拜。他是蘇丹人民解放軍的司令，是個重要人物，而他變成我的爸爸。他說我很快就會變成一名士兵，他會訓練我，而我變成他的助手。我為他打水、擦太陽眼鏡、開收音機、關收音機。阿查克，我那時候覺得我永遠都會是他的兒子。只要我可以，我會很開心地跟他住在一塊。」（116-17）但不久之後政府軍來了，叛軍四處逃逸，到處有爆炸，而鄧恩再也沒見過馬雷克。

80 Oloya, supra, 138-40.

81 Angucia, supra, at 119-20.

82 See Rebecca Florey, The Reality of Colombia's Child Soldiers, Colombia Reports (Feb. 17, 2015), http://colombiareports.com/reality-colombias-child-soldiers/（史普林格博士〔De. Natalia Springer〕在二〇一二年的研究報告指出，研究的小孩裡頭出於經濟或社會壓力，或是因為他們相信部隊可以提供收入、食物與安全，有百分之八十一都是自願參加。）

83 宣稱自己受到強迫或是缺乏自主性的成年人，可能會表現出社會不安、心理問題或是被洗腦的跡象。請見：William Graebner, Patty's Got a Gun: Patricia Hearst in 1970s America (1980); and Patricia Campbell Hearst, Patty Hearst: Her Story (1988)。

84 Susan Shepler, The Rise of the Child: Global Discourses of Youth and Reintegrating Child Soldiers in Sierra Leone, 4 J. Hum. Rts. 197 (2012).

85 Mats Utas, Victimcy, Girlfriending, Soldiering: Tactic Agency in a Young Woman's Social Navigation of the Liberian War Zone, 78 Anthropological Q. 403, 414-15, 426 (2005). 有一名在十六歲就被許配與人的年輕女孩，逃走之後開始和軍人交往。在一名對象遭到殺害之後，十九歲的她跟奉命前來訊問她的突擊隊員交往。

86 Id. See also Betancourt (2011), supra, at 307.

87 See Ping Fu, Bend, Not Break: A Life in Two Worlds (2012)（這本回憶錄的作者原本是中國的童兵，後來在美國成為企業的CEO）; and Theresa S. Betancourt,

69 Eggers, supra, at 50.

70 Pamela D. Couture, Victims, Perpetrators, or Moral Agents: Children and Youth Survivors of the War in the Democratic Republic of Congo, 2 J. Childhood & Relig. 1, 13-14 (2011).

71 Alpaslan Ozerdem and Sukyana Podder, eds., Child Soldiers: From Recruitment to Reintegration (2011); Analysis: Girl Child Soldiers Face New Battles in Civilian Life, IRIN (Feb. 2013), https://www.thenewhumanitarian.org/analysis/2013/02/12/girl-child-soldiers-face-new-battles-civilian-life. 韋爾（Angela Veale）也發現女士兵身上有一種賦權感（sense of empowerment），她們許多人都是從衣索比亞的戰爭中就開始當起童兵，而不是在非洲其他地方的衝突。Angela Veale, From Child Soldier to Ex-Fighter: Female Fighters, Demobilisation and Reintegration in Ethiopia (2003)。萊恩（Christine Ryan）提到自願加入叛軍的小孩，並說他們的動機包括了保護自己的社群到渴望軍隊生活，強調非政府組織的工作人員試著把年輕人理解為缺乏能動性及完全被犧牲的人根本就不正確。Ryan, supra。國際人權論述漠視戰爭中孩童能動性的問題，也可以參考其他研究者的作品。例：David M. Rosen, Armies of the Young: Child Soldiers in War and Terrorism (2005)。

72 See Corinna Csaky, No One to Turn To: The Under-Reporting of Child Sexual Exploitation and Abuse by Aid Workers and Peacekeepers 5, 20 (2008); and Machel, supra (2001), at 31。

73 Susan McKay and Dyan Mazurana, Where Are the Girls?: Girls in Fighting Forces in Northern Uganda, Sierra Leone, and Mozambique: Their Lives During and After the War (2004).

74 Christine Knudsen, Demobilization and Reintegration During an Ongoing Conflict, 37 Cornell Int'l L. J. 487, 499 (2012).

75 Hamer, supra.

76 Myriam Denov and Richard Maclure, Child Soldiers in Sierra Leone: Experiences, Implications, and Strategies for Community Reintegration (2005); and Myriam Denov and Richard Maclure, Engaging the Voices of Girls in the Aftermath of Sierra Leone's Conflict: Experiences and Perspectives in a Culture of Violence, 48 Anthropologica 73 (2006).

77 William P. Murphy, Military Patrimonialism and Child Soldier Clientalism in the Liberian and Sierra Leonean Civil Wars, 46 Afr. Stud. Rev. 61, 62 (2012). See Cecilia Wainryb, "And So They Ordered Me to Kill a Person": Conceptualizing the Impacts of Child Soldiering on the Development of Moral Agency, 54 Hum. Dev. 273, 283 (2011); and Theresa S. Betancourt, Developmental Perspectives on Moral

the Children Federation study). Wessells, supra, at 363, 367. Mark A. Drumbl, Reimagining Child Soldiers in International Law and Policy (2012)（描述了「限制行動」的範圍）; Alcinda Honwana, Negotiating Postwar Identities: Child Soldiers in Mozambique and Anglo, in George Clement Bond and Nigel C. Gibson, eds., Contested Terrains and Constructed Categories: Contemporary Africa in Focus 277-98 (2002); Id., n. 42; Rosen, supra; and Christine Ryan, The Children of War: Child Soldiers as Victims and Participants in the Sudan Civil War (2012)（說明受調查的年輕人之中，從他們分辨是非以及為自己決定的能力來看，有多少人在十五歲之前會覺得自己已經是大人了）See also Jeff McMahan, An Ethical Perspective on Child Soldiers, in Scott Gates and Simon Reich, eds., Child Soldiers in the Age of Fractured States 27, 33 (2010)（即使他們的認知與情感還不成熟，即使他們被虐待與洗腦，還是可以說童兵依然要有足夠的道德責任，去認清濫殺無辜是不對的事）人們顯然對於返鄉的童兵所擔負的責任充滿矛盾。Atri and Cusimano, at 41-42。

66 一直有聲音批評戴夫・艾格斯（Dave Eggers）為了效果寫了一本虛構的自傳，他「剝奪了鄧恩〔Valentino Achak Deng〕的身分認同」。兩個人在受訪時討論了撰寫作品的過程，還有這本書如何反映鄧恩的想法，現在都可在鄧恩基金會的網站上觀看，而基金會有一部分是從這本書開始的。他們兩人在失蹤男孩基金會（Lost Boys Foundation）相遇，然後變成朋友。艾格斯說：「我們真的還沒有決定只是幫他寫一本他自己的書，還是寫一本有關於他的書。」鄧恩說：「我覺得我想要寫一本自己的書，但是知道自己還沒有準備好。當時我還在喬治亞州界學院〔Georgia Perimeter College〕上基礎寫作課。」艾格斯又解釋：「有很長一段時間，我們不斷訪談，然後我蒐集素材。但一路下來，我真的不知道這本書最後到底會怎麼樣，到底是第一人稱還是第三人稱，到底是虛構還是非虛構。就在掙扎了十八個月之後，我們決定要寫一本虛構的自傳，由鄧恩的角度來寫。」艾格斯點出：「鄧恩的聲音很獨特而又令人難忘，比較起來，任何作者的聲音都顯得平淡。剛開始寫的時候是由作者的角度平鋪直述，而我很懷念我在錄音帶裡聽到的聲音。所以從鄧恩的角度來寫，兩個問題都解決了。我可以完全躲起來，而讀者可以享受到他獨有的聲音。」The Valentino Achak Deng Foundation, Interview with Valentino Achak Deng and Dave Eggers。

67 鄧恩小說的前言解釋：「許多年來，艾格斯與我合作，一起把我知道與記得的事寫下來，然後從那些素材中他寫下這本傑作。」Valentino Achak Deng, preface, in Dave Eggers, What Is the What: The Autobiography of Valentino Achak Deng 5 (2006). For a collection of oral histories of the Lost Boys of Sudan, see Alphonsion Deng, et al., They Poured Fire on Us from the Sky (2005)。

68 Eggers, supra, at 49-50; and Angucia, supra, at 126-28, 133.

會允許對孩童時期涉入暴力的人施予嚴重懲罰，但族人的態度以及傳統的作法可能會要求判刑或受罰。同時，正式的法律如果允許起訴十八歲以下的人，可能會與民意產生矛盾。同一個人可能在一個國家要承擔法律責任，但是在鄰國就可能會因為對最低刑事責任年齡的看法不同而免於被起訴。請見：Matthew Happold, Child Soldiers in International Law (2005); and The Minimum Age of Criminal Responsibility Continues to Divide Opinion, Economist (March 15, 2017), https://www.economist.com/blogs/graphicdetail/2017/03/daily-chart-7。

62 聯合國特別報告員（Special Rapporteur）庫馬拉斯沃米（ Radhika Coomaraswamy）認為：「如果犯下嚴重戰爭罪的未成年人未被起訴，這可能會成為那些指揮官的誘因，他們為了避免受到懲罰，會把一些骯髒的工作交給未成年人。因此，國際刑事法院與獅子山特別法庭把焦點放在那些最該為違反人權及國際人道法（IHL）負責的人身上，並且把指揮責任（command responsibility）的概念用在那些政治與軍事領袖之上。」Radhika Coomaraswamy, quoted in Should Child Soldiers Be Prosecuted for Their Crimes? IRIN (Oct. 6, 2011), http://www.irinnews.org/analysis/2011/10/06/should-child-soldiers-be-prosecuted-their-crimes。

63 許多家庭與社群拒絕接受想要重新融入的前童兵，以國際援助工作人員的話來說，那是因為：「他們害怕這些人的行為不會改變，或是因為他們在過去犯下的暴力行為而遭到社群的排拒或污名化。」International Committee of the Red Cross, Democratic Republic of the Congo: 152 Demobilized Children Reunited with Families (Jan. 9, 2015), https://www.icrc.org/en/document/democratic-republic-congo-152-former-child-soldiers-reunited-families (quoting Marie-Geneviève Nightingale, head of ICRC child protection work in Eastern Democratic Republic the Congo). 這對於一些女孩與女性來說尤其造成問題，因為她們所重返的社群認為婚姻之外的性行為比起暴力行為更無法原諒。見：Angucia, supra, 164-67; Beth Verhey, Reaching the Girls 3 (2004); and Save the Children, Forgotten Casualties of War: Girls in Armed Conflict 20-21 (2005)。

64 See, e.g., Betancourt, Borisova, et al., supra, at 1.

65 See Atri and Cusimano, supra, 9. On child soldiers as victims, see Cécile Aptel, International Criminal Justice and Child Protection, in Parmar, Roseman, Siegrist, and Sowa, supra, at 67, 107; Jo Boyden, Moral Development of Soldiers: What Do Adults Have to Fear?, 9 Peace & Conflict: J. Peace Psychol. 343, 355 (2003), https://www.tandfonline.com/doi/abs/10.1207/s15327949pac0904_6. 反之，至少從在盧安達與獅子山共和國所做的研究來看，社群的成員會強調童兵要為他們的行動負責。見：Steven Freeland, Mere Children or Weapons of War— Child Soldiers and International Law, 29 U. of La Verne L. Rev. 19 (2012) (citing Save

Brief No. 21 (2016), http://www.internationalcrimesdatabase.org/upload/documents/20161209T155029-ICD%20Brief%20Nadia%20Grant%202.pdf

57 See Nicola Lacey and Hanna Pickard, To Blame or to Forgive? Reconciling Punishment and Forgiveness in Criminal Justice, 35 Oxford J. Legal Stud. 665 (2015).

58 Id. 女童兵經常遭到強暴，或是淪為叛軍的「妻子」，她們在性侵與生小孩之後可能遭到凌虐，但是許多人都說被自己的族人排斥是更痛苦的傷害。Amnesty International, Democratic Republic of Congo (DRC): Child Soldiers Abandoned (Oct. 11, 2006), https://www.amnesty.org/download/Documents/72000/afr620192006en.pdf; and Romaire, supra, 174-78. 國際法一直認定強暴屬於戰爭的罪。United Nations, International Criminal Tribunal for the Former Yugoslavia, http://www.icty.org/en/features/crimes-sexual-violence/landmark-cases; Report of the Secretary-General on Children and Armed Conflict, A/62/6009-S/2007/757 para. 42 (Dec. 21, 2007)（證據顯示，昆德拉將軍〔Gen. Laurent Khundra〕在剛果民主共和國的士兵把強暴當成一種戰爭時的武器）。

59 Theresa S. Betancourt, Ivelina Borisova, et al., Research Review: Psychosocial Adjustment and Mental Health in Former Child Soldiers—A Systematic Review of the Literature and Recommendations for Future Research, 54 J. Child Psychol. Psychiatry 17, 28, 30 (2013). 有些男孩也會遭受性暴力，並因此有了創傷。Romaire, supra, at 133。不是所有被綁架、加入叛軍或游擊隊的女孩都會被人強暴或跟對方有性關係。專家呼籲，要更注意這些年輕人不同的情況與經驗，以努力幫助他們回到主流社會。Chris Coulter, Female Fighters in the Sierra Leone War: Challenging the Assumptions?, 88 Feminist Rev. 54 (2008); and Yvonne E. Kearns, The Voices of Girl Child Soldiers 6-7, 15-17 (2002).

60 Betancourt and Borisova, supra, 28-30. See also Elisabeth Schauer and Thomas Elbert, The Psychological Impact of Child Soldiering, in Erin Martz, ed., Trauma Rehabilitation after War and Conflicts 311, 330, 341 (2010)（建立在每個人之上的創傷經驗，累積起來會增加創傷後壓力症候群的風險。）在此同時，若只關注性暴力，就忽略了他們的整體經驗。Machel, foreword, supra, at xiii; Fiona Ross, Bearing Witness: Women and the Truth Commission in South Africa 89 (2003); and Fionnuala Ní Aoláin, Exploring a Feminist Theory of Harm in the Context of Conflicted and Post-Conflict Societies, 35 Queen's L.J. 219, 240 (2009)。

61 以剛果民主共和國和烏干達為例，當地的檢察官無視於國際組織的批評，會以死刑罪起訴返鄉的童兵。Matthew Happold, The Age of Responsibility in International Law, in Karin Arts and Vesselin Popovski, International Criminal Accountability and the Rights of Children (2006), https://papers.ssrn.com/sol3/papers.cfm?abstract_id=934567; Dallaire, supra, at 125, 179-80。即使一國的法律不

Kickey, Minors' Rights in Medical Decision-making, 9 Healthcare Law, Ethics, & Regulation 100 (2007).

49 哈德爾在軍事委員前受審，因為五項戰爭罪而被控有罪：（1）違反戰爭法殺人；（2）違反戰爭法殺人未遂；（3）陰謀反叛；（4）支持恐怖主義；（5）從事間諜工作。Omar Khadr Returns to Canada, CBC News, Sept. 29, 2012, http://www.cbc.ca/news/canada/story/2012/09/29/omar-khadr-repatriation.html。

50 Jeanne Meserve, Youngest Guantanamo Detainee Pleads Guilty, CNN, http://www.cnn.com/2010/US/10/25/khadr.plea/index.html

51 Sheema Khan, Omar Khadr's Return Will Test Canada's Commitment, Globe and Mail, Sept. 30, 2012, https://www.theglobeandmail.com/opinion/omar-khadrs-return-will-test-canadas-commitment-to-war-children/article4577917/.

52 Omar Khadr to Stay Out on Bail After Federal Government Drops Appeal; Liberal Government Says It Is Reviewing Its "Litigation Strategy," CBC News (Feb. 18, 2016), http://www.cbc.ca/news/politics/omar-khadr-bail-fight-1.3454278. See Omar Khadr Returns to Canada, supra. See also Kent Roach, The Supreme Court at the Bar of Politics: The Afghan Detainee and Omar Khadr Cases, 28 Nat'l J. Const. L. (Canada) 115 (2010). See also Omar Khadr Fact Check, supra.

53 Rebecca Joseph, Justin Trudeau Says Anger Over Omar Khadr Case Will Ensure It Never Happens Again, Global News (Sept. 27, 2017), https://globalnews.ca/news/3773166/justin-trudeau-says-anger-over-omar-khadr-case-will-ensure-it-never-happens-again/; Omar Khadr: Canada Pays ex-Guantanamo Detainee $8.1m, Al Jazeera (July 7, 2017), http://www.aljazeera.com/news/2017/07/omar-khadr-canada-pays-guantanamo-detainee-81m-170707085329897.html; and Wherry, supra.

54 Wherry, supra (citing Angus Reid Institute survey). 美國因哈達爾犯罪的年齡，而破壞他在國際法之下的合法權利，請見：M. Mehdi Ali, Omar Khadr's Legal Odyssey: The Erasure of Child Soldier as a Legal Category, 46 Ga. J. Int'l & Comp. L. 347 (2018)。阿里（Ali）認為哈達爾招募童兵，違反了〈兒童權利規約任擇議定書〉以及安理會多項不得使用童兵的決議，而這都有聯合國的背書。Id., at 354-358。

55 See Patrick Griffin, Sean Addie, Benjamin Adams, and Kathy Firestine, Trying Juveniles as Adults: An Analysis of State Transfer Laws and Reporting, Juvenile Offenders and Victims: National Report Series Bulletin (Sept. 2011), https://www.ncjrs.gov/pdffiles1/ojjdp/232434.pdf

56 Nadia Grant, Duress as a Defence for Former child Soldiers?: Dominic Ongwen and the International Criminal Court, International Crimes Database

daily-chart-7。一般來說，全國各州是根據犯罪的嚴重程度把青少年當成成年人審判。見：Judicial "Waiver" (Transfer to Adult Court), http://criminal.findlaw.com/juvenile-justice/juvenile-waiver-transfer-to-adult-court.html; Campaign for Youth Justice, Fact Sheet; Akash Kumar, Age of Criminal Responsibility, 3 Int'l J. Soc. Sci. and Humanities Res. ISSN 2348-3164 (online) 115-21 (Jul.-Sept. 2015). 為了更貼近全球的標準，當個人因為在未成年時所犯的罪而遭到起訴時，美國最高法院禁止針對非殺人罪判處死刑與無期徒刑。Graham v. Florida, 560 U.S. 48 (2010); and Roger v. Simmons, 543 U.S. 551 (2005)（禁止死刑也適用於未滿十八歲所犯的罪）法院也拒絕對十八歲以下犯罪而被起訴的人給予強制性的無期徒刑，但允許根據個案的情況評估是否判處無期徒刑。Miller v. Alabama, 567 U.S. 460 (2012)。有些地方會根據這些決定來重新審視自身的法律，有些州則是呼籲聯邦政府立法開放十八歲以下犯罪而被判無期徒刑的所有案子在十年後開放重新審查。請見：Mandatory Life Without Parole for Juveniles: A State-By-State Look at Sentencing, Associated Press (Aug. 1, 2017), http://www.masslive.com/news/index.ssf/2017/08/a_look_at_mandatory_life_witho.html。

45 Jeff Tietz, The Unending Torture of Omar Khadr, Rolling Stone (Aug. 24, 2006), https://www.rollingstone.com/politics/politics-news/the-unending-torture-of-omar-khadr-181126/. See Michelle Shephard, Omar Khadr Fact Check Paints a Clearer Picture of the Case and the Incident Underlying It, Star (July 10, 2010), https://www.thestar.com/news/world/2017/07/10/omar-khadr-fact-check-paints-a-clearer-picture-of-the-case-and-the-incident-underlying-it.html

46 Outgoing SRSG Radhika Coomaraswamy Calls for Omar Khadr's Repatriation to Canada, Children and Armed Conflict, http://childrenandarmedconflict.un.org/press-releases/outgoing-srsg-radhika-coomaraswamy-calls-for-omar-khadrs-repatriation-to-canada/.

47 Compare Jonathan Kay, Omar Khadr Deserves His Settlement and His Apology from the Canadian Government: Brainwashed Child Soldiers Aren't Responsible for Their Actions, CBC News (July 5, 2017), http://www.cbc.ca/news/opinion/omar-khadr-settlement-1.4189890, with Aaron Wherry, What 3 Legal Minds Think About the Omar Khadr Settlement, CBC News (July 12, 2017), http://www.cbc.ca/news/politics/omar-khadr-legal-analysis-aaron-wherry-1.4199409 (discussing views of law professor Craig Forcese).

48 Boumedienne v. Bush, 553 U.S. 723 (2008). The U.S. Supreme Court has had its own debates over whether an adolescent has the maturity and culpability to face the death penalty and to make health care decisions. Compare Roper v. Simmons, 543 U.S. 551, 5680573 (2005) with id., at 617 (Scalia, J., dissenting); and Kathryn

41 聯合國〈兒童權利公約〉第一章獲得一百九十六個國家的認可（雖然有些國家有所保留），這份文件現在獲得美國以外的所有國家背書。公約本身並未訂定刑事責任的最低年紀，雖然文件的一般性意見書第十號（comment 10）的第三十二段（paragraph 32）建議以十二歲為界，「可以說，在委員會眼中，把最低刑事責任年齡訂在十二歲以下是一個國際上無法接受的年紀。鼓勵國家把它們的最低刑事責任年齡提高到十二歲，以此作為絕對最低年齡，並且繼續提高到更大的年紀。」Children's rights in juvenile justice, General Comment No. 10, Convention on the Rights of the Child (2007), http://www2.ohchr.org/english/bodies/crc/docs/CRC.C.GC.10.pdf。由於公約的緣故，愛爾蘭把刑事責任的年齡從七歲提高到十二歲。Children's Rights Alliance, From Rhetoric to Rights: Second Shadow Report to the United National Committee on the Rights of the Child (2006) (Republic of Ireland), para. 514, p. 73。法國的刑事責任不是取決於年齡，而是看他們分辨是非的能力。Children's Rights: France, http://www.loc.gov/law/help/child-rights/france.php。

42 UN Convention on the Rights of the Child, Article 38 (1989). 許多國家支持的〈任擇議定書〉則是把年齡提高到十八歲，簽約的國家應試著確保年輕人不會進入敵對狀態，也不會強迫徵召十八歲以下的人進武裝團體。請見：Optional Protocol to the Convention on the Rights of the Child on the Involvement of Children in Armed Conflict, A/ RES/54/263 (2000) (Article 1, Article 2)。

43 三個未加入公約的國家，其中有兩個（索馬利亞、蘇丹）最近已經批准。美國已經簽署，但國會以國家主權及父母權利為由並未批准。當美國最高法院裁定判決十八歲以下的死刑違憲之後，過去反對支持對年輕人使用死刑者的意見一下子變得毫無意義。（Roper v. Simmons, 543 U.S. 551 (2005)）有些人認為國會批准與否根本不影響美國是否這樣做，因為美國的憲法已經提供類似的保護。美國正逐案審視對未成年人犯罪後處以無期徒刑的判決。美國也是現在唯一會對未成年人施以無期徒刑的國家。請見：Connie de la Vega, Amanda Solter, Soo-Ryun Kwon, and Dana Marie Isaac, Cruel and Unusual: U.S. Sentencing Practices in a Global Context, University of San Francisco 61 (2012). 亦見：James Garbarino, Miller's Children: Why Giving Teenage Killers a Second Chance Matters for All of Us 6-8 (2018)。

44 美國的聯邦法律允許十八歲的時候就可以投票，但要到二十一歲的時候才可以喝酒或簽約。五十個州、哥倫比亞特區還有各個領土規定的刑事責任年齡都不一樣，像是北卡羅萊納州低至六歲。雖然有些州（三十五個）有規定最低刑事責任年齡，但任何年紀的小孩都有可能因為犯罪而遭到審判與起訴。The Minimum Age of Criminal Responsibility Continues to Divide Opinion, Economist (Mar. 15, 2017), https://www.economist.com/blogs/graphicdetail/2017/03/

tion for Peace, 44 Theor. Pract. 364 (2005).

28 28. Id., at 363.

29 Gates and Reich, supra, at 12.

30 Sima Atri and Salvator Cusimano, Perceptions of Children Involved in War and Transitional Justice in Northern Uganda 6 (2012).

31 Dallaire, supra, at 118.

32 Gates and Reich, supra, at 3, 7.

33 彭得（Arne Chorn-Pond）回想自己在柬埔寨的歲月，在紅色高棉時期，他與其他小孩必須壓抑自己的情感拿起槍，否則就要被殺。他在十二歲的時候，有人把槍拿給他，「那些拒絕拿槍的小孩都直接被一槍打爆腦袋……如果抗命，紅色高棉的人會從後面一槍把我們打死，我們試著逃離戰場。」請見：Arne Chorn-Pond, in Frederick Franck, Janis Roze, and Richard Connolly, eds., What Does it Mean to Be Human? 196 (2001)。

34 Graça Machel, The Impact of War on Children: A Review of Progress Since the 1996 United Nations Report on the Impact of Armed Conflict on Children (2001). 即使小孩自己的觀點也被放進來，還表達出他們自己對於能動性（agency）的理解，但他們在戰爭中的角色仍使得原本的人生戛然終止。請見：Opiyo Oloya, Child to Soldier: Stories from Joseph Kony's Lord's Resistance Army 6, 13, 18-25 (2013)。

35 Péter Klemensits and Ráchel Czirják, Child Soldiers in Genocidal Regimes: The Cases of the Khmer Rouge and the Hutu Power, 15 AARMS 215-22 (2016), https://www.uni-nke.hu/document/uni-nke-hu/aarms-2016-3-01-klemensits-czirjak.original.pdf

36 Oloya, supra, at 61.

37 Erin K. Baines, The Haunting of Alice: Local Approaches to Justice and Reconciliation in Northern Uganda, 1 Int'l J. of Transitional Justice 170-71, 180(2007)。至少在一些衝突中，許多（或許是大多數）童兵並非被迫加入。David M. Rosen, International Humanitarian Law and the Globalization of Childhood, 109 Am. Anthropol. 296 (2007)。

38 Baines, supra.

39 See Robyn Linde, The Globalization of Childhood: The International Diffusion of Norms and Law Against the Child Death Penalty (2016). 針對兒童法律地位的進一步的辯論，見：Virginia Morrow, Understanding Children and Childhood, Centre for Children and Young People, Background Briefing Series No. 1 (2011), https://epubs.scu.edu.au/cgi/viewcontent.cgi?article=1027&context=ccyp_pubs。

40 Oloya, supra, at 25.

maybe-we-die-recruitment-and-use-children-armed-groups。《羅馬規約》授權國際刑事法院懲罰那些招募十七歲以下作為童兵，或是利用他們參與敵對行動，包括後勤支援的人。Id., at 23。

20 Wairagala Wakabi, Lubanga Given 14-Year Jail Sentence, AllAfrica (July 10, 2012), https://allafrica.com/stories/201207101242.html; and Human Rights Watch, Courting History: The Landmark International Criminal Court's First Years (July 12, 2008)。獅子山共和國的特別法庭之前有個起訴徵募未成年人當兵的起訴案件，最終是無罪釋放。

21 Office of the Special Representative of the [UN] Secretary-General for Children and Armed Conflict, Child Recruitment and Use (n.d.), https://childrenandarmedconflict.un.org/six-grave-violations/child-soldiers/.

22 根據一九九八年的《羅馬規約》，徵募不滿十五歲的兒童加入國家武裝部隊，或利用他們積極參與敵對行動都犯了戰爭罪。Rome Statute of the International Criminal Court, Article 8(2)(b)(xxvi), July 17, 1998, 2187 U.N.T.S.90. Article 8(2)(b)(xxvi), Article 8(2)(e)(vii)（任何在十八歲之前涉入犯罪的人）類似條款也出現在獅子山特別法庭規約，請見：Statute of the Special Court for Sierra Leone, art. 4(c), Jan.16, 2002, 2178 U.N.T.S. 145。

23 Rome Statute of the International Criminal Court, Article 26, July 17, 1998, 2187 U.N.T.S. 90.《國際刑事法院羅馬規約》負起刑事責任的年齡交由各國法律決定。Penal Reform International, The Minimum Age of Criminal Responsibility (Justice for Children Briefing No. 4) (Feb. 2013), https://www.penalreform.org/wp-content/uploads/2013/05/justice-for-children-briefing-4-v6-web_0.pdf。

24 Peter W. Singer, Facing Saddam's Child Soldiers, Brookings (Jan. 14, 2003), http://www.brookings.edu/research/papers/2003/01/14iraq-singer. 有些學者預估近年來大約有三十萬的小孩加入武裝部隊（包括政府的與非政府的），雖然其他人對此數字有疑義。實際的數字或許不大可能確認。有個觀察者指出單單是康尼（Joseph Kony）一個人在烏干達就誘拐了三十萬名小孩，並讓他們去當兵。Jo Becker, Child Soldiers: A Worldwide Scourge, Human Rights Watch (Mar. 23, 2012), http://www.hrw.org/news/2012/03/23/child-soldiers-worldwide-scourge。

25 Becker, supra（指出有十四個國家使用童兵，包括哥倫比亞、緬甸與阿富汗。）美國國務院指出有一個國家使用童兵。另見：Jo Becker, U.S. Must Enforce Ban on Child Soldiers, Human Rights Watch (June 28, 2012), http://www.hrw.org/news/2012/06/28/us-must-enforce-ban-child-soldiers。

26 See generally Coalition to Stop the Use of Child Soldiers, Child Soldiers Global Report (2008).

27 Michael Wessells, Child Soldiers, Peace Education, and Postconflict Reconstruc-

11 Sarah Kenyon Lischer, War, Displacement, and the Recruitment of Child Soldiers in the Democratic Republic of Congo, in Gates and Reich, supra, at 143, 151.

12 Machel, supra; and UN News Centre, supra.

13 國際刑事法院於二〇〇二年最初由六十個國家（《羅馬規約》〔Rome Statute〕最低要求國家數）核准後成立，最近巴西打算退出，使得參加的國家降到一百二十二個。

14「徵募不滿十五歲的兒童加入國家武裝部隊，或利用他們積極參與敵對行動。」Rome Statute, Article 8 (2)(b) (xxvi)。這款條文主要是根據根據一九八九年的〈兒童權利公約〉還有一九七七年的〈日內瓦公約第一附加議定書〉（Additional Protocol 1 of the Geneva Conventions）。請見：Schabas, supra, at 50-51。二〇〇〇年在聯合國大會採用並於二〇〇二年生效的〈任擇議定書〉（Optional Protocol），把相關的年齡提高到十八歲。請見：Optional Protocol to the Convention on the Rights of the Child on the Involvement of Children in Armed Conflict, A/RES/54/263 (2000); Schabas, supra, at 51; and UNICEF, Coalition to Stop the Use of Child Soldiers, Guide to the Optional Protocol on the Involvement of Children in Armed Conflict (2003), http://www.unicef.org/publications/files/option_protocol_conflict.pdf。

15 一九九七年於開普敦以及二〇〇七年在巴黎所召開的國際人權會議，清楚表達受到近一百個國家所支持的規範，反對武裝團體徵募童兵，以保護或解除對這些人的動員。請見：Paris Principles, Principles and Guidelines on Children Associated with Armed Forces or Armed Groups (Feb. 2007); Cape Town Principles and Best Practices (April 1997)。截至二〇一〇年，有九十五個國家支持戰爭中不使用十七歲以下的士兵。Office of the Special Representative of the Secretary-General for Children and Armed Conflict, New Countries Endorse the Paris Commitments to End the Use of Child Combatants (Sept. 28, 2010), https://childrenandarmedconflict.un.org/press-release/28Sep10/.信守承諾則是另外一件事，許多簽署巴黎承諾（Paris Commitments）的國家卻被列在聯合國有招募童兵的黑名單上。請見：Gates and Reich, supra, at 3, 4。

16 Save the Children, Forgotten Casualties of War: Girls in Armed Conflict (2005).

17 Graça Machel, foreword, in Sharanjeet Parmar, Mindy Jane Roseman, Saudamini Siegrist, and Theo Sowa, eds., Children and Transitional Justice: Truth-Telling, Accountability and Reconciliation ix, xii (2010).

18 Angucia, supra, at 123-25.

19 Dallaire, supra at 149; and Human Rights Watch, "Maybe We Live and Maybe We Die": Recruitment and Use of Children by Armed Groups in Syria 3 (June 23, 2014), https://reliefweb.int/report/syrian-arab-republic/maybe-we-live-and-

World Health Organization, Adolescent Development, http://www.who.int/maternal_child_adolescent/topics/adolescence/dev/en/。一九四〇年，由於意識到年輕人可能在戰爭時期帶來威脅，英國命令所有從敵國來的十六歲以下男性難民（包括受到那裡保護的猶太難民），全部都要扣留或遞解出境。WWII People's War, BBC (2003-5), http://www.bbc.co.uk/history/ww2peopleswar/timeline/factfiles/nonflash/a6651858.shtml.

9 針對強迫（包括以毒品控制），請見：Magali Chelpiden Hamer, Youngest Recruits: Pre-War, War and Post-War Experiences in Western Côte d'Ivoire (2010)。漢默（Hamer）強調不同的人有不同的動機，強迫有各種不同的理由。有些學者特別強調強迫以及毒品控制，則是認為童兵就是受害的一方。比方說，Susan Tiefenbrun, Child Soldiers, Slavery and the Trafficking of Children, 31 Fordham Int'l L. J. 415 (2008); Sara A. Ward, Criminalizing the Victim: Why the Legal Community Must Fight to Ensure that Child Soldier Victims Are Not Prosecuted as War Criminals, 25 Georgetown J. Legal Ethics 821 (2012); and Kathryn White, A Chance for Redemption: Revising the "Persecutor Bar" and "Material Support Bar' in the Case of Child Soldiers, 43 Vand. J. Transnat'l L. 191 (2010)。桑寧（Francisco Gutiérrez Sanin）認為哥倫比亞的革命武裝力量發展出部隊的凝聚力並且有效地同化招募進來的童兵，以接收一波波的申請者。Francisco Gutiérrez Sanin, Organizing Minors: The Case of Colombia, in Scott Gates and Simon Reich, eds., Child Soldiers in the Age of Fractured States 121, 132-33 (2010).
針對輕型武器的影響，可參考莫三比克的政治領袖及人道主義者馬切（Graça Machel）的重要作品。他在一九九六年的重要報告詳細說明了童兵人數上升與輕型、便宜以及兒童可以輕易學會操作的武器普及之間的關係。Graça Machel, Impact of Armed Conflict on Children: Report of the Expert of the Secretary-General, submitted pursuant to General Assembly resolution 48/157 (Aug. 26, 1996); and UN News Centre, Strong Link Between Child Soldiers and Small Arms Trade, UN Experts Say (July 15, 2008), http://www.un.org/apps/news/story.asp?NewsID=27382#.U-pCA6PO9gY. See Margaret Angucia, Broken Citizenship: Formerly Abducted Children and Their Social Reintegration in Northern Uganda, Ph.D. thesis, Rijksuniversiteit Gronigen, 2010, http://www.researchgate.net/publication/50985029_Broken_Citizenship._Formerly_abducted_children_and_their_social_reintegration_in_northern_Uganda; and Roméo Dallaire, They Fight Like Soldiers, They Die Like Children: The Global Quest to Eradicate the Use of Child Soldiers 120-21 (2010).

10 Amnesty International, Hidden Scandal, Secret Shame: Torture and Ill-Treatment of Children (2000), https://www.amnesty.org/en/documents/ act76/005/2000/en/.

或者是延伸到未來的信用分數嗎？

118 這是默菲（Jeffrie Murphy）強推的立場，請見Murphy and Hampton, supra。See Derrida, supra（探索無條件寬恕與有條件寬恕兩個互不相容的立場）。

119 See Martha Minow and Elizabeth V. Spelman, In Context, 63 S. Cal. L. Rev. 1597 (1997).

120 Thomas Schröpfer, Material Design: Informing Architecture by Materiality 68 (2011); Jan Kośny and David W. Yarbrough, Thermal Bridges in Building Structures, in Raj P. Chhabra, ed., CRC Handbook of Thermal Engineering (2d. ed. 2017).

CHAPTER 1 ——寬恕年輕人

1 David Alan Harris, When Child Soldiers Reconcile: Accountability, Restorative Justice, and the Renewal of Empathy, 2 J. Hum. Rts. Prac. 332 (2010), doi.org/10.1093/jhuman/huq015.

2 Theresa S. Betancourt, The Social Ecology of Resilience in War-Affected Youth: A Longitudinal Study from Sierra Leone, in Michael Ungar, ed., The Social Ecology of Resilience: A Handbook of Theory and Practice, 347, 351-52 (2012).

3 Id.

4 請見本章「評估能動性（Agency）與責任」一節。

5 See generally Gary Bass, Stay the Hand of Vengeance: The Politics of War Crimes Tribunals (2000); Lynn Hunt, Inventing Human Rights: A History (2007); Samuel Moyn, The Last Utopia: Human Rights in History 44-83 (2010); and Nadia Bernaz and Remy Prouveze, International and Domestic Prosecutions, in M. Cherif Bassiouni, ed., The Pursuit of International Criminal Justice: A World Study on Conflicts, Victimization, and Post-Conflict Justice 269-398 (2010).

6 William A. Schabas, An Introduction to the International Criminal Court 1 (2001); and René Blattmann and Kirsten Bowman, Achievements and Problems of the International Criminal Court: A View from Within, 6 J. Int'l Crim. Just. 711 (2008).

7 「國際刑事法避免起訴兒童，而是把此事交給各國的立法機構，因此刑事責任的年齡界線最低是從六歲開始。」請見：Darija Markovic, Child Soldiers: Victims or War Criminals?: Criminal Responsibility and Prosecution of Child Soldiers Under International Criminal Law, Dec. 14, 2015, http://www.raun.org/uploads/4/7/5/4/47544571/paper__2_.pdf., citing "Special Protections: Progress and Disparity," UNICEF website, htto://www.unicef.org/pon97/p56a.hm。

8 國際衛生組織定義的青少年（adolescent）是指年齡介於十歲到十九之間的人。

missteps.authcheckdam.pdf. 塔夫特還把律師濫用藥物的比例連結到這項限制。請見：Taft, supra (citing Joseph Wielebinski, Culture Shock: A Groundbreaking Empirical Study Confirms that Lawyers Face Unprecedented Substance Abuse and Mental Health Challenges, Tex. Bar J. [Mar. 2016], https://www.texasbar.com/AM/Template.cfm?Section=Table_of_contents&Template=/CM/ContentDisplay.cfm&ContentID=32751.) For further discussion, see Lee Taft, When More Than Sorry Matters, 13 Pepp. Disp. Resol. L. J. 181, 185 n. 21 (2013).

110 Allais, supra, at 33.

111 很重要的是要理解，假如受害者拒絕參加，即使是採取「一個都不能放」(受害者不想控告也要起訴)原則的司法權也會遭到削弱。

112 法官阿奎麗娜(Judge Rosemarie Aquilina)以性侵及性騷擾將納賽爾(Larry Nassar)判刑，她決定要讓那些說自己遭到前美國體操隊隊醫性侵的女性在法庭上與他面對面，說出他的行為對她們的影響。美國憲法第六修正案的「對質條款」(Confrontation Clause)賦予美國人在法庭上面對原告的權利；阿奎麗娜反過來做，允許所有的原告發表受害者影響聲明，告訴納賽爾還有全世界他的所有作為。Sophie Gilbert, The Transformative Justice of Judge Aquilina, Atlantic (Jan. 25, 2018), https://www.theatlantic.com/entertainment/archive/2018/01/judge-rosemarie-aquilina-larry-nassar/551462/。針對艾希曼二次大戰期間為允許德國執行「猶太人問題最終解決方案」(Final Solution)所犯的罪，戰後在以色列的審判中允許一百二十名受害者作證並回溯當時的情況，也幫忙改變了受害人在國際刑事審判中的地位。請見：The Eichmann Trial Fifty Years On, 29 German History 265 (June 2011) (questions and responses by editors Leora Bilsky, Donald Bloxham, Lawrence Douglas, Annette Weinke, and Devin Pendas), https://academic.oup.com/gh/article/29/2/265/705308.

113 Jill Radsken, Nassar (sic) Accuser Opts for Justice, Forgiveness, Harv. Gazette (Apr. 6, 2018), https://news.harvard.edu/gazette/story/2018/04/faith-helped-former-gymnast-surmount-abuse-she-tells-harvard-audience/.

114 Simon Wiesenthal, The Sunflower: On the Possibilities and Limits of Forgive ness (rev. ed. 1998).

115 Colombia Pardons First FARC Troops Under Amnesty Law, Telesur (Feb. 28, 2017), https://www.telesurtv.net/english/news/Colombia-Pardons-First-FARC-Troops-Under-Amnesty-Law-20170228-0002.html.

116 See Solomon Schimmel, Wounds Not Healed by Time: The Power of Repentance and Forgiveness 45 (2002); and Linda Mills, Violent Partners: A Breakthrough Plan for Ending the Cycle of Abuse (2009).

117 假如是這樣，寬恕應該要延伸到稅務的處理嗎？(因為寬恕借款可以課稅)，

2009), https://www.newyorker.com/magazine/2009/04/13/i-o-u.

100 Paul Butler, Chokehold: Policing Black Men (2017); and Paul Butler, The System Must Counteract Prosecutors' Natural Sympathies for Cops, N.Y. Times (Apr. 28, 2015), https://www.nytimes.com/roomfordebate/2014/12/04/ do-cases-like-eric-garners-require-a-special-prosecutor/the-system-must-counteract-prosecutors-natural-sympathies-for-cops.

101 Susan Jacoby, Wild Justice: The Evolution of Revenge (1983)。復仇的欲望似乎與防止個人再次傷害有關，見：Michael E. McCullough, Eric. J. Pedersen, Benjamin A. Tabak, and Evan C. Carter, Conciliatory Gestures Promote Forgiveness and Reduce Anger in Humans, 111 P. Nat'l. Acad. Sci. USA (July 14, 2014), http:// www.pnas.org/ content/111/30/11211.full。

102 詳細辯論，見：Murphy and Hampton, supra。

103 Reinhold Neibuhr, The Irony of American History 63 (1952-2008)（在我們眼中的道德之舉，在朋友或敵人眼中不見得有道德。因此，我們必須要由愛的最終形式得到救贖，那就是寬恕。）

104 Whitehead and Lab, supra, at 355-56。修復式司法措施超越了未成年人的司法，把宗教與其他組織都包含進來。請見：Center for Restorative Justice, http:// www.suffolk.edu/college/centers/14521.php; Community Justice Initiatives Association, http://www.cjibc.org/ restorative_justice.

105 See Lenore Weitzman, The Divorce Revolution: The Unexpected Social and Economic Consequences for Women and Children in America 16-17 (1985).

106 Victim Impact Statements, Forensic Psychology (n.d.), https://psychology.iresearchnet.com/forensic-psychology/trial-consulting/victim-impact-statements/.

107 Susan A. Bandes, What Are Victim Impact Statements For?, Atlantic (July 23, 2016), https://www.theatlantic.com/politics/archive/2016/07/what-are-victim-impact-statements-for/492443/.

108 See Stewart Macaulay, Non-Contractual Relationships in Business: A Preliminary Study, 28 Am. Soc. Rev. 55 (1963); Ian MacNeil, The Many Futures of Contract, 47 S. Cal. L. Rev. 691 (1974).

109 See Lee Taft, The Lawyer as Victim: The Psychic Cost of Legal Error on Practitioners (2017); Douglas R. Richmond and John C. Bonnie, My Bad: Creating a Culture of Owning Up to Lawyer Missteps and Resisting the Temptation to Bury Professional Error, presentation to the Annual Conference of the Litigation Section of the American Bar Association, New Orleans, Apr. 16, 2015, http://www.americanbar.org/content/dam/aba/administrative/litigation/ materials/2015-sac/written_materials/18_1_my_bad_creating_a_culture_ of_owning_up_to_lawyer_

When Political Transitions Work 219-220 (2018)。

89 Mitchel P. Roth, An Eye for an Eye? A Global History of Crime and Punishment (2015); Peter Townsend, An Eye for an Eye? The Morality of Punishment, Jubilee Centre, http://www.jubilee-centre.org/an-eye-for-an-eye-the-morality-of-punishment/.

90 Timothy V. Kaufman-Osborn, Proportionality Review and the Death Penalty, 29 Just. System J. 257(2013), https://www.tandfonline.com/doi/abs/10.1080/0098261X.2008.10767892.

91 David Mitchell, Families of Murder Victims Rally Against the Death Penalty, KWGN TV (Jan. 8, 2014), http://kwgn.com/2014/01/08/families-of-murder -victims-rally-against-death-penalty/; Rachel King, Don't Kill in Our Names: Families of Murder Victims Speak Out Against the Death Penalty (2003).

92 Stephenie Duvien, Battered Women and the Full Benefit of Self-Defense Laws, 12 Berkeley J. Gender L. & Just. 103, 106 (1997).

93 Nicola Lacey and Hanna Pickard, To Blame or to Forgive?: Reconciling Punishment and Forgiveness in Criminal Justice, 35 Oxford J. Legal Stud. 655 (2015), https://www.ncbi.nlm.nih.gov/pmc/articles/PMC4768713/.

94 William J. Stuntz, The Collapse of American Criminal Justice (2011); and William J. Stuntz, The Pathological Politics of Criminal Law, 100 Mich. L. Rev. 505 (2001).

95 Carol Steiker, Murphy on Mercy: A Prudential Reconsideration, 27 Crim. Just. Ethics 45, 48-50 (2008); Carol S. Steiker, Criminalization and the Criminal Process: Prudential Mercy as a Limit on Penal Sanctions in an Era of Mass Incarceration, in R. A. Duff, Lindsay Farmer, S. E. Marshall, Massimo Renzo, and Victor Tadros, eds., The Boundaries of Criminal Law (2010).

96 Aleksandra Wagner, Introduction: "I Was Born in an Unforgiving Country," in Aleksandra Wagner and Carin Kuoni, eds., Considering Forgiveness 13, 14 (2009).

97 Carol J. Cramer, The Politics of Resentment: Rural Consciousness in Wisconsin and the Rise of Scott Walker 5, 6, 23, 223 (2016).

98 Van der Merwe and Chapman, supra; Mahmood Mamdani, The Truth According to the TRC, in Ifi Amadiume and Abdullahi A. An-Naim, eds., The Politics of Memory: Truth, Healing and Social Justice 176-83 (2000); Mahmood Mamdani, A Diminished Truth, in Wilmot James and Linda van der Vijver, eds., After the TRC: Reflections on Truth and Reconciliation 58-61 (2001); and Claire Moon, Narrating Political Reconciliation: Truth and Reconciliation in South Africa, 15 Soc. & Legal Stud. 257-75 (2006).

99 See Jill Lepore, I.O.U.: How We Used to Treat Debtors, New Yorker (Apr. 13,

81 Charleston Church Shooting.

82 Quoted in Stacey Patton, Black America Should Stop Forgiving White Racists, Wash. Post(June 22, 2015), https://www.washingtonpost.com/ posteverything/wp/2015/06/22/black-america-should-stop-forgiving-white-racists/?utm_term=.28f3245cacf1.

83 Robert Barron, Forgiving Dylann Roof, First Things (Mar. 2017), https://www.firstthings.com/article/2017/03/forgiving-dylann-roof.

84 Brandon Tensley, With Dylann Roof, Sentenced to Death, Black People Are Expected to Forgive, Pacific Standard (Jan. 11, 2017), https://psmag.com/news/ with-dylann-roof-sentenced-to-death-black-people-are-expected-to-forgive.

85 Myisha Cherry, Can You Find It in Your Heart to Forgive: Race, Request, and Repair, presented at Harvard (Sept. 13, 2017), http://hutchinscenter.fas.harvard.edu/fall-colloquium-myisha-cherry-.

86 Patton, supra. See also Julia Craven, It's Not Black Folks' Burden to Forgive Racist Killers, Huff. Post (July 1, 2015), https://www.huffingtonpost.com/2015/07/01/forgiveness-charleston-shooting_n_7690772.html; Kiese Laymon, Black Churches Taught Us to Forgive White People: We Learned to Shame Ourselves, Guardian(June 23, 2015), https://www.theguardian.com/commentisfree/2015/jun/23/black-churchesforgive-white-people-shame.

87 Women Are Better at Forgiving, AAS EurekAlert (Feb. 18, 2011), describing Carmen Maganto and Maite Garaigordobil, Evaluación del perdón: Diferencias generacionales y diferencias de sexo, 42 Revista Latinoamericana de Psicología 391-403 (2010); Kara Post Kennedy, Where Is the Gender Divide When It Comes to Forgiveness? Do We Understand the Fine Line Between Forgiveness and Enabling?, Good Men Project(Apr. 30, 2017), https://goodmenproject.com/featured-content/the-gender-bias-of-forgiveness-kpk-jrmk/; and Leah Whittington, Renaissance Suppliants: Poetry, Antiquity, Reconciliation 178-79, 196 (2016).

88 See Cordelia Fine, Delusions of Gender: How Our Minds, Society, and Neurosexism Create Difference (2011); Psyched, Why Women Are Tired: The Price of Unpaid Emotional Labor, Huff. Post (April 6, 2016), https:// www.huffingtonpost.com/psyched-in-san-francisco/why-women-are-tired-the-p_b_9619732.html。針對情緒勞動與性別的討論，請見：Suzannah Weiss, 50 Ways People Expect Constant Emotional Labor from Women and Femmes, Everyday Feminism(Aug. 15, 2016), https://everydayfeminism.com/2016/08/women-femmes-motional-labor/。假如寬恕的性別面向並未受到操縱，處理威權統治及武力衝突之下和解工作裡的男女權力關係，就特別有挑戰性，也特別關鍵。請見：Fanie du Toit,

and Other Such Discretionary Factors in Assessing Criminal Punishment, University of Pennsylvania Public Law and Legal Theory Research Paper Series, Research Paper No. 11-12, https://www0.gsb.columbia.edu/mygsb/faculty/research/pubfiles/5664/extralegal_ punishment_ factors.pdf. See also Paul H. Robinson and Sarah M. Robinsin, Shadow Vigilantes: How Distrust in the Justice System Breeds a New Kind of Lawlessness (2018).

75 Moshe Halbertal, At the Threshold of Forgiveness: A Study of Law and Narrative in the Talmud, Jewish Review of Books(Fall 2011), https:// jewishreviewofbooks.com/articles/74/at-the-threshold-of-forgiveness-a-study-of-law-and-narrative-in-the-talmud/.

76 See Sorry Works! Making Disclosure a Reality for Healthcare Organizations, http://www.sorryworks.net/apology-laws-cms-143.

77 Charles R. Swindoll, Simple Faith 258 (2003)(他把賈維警探描述成「完美的執法者」)。

78《馬太福音》(6：9-13)「所以，你們禱告要這樣說：我們在天上的父：願人都尊你的名為聖。願你的國降臨；願你的旨意行在地上，如同行在天上。我們日用的飲食，今日賜給我們。免我們的債，如同我們免了人的債。不叫我們遇見試探；救我們脫離兇惡。」另見，《路加福音》(11：2-4)「我們在天上的父；願人都尊你的名為聖。願你的國降臨；願你的旨意行在地上，如同行在天上。我們日用的飲食，天天賜給我們。赦免我們的罪，因為我們也赦免凡虧欠我們的人。不叫我們遇見試探。」

79 針對強迫寬恕的風險，請見以下詳細的討論：Adam Grant, Give and Take (2013); Carol Greenhouse, Praying for Justice (1989), and Deborah Shurman-Kauflin, Why You Don't Always Have to Forgive, Psychology Today, Aug. 21, 2012, https://www.psychologytoday.com/blog/ disturbed/201208/why-you-dont-always-have-forgive。

80 Charleston Church Shooting: Angry, Forgiving Families Confront Dylann Roof at Sentencing Hearing, Chicago Tribune (Jan. 11, 2017), http://www.chicagotribune.com/news/nationworld/ct-dylann-roof-death-sentence-20170111-story.html; Mark Berman, "I forgive you": Relatives of Charleston Church Shooting Victims Address Dylann Roof, Wash. Post (June 19, 2015), https://www.washingtonpost.com/news/post-nation/wp/2015/06/19/i-forgive-you-relatives-of-charleston-church-victims-address-dylann-roof/?utm_term=.695553b987d5; Nikita Stewart and Richard Pérez-Peña, In Charleston, Raw Emotion at Hearing for Suspect in Church Shooting, N.Y. Times, June 19, 2015, https://www.nytimes.com/2015/06/20/us/ charleston-shooting-dylann-storm-roof.html.

63 George Burton Adams, The Origin of English Equity, 16 Colum. L. Rev. 87, 91, 97 (2016).
64 The Domestic Violence Survivors Justice Act Challenges Double Punishment, Correctional Association of New York (June 19, 2017), https://www.correctionalassociation.org/news/the-domestic-violence-survivors-justice-act-challenges-double-punishment.
65 Forgiving and Forgetting in American Justice: A 50-State Guide to Expungement and Restoration of Rights, Collateral Consequences Resource Center 2-25 (Oct. 2017).
66 Id., at 17-23.
67 Louise Mallinder, Amnesty, Human Rights and Political Transitions: Bridging the Peace and Justice Divide 4-5, 160-82, 185-89, 399 (2008).
68 Id., at 369 (quoting Tom Winslow, Reconciliation: The Road to Healing? Collective Good, Individual Harm? [1997] 6 Track Two).
69 Alicia A. Caldwell, Today's Immigration Debate Rooted in Reagan "Amnesty," Experts Say, PBS NewsHour (Aug. 23, 2016), https://www.pbs.org/newshour/nation/todays-immigration-debate-rooted-reagan-amnesty-experts-say.
70 Offer in Compromise, IRS (2018), https://www.irs.gov/payments/offer-in-compromise; Liz Weston, Why Debt Forgiveness Isn't What It Seems, Nerd-Wallet (Dec. 7, 2017), https://www.nerdwallet.com/blog/finance/debt-forgiveness/.
71 Juliet Bennett Rylah, Retired Parking Enforcement Officers Claim City Uses Illegal Quotas, LAIST, May 12, 2014, http://laist.com/2014/05/12/retired_ parking_enforcement_officer.php; Stephanos Bibas, Rewarding Prosecutors for Performance, 6 Ohio St. J. Crim. L. 441 (2009); Edward P. Stringham, Prosecutors Are Rewarded for Convictions, Independent (May 22, 2007), http://www.independent.org/newsroom/article.asp?id=2024.
72 Anna Pratt and Lorne Sossin, Brief Introduction of the Puzzle of Discretion, 24 Canadian J. L. & Soc. 301 (2009).
73 Carol Steiker, Passing the Buck on Mercy, Wash. Post (Sept. 7, 2008), http://www.washingtonpost.com/wp-dyn/content/article/2008/09/05/ AR2008090502971.html。「我們要如何評判大規模監禁衝到高峰？慈悲心的下降扮演很重要的角色。司法體系中每一個階段的改革者帶著一種高尚的意圖，想要把理性與秩序帶入混亂甚至是帶有歧視的刑事司法體系，他們都試著限制酌情裁量者向懲罰性政策說不的權力。」
74 Paul H. Robinson, Sean E. Jackowitz, and Daniel M. Bartels, Extralegal Punishment Factors: A Study of Forgiveness, Hardship, Good Deeds, Apology, Remorse

50 See Heather Strang and Lawrence W. Sherman, Repairing the Harm: Victims and Restorative Justice, 15 Utah L. Rev. 15 (2003).

51 Joanna Shapland, Forgiveness and Restorative Justice: Is It Necessary? Is It Helpful?, 5 Oxford J. L. & Relig. 94 (Feb. 2016), https://academic.oup.com/ojlr/article/5/1/94/1752338.

52 Whitehead and Lab, supra, at 357.

53 See Institute for Restorative Justice and Restorative Dialogue, https://irjrd.org/our-initiatives/.

54 UNICEF, Toolkit on Diversion and Alternatives to Detention, https://www.unicef.org/tdad/index_56370.html;Ted Wachtel, My Three Decades of Using Restorative Practices with Delinquent and At-Risk Youth: Theory, Practice and Research Outcomes, delivered at the First World Congress on Restorative Juvenile Justice, Lima, Peru, Nov. 5, 2009.

55 Desmond Tutu, No Future Without Forgiveness 271 (1999).

56 Robert W. Taylor and Eric J. Fritsch, Juvenile Justice: Policies, Programs and Practices 313 (4th ed. 2014).

57 Id., at 431。「犯罪切斷受害者、犯罪者與家人之間的連結。它打破了安全的基礎，還有社會賴以建立的信任。雖然犯罪者必須要對恢復相互尊重扛起完全的責任，但整個社群都需要加入提供了解與支持。」(432).

58 Tameside Metropolitan Borough, Youth Offending: Restorative Justice, https://www.tameside.gov.uk/yot/restorativejustice.

59 See Derrida, supra (quoting a victim speaking at the TRC). See Cláudia Perrone-Moisés, Forgiveness and Crimes Against Humanity: A Dialogue Between Hannah Arendt and Jacques Derrida, HannahArendt.net (2006), http://www.hannaharendt.net/index.php/han/article/view/90/146. 德希達（Derrida）認為國家可以審判，但只有人民可以寬恕。

60 See Martha C. Nussbaum, Anger and Forgiveness: Resentment, Generosity, and Justice (2016)（呼籲避免憤怒，並且反對那種需要加害者表演悔改以作為發生傷害行為之後，讓受害者釋放憤怒的條件之寬恕形式）

61 這一點我要感謝羅尼（Alexander Rodney），他根據哲學家斯坎倫（Thomas Scanlon）與國際公法的作品發展出這個概念。請參考：Alexander J. Rodney, Law and the Forgiveness Narrative: The Path from Corrective Justice to Reconciliation and Moral Repair, LL.M. Paper, Harvard Law School, Apr. 2012（這篇論文是由我與斯坎倫教授共同指導）。

62 The Code of Hammurabi, 48, 117, http://www.constitution.org/ime/ hammurabi.pdf.

38 真相與和解委員會的運作暴露出和解這個概念的模糊與多重性，可以指涉個人之間的關係、建構一個整合的政治社群、或者是不管現實的基礎打造一種團結的敘事。請見：Tristan Anne Borer, Reconciling South Africa or South Africans? Cautionary Notes from the TRC, 8 Afr. Stud. Q. (2004), http://asq.africa.ufl.edu/v8/v8i1a2.htm。南非教育家海倫伯格（Roy Hellenberg）向我解釋，真相與和解委員會留下來的持續性問題是政治的寬恕與和解是否為正確的概念，或者是個人的仁慈以及對於結構不公正的關注是否更有意義。他也發現曼德拉個人的行動意願以及對憤怒的控制，比較起屠圖大主教努力說服其他人寬恕的舉動，顯得更有吸引力。Personal conversation, Aug. 30, 2018。

39 Priscilla Hayner, Unspeakable Truths: Transitional Justice and the Challenge of Truth Commissions (2011).

40 Susan McKay, Bear in Mind These Dead 296 (2008).

41 Id.

42 Jay A. Vora and Erika Vora, The Effectiveness of South Africa's Truth and Reconciliation Commission: Perceptions of Xhosa, Afrikaner, and English South Africans, 34 J. Black Stud. 301 (2004).

43 James L. Gibson, The Contributions of Truth to Reconciliation: Lessons from South Africa, 50 J. Conflict Resolut. 409 (2006), http://www.arts.yorku.ca/politics/ncanefe/courses/pols4255/pdf/Week%209%20Gibson.pdf; David Backer, Evaluating Transitional Justice in South Africa from a Victim's Perspective, 12 J. Int'l Institute (Winter 2005), http://hdl.handle.net/2027/spo.4750978.0012.207 (reporting study of Cape Town residents).

44 United Nations, International Convention on the Protection of All Persons from Enforced Disappearance, Resolution A/RES/61/177; see Article 24.

45 Howard Zehr, Changing Lenses: Restorative Justice for Our Times (2015); Marilyn P. Armour and Mark S. Umbreit, The Paradox of Forgiveness in Restorative Justice, in E. L. Worthington, Jr., ed., Handbook of Forgiveness (2004).

46 Rosemary Thompson, Helping Communities Heal, Chicago Bar Association News 1213 (Feb./Mar. 2018).

47 University of Michigan, Office of Student Conflict Resolution, Restorative Justice Circles, https://oscr.umich.edu/article/restorative-justice-circles.

48 Amos Clifford, Center for Restorative Process, Teaching Restorative Practices with Classroom Circles (prepared for San Francisco Unified School District), https://bit.ly/2OhhsNK.

49 John T. Whitehead and Steven P. Lab, Juvenile Justice: An Introduction 343-54 (8th ed. 2015). 假如犯罪的人一直都不是社群的一分子，更有挑戰的問題就會出現。

28 當時的司法部長歐馬（Dullah Omar）解釋：「委員會是讓南非人從一個道德上可以接受的基礎思考以及推動和解理由的必要作法。」"Tutu and His Role in the Truth & Reconciliation Commission," South African History Online (2016), http://www.sahistory.org.za/article/his-role-truth-reconciliation-commission。真相與和解委員會法（The TRC Act）指導委員會針對每一個大赦申請案去思考申請人是否承認錯誤（可能有藉口或是有正當理由）、違法行為是否跟政治目標有關、行動是否與該目標吻合、還有申請人是否把相關事實全盤說出。請見：Brandon Hamber and Steve Kibble, From Truth to Transformation: The Truth and Reconciliation Commission in South Africa (1999), http://www.csvr.org.za/publications/1714-from-truth-to-transformation-the-truth-and-reconciliation-commission-in-south-africa.html。

29 Desmond Tutu, No Future Without Forgiveness 272 (1999).

30 Id.

31 Alex Boraine, A Country Unmasked: Inside South Africa's Truth and Reconciliation Commission (2001)。伯拉寧（Boraine）最近對於南非民主派的後代陷入不穩定與腐敗感到悲傷。見：Alex Boraine, What Went Wrong?: South Africa on the Brink of Failed Statehood (2014)。

32 Trudy Govier, Forgiveness and Revenge 144-45 (2011).

33 Priscilla B. Hayner, Unspeakable Truths, Confronting State Terror and Atrocity 144 (2001); Pierre Hazan, Measuring the Impact of Punishment and Forgiveness: A Framework for Evaluating Transitional Justice, 88 Int'l Rev. Red Cross 19, 41 (Mar. 2006), https://www.icrc.org/eng/assets/files/other/ irrc_861_hazan.pdf.

34 南非反種族隔離的行動主義者比科（Steven Biko）領導黑人意識運動（Black Consciousness movement）並在監獄裡慘死，進一步激起對政權的挑戰，請參考：Donald Wood, Biko (1991)以及一九八七年的電影《哭喊自由》（Cry Freedom）。

35 紀爾（Paul Van Zyl）點出：「不論是過去與現任的領導人，都對於真相與和解委員會最終報告的內容感到失落的事實，或許充分證明真相與和解委員會以公平與不偏頗的態度履行了它的委任工作。」見：Paul Van Zyl, Dilemmas of Transitional Justice: The Case of South Africa's Truth and Reconciliation Commission, 52 J. Int'l Aff. 648 (1999), http://center.theparentscircle.org/images/d96de38c44bc4080be6d8ffe2a172ccc.pdf。

36 Hugo van der Merwe and Audrey R. Chapman, Did the TRC Deliver?, in Audrey R. Chapman and Hugo van der Merwe, eds., Truth and Reconciliation in South Africa: Did the TRC Deliver? 241 (2008).

37 Audrey R. Chapman, Perspectives on the Role of Forgiveness in the Human Rights Violations Hearings, in Chapman and Van der Merwe, supra, at 80.

17 Harold S. Kushner, How Good Do We Have to Be: A New Understanding of Guilt and Forgiveness 107 (1996).

18 Jodi Picoult, The Storyteller 438 (2013).

19 See Forgiveness: A Sampling of Research Results, American Psychological Association (2006), http://www.apa.org/international/resources/forgiveness.pdf。針對各個領域致力於寬恕研究的網站，請見：http://www.forgiving.org/campaign/research.asp。另見：Hampton, supra。

20 針對強迫寬恕的風險最詳細的探討，請見：Adam Grant, Give and Take (2013); Carol Greenhouse, Praying for Justice (1989); and Deborah Shurman-Kauflin, Why You Don't Always Have to Forgive, Psychology Today(Aug. 21, 2012), https://www.psychologytoday.com/blog/disturbed/201208/why-you-dont-always-have-forgive.

21 Rebecca Saunders, Questionable Associations: The Role of Forgiveness in Transitional Justice, 5 Int'l J. Transitional Just. 119, 136-40 (2011).

22 See, e.g., Fyodor Dostoevksy, Crime and Punishment (1866); Charlotte Brontë, Jane Eyre (1847); Ayn Rand, Atlas Shrugged (1957); J.R.R. Tolkien, The Fellowship of the Ring 56, 627 (1954); The Two Towers 347, 467-69 (1955); The Return of the King 947 (1955).

23 幾個例子如：Brian Adams, "Please Forgive Me," https://www.youtube.com/watch?v=7x8wPt8xarE; Adele, "Hello," https://www.youtube.com/watch?v=YQHsXMglC9A; Christina Aguilera, "Hurt," https://www.youtube.com/watch?v=wwCykGDEp7M; John Lennon, "Jealous Guy," https://www.google.com/search?q=john+lennon+jealous+guy&ie=utf-8&oe=utf-8&client=firefox-b-1。

24 James Wright, D.C. Area Mother's Tea Focuses on Forgiveness, Preventing Violence, Afro (Sept. 2, 2015), http://www.afro.com/d-c-area-mothers-tea-focuses-on-forgiveness-preventing-violence/;Michelle Boorstein, At the Willard, Tea and Empathy, Wash. Post, Sept. 2, 2008, http://www.washingtonpost.com/wp-dyn/content/article/2008/09/01/ AR2008090102542.html.

25 See Jeffrie G. Murphy, Forgiveness and Resentment, in Jeffrie G. Murphy and Jean Hampton, Forgiveness and Mercy 33 (1988).

26 See Jules Coleman, Adding Institutional Insult to Personal Injury, 8 Yale J. Reg. 223, 224 (1990).

27 針對轉型正義，請見：Tricia D. Olsen, Leigh A. Payne, and Andrew G. Reiter, Transitional Justice in Balance: Comparing Processes, Weighing Efficiency (2010); and Ruti G. Teitel, Transitional Justice (2002)。

How Forgiveness Benefits Your Health: Forgiving Wrongdoers Can Expand Physical Fitness, Medical Daily (Jan. 7, 2015), https:// www.medicaldaily.com/how-forgiveness-benefits-your-health-forgiving-wrongdoers-can-expand-physical-fitness-316902。針對寬恕的研究請見：William Bole, Drew Christiansen, and Robert T. Hennemeyer, Forgiveness in International Politics: An Alternative Road to Peace (2004); Pumla Gobodo-Madikizela, Forgiveness and the Maternal Body: An African Ethics of Interconnectedness (2011); Charles Griswold, Forgiveness: A Philosophical Exploration (2008); Michael Henderson, Forgiveness: Breaking the Chain of Hate (1999); Aaron Lazare, On Apology (2005); D. Tibbits, G. Ellis, C. Piramelli, Fred Luskin, and R. Lukman, Hypertension Reduction Through Forgiveness Training, 60 Journal of Pastoral Care and Counseling 27-34 (2006); Leonel Narvaez, ed., Political Culture of Forgiveness and Reconciliation (2010); Margaret Walker, Moral Repair (2008); and E. L. Worthington, Jr., The Power of Forgiveness (2006)。約翰．坦普雷頓基金會（John Templeton Foundation）在一九九八年啟動了一項慈善計畫，支持研究寬恕，請見：A Campaign for Forgiveness Research, http://www.templeton.org/what-we-fund/ grants/a-campaign-for-forgiveness-research。

15 See Angela Haupt, How to Forgive, and Why You Should, US News & World Report, Sept. 29, 2012, http://health.usnews.com/health-news/articles/2012/08/29/how-to-forgive-and-why-you-should; and Nara Schoenberg, A Journey to Forgive Daughter's Murderer, Chicago Tribune 15 (Dec. 27, 2017)（曼怡〔Barbara Mangi〕在寬恕殺害他女兒的兇手之後，克服了恐懼、憤怒與令人窒息的悲傷。）生理與心理上的幸福可以透過寬恕以及放下抱持憤恨的壓力與負擔而得到強化。威斯康辛大學發展心理學家羅伯特．恩萊特博士（Dr. Robert Enright）指出寬恕的治療有釋放憤怒、決定寬恕、做出寬恕以及釋放情感壓抑等階段。他發現有心臟疾病的病人追求寬恕療法相較於那些只接受標準治療與諮商的人，可以得到更好的結果。請見：Martina A. Waltman, D. C. Russell, C. T. Coyle, R. D. Enright, A. C. Holter, and C. Swoboda, The Effects of Forgiveness Intervention on Patients with Coronary Artery Disease, 24 Psychology and Health 11-27 (2009); and Megan Feldman Bettencourt, The Science of Forgiveness: "When You Don't Forgive You Release All the Chemicals of the Stress Response," Salon (Aug. 23, 2015), https://www.salon.com/2015/08/23/the_science_of_ forgiveness_when_you_dont_forgive_you_release_all_the_chemicals_of_ the_stress_response/（恩萊特與其他人所做的研究，主要是得到坦普雷頓基金會寬恕研究計畫的支持。）

16 Kent Matlock, Pay the Grace Forward, N.Y. Times (Oct. 2, 2011).

寬恕。」Forgiveness, Ahavat-Israel, http://www.ahavat-israel.com/am/forgive。另見：Mishnet Torah Teshuva 2:10（當有冒犯者請求〔prar-thana〕原諒〔kshama, daya, krupa〕，你應該要誠心誠意且心甘情願地寬恕。）印度教的教義強調：「尋求寬恕的舉動可以單方面進行，不需要另一方現身、允許或期待。」給予救助（anugraha-pradana）或寬恕（karunya, advesha, ab-haya）也可以單方面進行，不用另一邊的現身、同意或期待另一方接受。Forgiveness in Hinduism, What-When-How, http://what-when-how.com/love-in-world-religions/forgiveness-in-hinduism/. See Gita Radhakrishna, The Law and the Concept of Forgiveness, 1 Asian J. L. & Governance 313 (Autumn 2011)。

6 Allais, supra, 33, 62. See also Lisa Belkin, Unforgiveable: Why Is It So Hard to Apologize Well—And Sound As If You Mean It? N.Y. Times (July 2, 2010), https://www.nytimes.com/2010/07/04/magazine/04fob-wwln-t.html.

7 Christina Baldwin, Life's Companion: Journal Writing as a Spiritual Question (1990).

8 See June Hunt, How to Forgive When You Don't Feel Like It (2007).

9 Nelson Mandela Transformed Himself and Then His Nation, L.A. Times (Dec. 6, 2013), http://articles.latimes.com/2013/dec/06/nation/la-na-tt-nelson-mandela-20131206.

10 舉例來說，猶太教的教義強調，對人的傷害只能由其他人寬恕，而不能由宗教權威來寬恕，而且他們引導犯罪者道歉，並採取補償與悔改的行動。請見：Solomon Schimmel, Wounds Not Healed by Time: The Power of Repentance and Forgiveness (2004)；另見 Yoma 86b（猶太經文）：「拉基什說悔改如此偉大，使得有預謀的犯罪彷彿被視為是值得讚賞的事。」許多基督教的經文也鼓勵寬恕，即使犯罪的人並未道歉或悔改。請見：Luke 23:34; Matthew 6:15; and Peter 3:8-9. See also R. T. Kendall, Forgiving the Unrepentant, Christianity Today (Mar. 9, 2005), https://www.christianitytoday.com/ct/2005/march/forgiving-the-unrepentant.html。有個觀點認為寬恕需要改變犯罪者的想法，而且寬恕者也經常要改變想法，放棄之前亟欲復仇以及不願意寬恕的感受，見：Young-Bruehl, supra, at 103。

11 Allais, supra, at 33, 68.

12 See Jean Hampton, Forgiveness, Resentment, and Hatred, in Jeffrie G. Murphy and Jean Hampton, eds., Forgiveness and Mercy 80-81 (2010).

13 有些人鼓吹寬恕是改變對其他人的態度，而不是從懲罰或悔改改變罪行的平衡。請見：Allais, supra, 67-68。

14 Mayo Clinic Staff, Forgiveness: Letting Go of Grudges and Bitterness, Mayo Clinic (2017), http://www.mayoclinic.com/health/forgiveness/MH00131; Lecia Bushak,

註釋
Notes

前言

1 Jill Stauffer, A Hearing: Forgiveness, Resentment, and Recovery in Law, 30 Quinnipiac L. Rev. 517 (2011-12).

2 「寬恕做到懲罰做不到的事，寬恕時，我們允許犯罪的人可以真正的重新開始，所有的事情一筆勾消。」請見：Lucy Allais, Wiping the Slate Clean: The Heart of Forgiveness, 36 Philos. & Public Aff. 33, 68 (2008)。

3 鄂蘭（Hannah Arendt）認為寬恕是人抹去行為以及收回講出去的話之能力，以及「對此行為所造成的必然傷害進行必要的修正。」請見：Hannah Arendt, The Human Condition 215 (1958)。她在二次世界大戰之後的作品，在後來的美國民權運動以及南非的後種族隔離中得到迴響，請見：Elisabeth Young-Bruehl, Why Arendt Matters 110-14 (2006)。

4 針對法律寬恕的詳細討論，請見：John D. Inazu, No Future Without (Personal) Forgiveness: Re-examining the Role of Personal Forgiveness in Transitional Justice, 10 Hum. Rts. J. 209 (2009)（這篇文章認為法律寬恕是國家取消欠下的債務，並且區分個人、團體與政治的寬恕。）

5 Donald H. Bishop, Forgiveness in Religious Thought, 2 Stud. Comp. Relig. (1968), http://www.studiesincomparativereligion.com/uploads/ArticlePDFs/38.pdf. 針對猶太教與基督教傳統對於寬恕各種討論及多重意義的詳細討論，請參考：Encyclopedia of the Bible and Its Reception 436-468 (2014)。基督教的傳統教導世人：「若是你的弟兄得罪你，就勸誡他。他若懊悔，就饒恕他。倘若他一天七次得罪你，又七次回轉說，我懊悔了，你總要饒恕他。」（路加福音17：3-4）佛教放下與寬恕解除報復心態的作法，請見：Thanissaro Bhikkhu, Three Tactics from the Buddha to Forgive Without Feeling Defeated, Tricycle (Feb. 17, 2018), https://tricycle.org/trikedaily/three-tactics-forgive-without-defeat/. 猶太教的傳統教導世人：「由此我們知道，不寬恕有多麼殘忍。因為它說：『亞伯拉罕禱告神，神就醫好了亞米比勒（Abimelech）。』Bereishit [Genesis] 20:17; Mishna in Baba Kamma 8:7。猶太律法哈拉卡（Halacha）需要人向他們所傷的人請求寬恕，不論是身體、金錢、情感或社會的傷害。此外，也要求人們要親切地給予

法律何時該寬恕？

從赦免、修復式司法
到轉型正義，
前哈佛法學院院長
寫給當代的法律思辨課

When Should Law Forgive?

作　　者　瑪莎・米諾（Martha Minow）
譯　　者　李宗義、許雅淑
責任編輯　賴逸娟
國際版權　吳玲緯
行　　銷　何維民　蘇莞婷　陳欣岑　吳宇軒
業　　務　李再星　陳紫晴　陳美燕　葉晉源
副總編輯　何維民
編輯總監　劉麗真
總 經 理　陳逸瑛
發 行 人　凃玉雲

出　　版

麥田出版
台北市中山區104民生東路二段141號5樓
電話：(02) 2-2500-7696　傳真：(02) 2500-1966
麥田網址：https://www.facebook.com/RyeField.Cite/

發　　行

英屬蓋曼群島商家庭傳媒股份有限公司城邦分公司
地址：10483台北市民生東路二段141號11樓
網址：http://www.cite.com.tw
客服專線：(02)2500-7718; 2500-7719
24小時傳真專線：(02)2500-1990; 2500-1991
服務時間：週一至週五09:30-12:00; 13:30-17:00
劃撥帳號：19863813　戶名：書虫股份有限公司
讀者服務信箱：service@readingclub.com.tw

香港發行所

城邦（香港）出版集團有限公司
地址：香港灣仔駱克道193號東超商業中心1樓
電話：+852-2508-6231　傳真：+852-2578-9337
電郵：hkcite@biznetvigator.com

馬新發行所

城邦（馬新）出版集團【Cite(M) Sdn. Bhd. (458372U)】
地址：41, Jalan Radin Anum, Bandar Baru Sri Petaling, 57000 Kuala Lumpur, Malaysia.
電話：+603-9057-8822　傳真：+603-9057-6622
電郵：cite@cite.com.my

法律何時該寬恕？從赦免、修復式司法到轉型正義，前哈佛法學院院長寫給當代的法律思辨課／瑪莎・米諾（Martha Minow）著；李宗義、許雅淑譯.－初版.－臺北市：麥田出版：家庭傳媒城邦分公司發行，民110.01
面；　公分.－(不歸類；184)
譯自：When Should Law Forgive?
ISBN 978-986-344-849-5（平裝）
1.寬恕
176.56　　109018151

封面設計　莊謹銘
初版一刷　2021年1月28日

定　　價　新台幣399元
I S B N　978-986-344-849-5
Printed in Taiwan